청일·러일전쟁

이 번역서는 2012학년도 대진대학교 학술연구비 지원에 의한 것임.

Series NIHON KINGENDAISHI, 10 vols.
Vol. 3, NISSHIN, NICHIRO SENSO
by Keiichi Harada
ⓒ 2007 by Keiichi Harada
First published 2007 by Iwanami Shoten, Publishers, Tokyo.
This Korean edition published 2012
by Amoonhaksa, Seoul
by arrangement with the proprietor c/o Iwanami Shoten, Publishers, Tokyo

이 책의 한국어판 저작권은 (주)엔터스코리아를 통한 일본의 Iwanami Shoten, Publishers와의 독점 계약으로 어문학사가 소유합니다.
신 저작권법에 의하여 한국 내에서 보호를 받는 저작물이므로 무단전재와 무단복제를 금합니다.

일본
근현대사
시리즈
3

청일
러일전쟁

하라다 게이이치 지음
최석완 옮김

어문학사

▶ **일러두기**

● 인용 사료는 지면상 관계를 고려하고 쉽게 이해할 수 있도록 하기 위해, 원문의 맛을 살리면서 부분적으로 구어체를 사용해 번역한 곳이 있다. 또 가타카나가 섞인 문장은 히라가나가 섞인 문장으로, 한자는 히라가나로 각각 바꿔 쓴 부분이 있다. 인용문 중에 포함된 괄호 안의 설명은 필자가 쓴 부분이다. (이상 저자)
● 일본의 지명 및 인명, 고유명사는 현 외래어 표기법에 따라 표기하였다.
● 중국의 지명과 인명 등은 우리말 한자음으로 번역하고 한자를 병기하였다. 베이징은 북경(北京), 상하이는 상해(上海)와 같이 각각 표기하였다.
● 논문, 노래, 시, 연극, 소설 제목 등에는 「 」, 신문은 〈 〉, 잡지와 단행본 등 책으로 볼 수 있는 것은 『 』로 표시하였다. 또 신문 논설이나 의견서 등의 제목에는 「 」로, 국가 간 합의 문서나 법 조문은 ' '로 표시하여 구분하였다.
● 일본의 고유명사는 일본어 또는 한글 중에서 발음하기 편한 쪽을 선택했다. (이상 역자)

머리말―일본으로, 아시아로

교비나와 도쿄비나

3월을 앞둔 인형 가게에서는 히나(雛) 인형 코너가 활기를 띤다. 천황과 황후의 모습을 본떠 만든 남녀 한 쌍의 인형을 늘어 놓는 방법에는 두 가지가 있다. 하나는 천황 모습의 인형을 정면에서 볼 때 오른쪽에 놓는 '교비나(京雛)'이고, 다른 하나는 왼쪽에 놓는 '도쿄비나(東京雛)'이다. '히다 다카야마 히나마쓰리(飛驒高山雛まつり)' 때에는 각 가정의 히나 진열대에서 두 종류를 모두 볼 수 있다. '천자는 남쪽을 향해 동쪽에 선다'는 중국의 '전통'에 따른다면 '교비나'가 맞다.

그렇다면 '도쿄비나'는 언제 어떻게 해서 생겨난 것일까? 이것은 19세기 중반에 에도시대의 사회 풍습이나 관습을 유럽 스타일로 바꾸어 버린 시대적 추세와 관계가 있다. '서구화(欧化)'를 강하게 의식하게 되면서 서구로부터 배우는 것이 지난날 선진국이었던 중국이나 조선에서보다 훨씬 많다는 인식이 막말부터 강해졌고, 메이지유신(明治維新) 후에는 당연한 국가적 판단이 되었다. 천황가는 구미를 모델로 한 입헌제 아래에서 왕권 보유자로 다시 등장했을 때 늘어서는 방법도 유럽풍으로 바꾸었다(若桑みどり, 『皇后の肖像』). 전전(戰前)에 각 가정의 벽에 걸린 천황과 황후의 사진은 좌우로 배치되었다. 여기에는 소학교(초등학교) 행사 때 두 분의 '어진(御眞影)'은 남쪽을 향하게 하고 정면에서 볼 때 왼쪽에는 천황 상, 오른쪽에는 황후 상을 배치하라는 지시(1901(메이지34)년의 야마나시 현(山梨県) 훈령 등)가 반영되어 있다. 이것이 '도쿄비나'를 전국적으로 퍼지게 한 숨은 이유이다. 1900년 5월 10일, 천황가 사상 최초로 황태자 요시히토 친왕(嘉仁親王, 후의 다이쇼 천황)과 구조 사다코(九条節子)의 성혼식이 '신전결혼식(神前結婚式)'으로 거행되었다. 이 성혼식과 기독교 교회의 결혼식을 모델로 히비야 다이진구(日比谷大神宮)가 간편한 신전결혼식을 만들어 냈다. 그러자 근대 시민의 '결혼식'도 자택에서 삼삼구도(三三九度)의 축언, 즉 인전결혼식(人前結婚式)을 거행하던 '전통'을 무너뜨리면서 신전결혼식이 퍼져 나갔다. '일본'을 위에서 아래까지 '서구화'의 물결로 감싼 것이 바로 메이지유신이라는 정치적 사건의 문화적 표현이었다. 도대체 '구미'라는 모델을 어떻게 배우고 있었던 것일까?

구미로부터

1871(메이지4)년부터 73년까지 이와쿠라 견외사절단(岩倉遣外使節団)이 무엇을 보고 왔는지에 대해서는 구메 구니타케(久米邦武)의 『미구회람실기(米欧回覧実記)』가 잘 말해준다. 자연에서 국가까지 폭넓게 살펴본 것은 사실이지만, 역시 사절단의 최대의 관심사는 '부국강병'책이었다. 당시 프랑스에 머물고 있던 에도막부 시절의 막신(幕

臣) 나루시마 류호쿠(成島柳北)는 '극장과 미술관의 파리'를 보았지만, 사절단은 '요새와 공장의 파리'를 둘러보아야만 했다(前田愛, 『成島柳北』). 그들은 충실히 훈련된 군대에 놀랐다. 영국에서는 암스트롱(Armstrong) 사와 비커스(Vickers) 사, 독일에서는 크룹(Krupp) 사를 꼼꼼히 둘러보았다. 일본 근대사를 이해하려면 강력한 군대를 보유하고 활용함으로써 정치와 경제 그리고 사회가 어떻게 변화했는지를 반드시 살펴봐야 한다. 1894년부터 10년간 전쟁을 세 차례나 경험하면서 근대 일본은 전쟁이라는 외압과 군대라는 내압을 통해 국가와 사회를 변화시켜 나가는 과정을 당연한 것으로 여기게 된다.

필사적으로 배운 성과는 유신 후 20년 이상 국가 재정이 대체로 흑자였다는 점에 잘 나타나 있다. 이와쿠라 사절단이 배워 온 것이 힘을 발휘했다. 그들은 민권파와의 긴장 관계 속에서 내정을 운용해야 했으며, 이러한 관계는 '초기의회' 시기에 더욱 심해졌다. 제국의회에서 펼쳐진 논의와 정쟁은 '초기의회' 시기의 재정을 건전하게 유지시켜준 밑거름이었다. 이 시기의 정쟁을 권력투쟁이라는 좁은 틀 속에만 국한시키지 말고, 근대 국가의 건설을 둘러싼 구상 경쟁이라는 문맥 속에서 새롭게 파악해 봐야 한다. 앞의 책에서의 대립과 경쟁은 이 책에서도 여전히 계속되었다.

아시아로부터

아시아 각국은 '초기의회' 시기의 일본을 높이 평가하였다. 구미형의 근대화를 추진해 가면서 민당과의 논의와 정쟁을 거쳐 입헌제의

'작은 정부'와 의회를 만들어낸 일본에 주목하였다. 독립한 국민국가 상을 필사적으로 모색하던 조선(한국)과 쇠퇴하는 활력을 어떻게든 부활시켜 왕조를 연명시키려던 청국은 적극적으로 일본에 유학생을 보냈다. 이것은 일본을, 구미 문화를 가까이에서 배울 수 있는 편리한 이웃집 가정교사로 여겼기 때문이다. 청조의 유력한 정치가 장지동(張之洞)은 '청국과 일본의 풍속은 유사하여 모방하기 쉽다'면서 일본 유학을 권한 바 있다(『勸学篇』). 청조 말기의 일본 유학생은 1905, 6년에 이르면 8천여 명에 달했다고 한다. 배우려는 의지가 수많은 청년을 미지의 작은 나라로 이끌었다.

많은 유학생을 뒷받침해 줄 수 있는 국가적 제도가 일본이나 청국에 마련되어 있었던 것은 아니다. 구미가 아시아 경제에 침투해 권익을 확대하는 과정에서 '아시아의 위기'가 발생하였다. 그렇지만 아시아 각국과 지역도 방적업과 재래 산업을 중심으로 국민 경제를 형성해 갔다. 그러는 와중에 인교(印僑)나 화교(華僑)와 같은 네트워크가 만들어져 확대되었다(籠谷直人, 『アジア国際通商秩序と近代日本』). 이것이 바로 유학생을 뒷받침해 준 또 하나의 버팀목이었다. 이것에 의지하면서 강유위(康有為)나 손문(孫文) 같은 정치 망명가들이 일본으로 들어갔다. 갑신정변이 실패하자 김옥균(金玉均)을 비롯한 조선 정부의 고관들도 망명하였다. 인도의 라스 비하리 보스(Rash Behari Bose)가 일본으로 망명해 도쿄 나카무라야(東京 中村屋)의 소마 아이조·곳코(相馬愛蔵·黒光) 부부의 보살핌을 받은 일은 잘 알려져 있다. 이들의 망명과 관련해서 일본 정부는 구미 열강과 청국의 압력에 적극적으로 대처하지 못하는 미덥지 못한 행동을 보였다. 그러나 망명가들은 아시아 간 무역으로 형성된 네트워크를 믿고 위험을 무릅썼다. 권력자의 자의적 처단이 횡행하던 다른 아시아 지역과는 달리 근대 일본에는 죄형법정주의가 확립되어 있어 이러한 구조는 그들이 기댈 수 있는 또 하나의 조건이었을 것이다. 에도시대의 법제도와 단절된 형태로 구미의 여러 법제도가 정착해 가는 과정도 이 시기의 검토 과제이다.

문명 문화의 양 방향성

근대 일본은 구미 문화를 학습하는 면에서 우등생이었지만 이것은 곧 1945년의 파멸을 불러온 요인이었다. 이에 대해서는 다음 책에서 설명할 것이다. 문제는 우등생이었다는 점이 일방적으로 강조되는 일이다. 일본이 구미 문화를 소화해서 번역어를 만들어 청국이나 조선 같은 한자 문화권에 수출했다는 점만을 지나치게 지적하는 경향이 있다.

그렇다면 15세기에서 19세기에 걸쳐 중국 문명이 먼저 유럽 문명을 흡수한 후 이를 다시 아시아에 내보낸 사실을 왜 이리 쉽사리 망각하게 된 것일까? 일본이 세계를 파악할 수 있었던 것은 무엇보다도 중국에서 유럽어를 한역한 자료가 있었기 때문이다. 지구·지중해·홍해·열대 등의 지리 용어, 병원·대학·문과·이과 등의 사회 용어는 이탈리아인 예수회 수사 줄리오 알레니(Giulio Aleni)의 세계지리서가 1623년에 『직방외기(職方外紀)』(전 5권)로 한역, 간행된 후 일본에 수입되었기에 사용될 수 있었다. 수학도 중국에서 번역된 말들이 그대로 사용되었으며, 지금에 와서는 의미조차 알 수 없는 용어도 있다. 예를 들면 기하(중국어 발음으로 지오), 대수, 방정식, 미분, 적분 등이 그것이다. 중국제(製)인 '만국공법'이라는 용어는 얼마 후 미쓰쿠리 린쇼(箕作麟祥)가 만든 '국제법'에게 자리를 내주었지만, 온도를 나타내는 '섭씨' '화씨'는 현재까지도 사용되고 있다. 이러한 경향은 19세기에 들어와 다양한 종류의 양서를 번역할 필요성이 커지면서 더욱 강해졌다. 1810년대에는 『영화사전(英華辞典)』이 만들어졌으며, 한역된 양서 중 주요한 것들은 대부분 막부 말기에 상당 부수가 수입되어 영향을 끼쳤다. 그중 대표적인 것으로는 롭샤이드(W. Lobscheid)의 『영화자전(英華字典)』(전 4권, 1866~69년)과 둘리틀(J. Doolittle)의 『영화췌림운부(英華萃林韻府)』(1872년) 등이 있다. 롭샤이드의 자전에는 일본제 용어의 역수출 흔적도 보이지만, 그 전제는 이미 18~19세기 청국에서 진행하던 양서 번역 활동에 있었다.

　　스기타 겐파쿠(杉田玄白) 등이 『해체신서(解体新書)』를 번역한 이후 의학은 물론 물리학, 화학, 천문학 등에 이르기까지 여러 학문 분야에서 폭넓은 번역 활동이 이루어지면서 일본제 신조어가 대량으로 만들어졌다. 이 경우에도 신조어 개척자들이 한자의 표의성에 의거해서 한어의 조어 능력을 최대한 발휘했다는 점을 눈여겨봐야 한다. 예를 들면 '중력'=zwaarte(무게)+kragt(힘), '초점'=brand(타다)+punt(점) 등은, 한어의 위력을 잘 알고 있던 에도시대의 지식인이 있었기에 만들어질 수 있던 신조어였다(吉田忠, 「『解体新書』から『西洋事情』へ」, 湯浅茂雄, 「明治期の専門用語と漢字」). 근대화의 지도자 후쿠자와 유키치(福沢諭吉)도 일반 국민에게 전달하는 것을 목표로, 난해한 조어보다는 쉬우면서도 뜻이 잘 통하는 번역을 고민하였다. 그리하여 청국의 『강희자전(康熙字典)』을 활용하면서 문자를 찾아내고 숙어를 만들어 냈다. 예를 들면 '기(汽)'를 토대로 '증기(蒸汽)'나 '기선(汽船)' '기차(汽車)'

와 같은 단어를 만들어 냈다(동). '서구화(欧化)'라는 배움의 과정은 말하자면 아시아의 공동 작업을 통해 수행되었던 것이다. 그렇다면 이러한 지력(知力)은 근대 일본에서 어떤 형태로 계승, 확대되어 갔던 것일까?

근대 일본과 아시아

현재 일본과 중국에서 사용하는 한어의 실태를 조사한 연구에 따르면, 동형어 가운데 68%는 중국의 고전을 근거로 한 것이며, 27%가 일본제로 인정된다고 한다(高野繁男 王宝平,「日中現代漢語の層別」). 전체적으로 중국 한어의 강한 힘을 보여 주지만, 군사 용어나 경제 용어에서는 근대 일본이 만들어낸 단어가 많다. 공동 작업이 진행되는 가운데 일본에서 만들어진 말들이 유력해진 것이다. 이는 언어의 측면에서 일본의 군사력과 경제력이 아시아 지역 내에서 얼마나 성장했는지를 보여주는 것이다. 급성장한 아시아의 소국 일본은 어떤 방법으로 대외 관계를 구축했던 것일까? 이것 역시 본서의 과제이다.

이 책이 '일본 근현대사 시리즈'에서 담당하는 부분은 제1차 제국의회가 열린 1890년부터 러일전쟁까지의 15년간이다. 그러나 러일전쟁의 국제 정치적 결말은 '한국병합'이라 볼 수 있기 때문에, 1910년까지로 범위를 조금 확대해서 살펴보았다. 두 차례의 전쟁이 아시아와 일본의 국가와 사회에 얼마나 큰 변화를 초래했는지를 세계와 아시아라는 관점에서 살펴보고자 한다.

차례

머리말 | 일본으로, 아시아로 5

제1장 초기의회 15
    1. 헌법 실시의 단행 16
    2. 제1의회의 공방 26
    3. 적극주의로의 전환 35

제2장 조약개정 45
    1. 시베리아철도와 일본 46
    2. 계속되는 의회와의 대립 53
    3. 이토 히로부미와 자유당의 모색 60
    4. 조약개정과 제국의회 67

제3장 청일전쟁 77
    1. 협조로부터의 이탈 78
    2. 조선과 일본의 민중 82
    3. 개전 91
    4. 전쟁의 실상 104
    5. 종전에서 전후로 118

제4장 대만 정복 전쟁 131
　　1 가혹한 정복 132
　　2. '외지'의 탄생 142
　　3. 팽창의 역류 152

제5장 청일 전후와 국민 통합 157
　　1. '전후경영'의 출발 158
　　2. 근대 법체계 168
　　3. '전후경영'의 정치 172
　　4. 국민 통합의 진전 187

제6장 민우사와 평민사 203
　　1. 전쟁과 하층사회 204
　　2. 문학과 사회 218
　　3. 저널리즘의 성숙 223

제7장 러일전쟁과 한국병합 237
    1. 열려진 문 238
    2. 러일전쟁 261
    3. 강화의 모색 271
    4. 전쟁의 기억 281
    5. 한국병합 287

맺음말 | '빛나는 메이지'론과 내셔널리즘 299

  저자 후기 306
  역자 후기 308
  연표 311
  참고문헌 315
  색인 323

제1장 초기의회

'버티고 앉아 목욕탕을 번갈아 사용하다.' 왼쪽에서부터 마쓰카타 마사요시(松方正義), 이토 히로부미(伊藤博文), 야마가타 아리토모(山県有朋), 구로다 기요타카(黒田清隆). 1885년부터 이들 네 명이 돌아가면서 내각을 조직한 일을 풍자한 것이다 (田口米作画, 『団団珍聞』, 1895년 12월 28일).

1. 헌법 실시의 단행

터키와 일본

터키는 실패했지만 일본이라면 잘 할 수 있을 것이라는 격려의 말을 들었다면서, 가네코 겐타로(金子堅太郎)는 궁중에서 득의양양하게 이야기하였다. 1년 만에 메이지 천황을 배알한 자리에서 귀국 보고는 1시간가량이나 계속되었다. 1890(메이지23)년 6월 6일 귀국한 가네코는 다음 날 오전 야마가타 아리토모(山県有朋) 수상에게 귀국 보고를 하였고, 8일에는 이토 히로부미(伊藤博文, 당시에는 일선에서 물러나 궁중고문관 자리에 있었다)에게 서간을 보냈다. 그리고 19일에는 복명(復命)을 위해 메이지 천황을 알현하였다. 복명이라기보다는 강연에 가까웠지만 '천황께서는 특별히 의자를 내주시면서 할 말을 다하도록 하셨다'(『明治天皇紀』)고 기록되어 있듯이, 가네코에게 자리를 권하면서 하고 싶은 말을 다하도록 했던 것이다. 그 자리에는 배석을 명령받은 야마가타 수상도 참석하여 경청하였다.

가네코가 천황에게 진술한 내용은 알 수 없지만, 6월 25일의 국가학회예회보고(国家学会例会報告)「구미견문의견(欧米見聞意見)」과 같은 내용이었을 것이다. 아시아의 군주국 터키 제국은 일본보다 14년이나 빠른 1876년 12월에 제국헌법을 공포하였고, 다음 해 3월에는 제1차 의회를 소집하였다. 그러나 러시아·터키전쟁의 발발과 황제 압둘 하미드(Abdul Hamid) 2세의 전제정치 때문에, 입헌제는 유명무실화되었다. 터키 역사상 '에베트·에펜데임(Yes, sir) 의회'라 불린 이 의회는 그해에 해산되었고, 헌법도 정지되기에 이르렀다. 보고에서는, 어떤 유럽인이 터키의 예를 들면서 '아시아 인종이 유럽식 헌법을 실시해서 좋은 결과를 거둔 예가 없다' '염려스럽다'고 말한 것 때문에 가네코 자신도 '머리 속 뇌가 부서질 정도의 철퇴를 맞은 것'처럼 충격을 받았다고 하였다. 그는 '헌법을 실시할 수 있을지 없을지의 여부는 일본의 치욕과 명예가 갈리는 경계'라고 강조하였다. '터키의 전철'이라는 표현은 두 번이나 등장한다. '일본의 장래 운명을 결정'할 '헌법 실시의 단행'에 '온몸의 뜨거운 피를 쏟아 붓고 목숨을 다 바쳐 일하겠노라'고 보고를 끝맺은 가네코의 비장한 결의는 19일의 복명에서도 그대로 드러났으며, 천황과 야마가타 수상에게도 공유되었을 것이다.

'헌법 실시'와 초연주의

　'헌법 실시의 단행'이란 5개월 후인 11월에 열리는 제국의회 제1차 의회(이하, 제1의회)의 운영, 특히 역사상 최초의 민의에 따른 국가 예산의 성립을 의미한다. '저편에서 주시' 중인 구미인의 평가는 바로 이

점에 달려 있었다.

제1의회는 정부의 '군비 확장' 정책과 민당(자유민권운동 이래의 역사를 가지며 반(反)번벌*을 내세우는 정당)의 '민력휴양' 요구가 서로 대항하여, 정부와 민당의 대립으로 물들게 된다. 그러나 그러는 가운데서도 정부와 의회는 아시아에서 입헌제가 성공할 수 있을지의 여부가 '세계사'의 한 장면으로서 주목받고 있다는 점을 인식하고 있었다. 민당의 대표인 이타가키 다이스케(板垣退助)도 이 점을 자각하고 있었다. 제1의회가 예산을 성립시킬지 어떨지 긴장되던 시기에, 이타가키 등은 '세계사'의 한복판에 서 있는 자신들의 모습을 실감하고 있었을 것이다.

이토 히로부미나 야마가타 아리토모 등은 번벌 정치가와 관료를 주체로 정치를 수행하는 것을 기본으로 생각하여, '초연주의'라 부르고 있었다. 그러나 정부계 정당을 준비하려는 움직임도 있었다. 이토 히로부미의 맹우(盟友)인 이노우에 가오루(井上馨)는 이른바 '자치당'을 조직화하려는 움직임(실패로 끝난다)을 보였고, 군인 정치가 도리오 고야타(鳥尾小弥太)를 중심으로 한 '보수당' 결성 운동도 추진되었다. 이들은 정부 쪽 '이당(吏党)'이라 불렸다. 이토나 이노우에 등은 정책론의 집단을 정당으로 인정하였으며 결코 '반정당'으로 일관하지는 않았다.

---

* 번벌(藩閥) : 메이지유신 때 공을 세운 번(藩) 출신 유력자들이 만든 파벌.

내각 개조

야마가타 수상은 제1의회에 대비하여 내각에 변화를 주었다. 이토 히로부미를 내상에 앉히려던 최초의 안은 이토가 받아들이지 않아 어쩔 수 없이 이토를 제외한 채 내각 개조에 착수하였다. 내상에 사이고 쓰구미치(西鄉從道) 해상을 전임시켰고, 후임 해상에는 같은 사쓰마벌(薩摩閥) 출신의 가바야마 스케노리(樺山資紀) 해군 차관을 승격시켰다. 에노모토 다케아키(榎本武揚) 문상을 경질하고 요시카와 아키마사(芳川顕正) 내무 차관을 후임으로 앉혔다. 이와무라 미치토시(岩村通俊) 농상상도 경질하고 무쓰 무네미쓰(陸奥宗光) 주미 공사를 임명하였다. 민당과 관계가 있는 것으로 비춰지던 무쓰의 기용이 의회 대책이라는 것은 명확하였다.

무쓰와 요시카와를 기용하는 안에 대해서 메이지 천황은 난색을 표하였다. 무쓰는 서남전쟁에 연루되어 투옥된 정치범 경력이 있으며, 요시카와는 인망(人望)이 떨어진다고 천황은 지적하였다. 메이지 천황은 정치적 판단을 자주 드러내며 정치에 개입하였으나 최초의 의회를 맞이한다는 점을 고려하여 야마가타 수상의 뜻에 따랐다.

이러한 내각 개조가 실현된 것은 5월 17일이었다. 총선거를 44일 남겨둔 시점의 일이었다.

내각의 권력 구조

1900년대 전까지의 정부를 주로 '번벌 정부'라는 용어로 표현한다. 에도막부 시절의 번(藩)을 바탕으로 한 인맥에 따르면 '삿초도히(薩長土肥)'로부터 메이지 14년의 정변 이후 '삿초(薩長)'로 변화해 가는 번벌의 추이가 보인다. 이렇게 인맥을 중심으로 분류하는 방법에 대해, 최근의 연구는 권력 구조라는 기준에서 두 개의 권력이라는 관점을 제시하였다(佐々木隆, 『藩閥政府と立憲政治』).

산조 사네토미(三条実美)·이와쿠라 도모미(岩倉具視)·사이고 다카모리(西郷隆盛)·오쿠보 도시미치(大久保利通)·기도 다카요시(木戸孝允) 등 메이지유신의 제1세대 권력자는 1880년대 후반에 이르면서 자취를 감추었다. 제2세대인 이토 히로부미(伊藤博文)·야마가타 아리토모(山県有朋)·이노우에 가오루(井上馨)·야마다 아키요시(山田顕義)의 조슈파(長州派)와 함께, 구로다 기요타카(黒田清隆)·사이고 쓰구미치(西郷従道)·마쓰카타 마사요시(松方正義)·오야마 이와오(大山巌)의 사쓰마파(薩摩派)가 정치 경력을 쌓아 올렸다. 1890년대에 이들은 정권을 유지하는 데 반드시 필요한 인재로 여겨지게 된다. 이 책에서는 그들을 명명할 때, 메이지 천황이 특별한 친임(親任)의 뜻을 표현한 칙유를 각각에게 내림으로써 성립한 '원로'와는 다른 의미에서, '원훈급'이라는 표현을 사용하였다. 8인의 '원훈급' 정치가가 어느 방향을 향하는지에 따라 구체적인 정치의 향방이 결정된다. 그들의 공적 지위와는 관계없이 '사실상의 권력'으로서 기능하던 것이 '번벌 정치가'의 실제 모습이었다. 1885년에 내각제도가 시작되었을 때 이토 내각의 10명의 각료에는 '원훈급' 전원이 포함되어 '사실상의 권력'과 '제도상의 권력'이 일치하였다. 다음의 구로다 기요타카(黒田清隆) 내각에는 7명, 야마가타 내각에도 5명이 입각하였다.

유신 제1세대가 육체적 생명에 따른 성쇠를 보였듯이 제2세대에도 똑같은 문제가 일어난다. 그때 제3세대와의 사이에서 어떠한 권력 투쟁과 문제가 일어났던 것일까?

제국의회, 최초의 선거

제국의회 멤버를 선출하는 작업은 귀족원에서부터 시작되었다. 귀족원은 성년 이상의 황족·공작·후작 전원(제1의회에서 총 38명), 백·자·남작의 호선 의원(총 105명), 각 현 15명씩의 다액 납세자 중에서 선출된 의원(1현 1명 등, 총 45명), 황족·유작 의원의 총수를 넘지 않는 칙찬 의원(내각이 지명하고 천황이 임명. 제1의회의 경우 60명)으로 구성되었다.

제1차 중의원 총선거 20일 전인 6월 10일에 다액 납세자 의원을 선출하기 위한 호선회가 각 부현에서 일제히 열렸다. 당선자 45명에는 지주 22명, 실업가 21명이 포함되었다. 1인당 납세액은 평균 약 1,500엔으로 지주층에서 보면 200헥타르 정도이다. 당시의 평균적 자작층인 1헥타르의 200배에 해당하는 규모이다. 그들 가운데 5명은 자유당과 입헌개진당에서 정치 활동을 하던 인물이었다. 그러나 제국의회 최초의 선거가 유산자를 선출하는 호선회였다는 사실은 정부가 제국의회에 걸었던 기대가 무엇이었는지를 잘 보여준다.

제1차 총선거

7월 1일 전국에서 일제히 중의원 의원 총선거가 실시되었다. 유

▶그림 1-1. 제3차 내국권업박람회. 1890년 4월 1일~7월 31일 사이에 도쿄 우에노(上野) 공원에서 개최되었다. 제차 총선거의 투표일은 7월 1일. 천황이 왼쪽, 황후가 오른쪽에 그려져 있다(豊原国周 画, 1890년).

권자는 국세 15엔 이상을 납입하는 남자 45만 명뿐이었다. 총인구 4천만 명 중 약 1%를 차지하는 데 그쳤다. 대부분은 농업을 영위하는 지주나 자작층이었으나 신분에 관계없이 입후보권과 투표권을 주었다. 세금 지출법이나 법률을 스스로 결정하는 의원 선거가 실시된 것이다. 전국에서 약 1,500명이 후보자로 나서 5배의 경쟁을 뚫고 의원이 되었다.

민당이라 불리던 정당에서 당선된 자가 170명으로 과반수를 차지하였다. 내국권업박람회의 개최 기간을 투표일로 정하고, 유산자가 의원이 된다는 전례를 만들고자 귀족원 다액 납세자 의원을 선출하여 분위기를 조성하였던 정부의 노력은 실패했다. 민당에서도 대통일 정당을 만드는 데 실패하였지만 총선거 직전인 5월 14일, 애국공당(板垣退助派)·자유당(大井憲太郎派)·대동클럽(河野広中派)의 구(舊)자유당계 3파는 '자유주의'파의 합동과 통일 정당의 결성을 결정하였다. 그들은 규슈진보당(규슈동지회라고도 한다)을 포함하여 8월 25일 입헌자유당의 결성을 결정하고, 9월 15일에 결당식을 거행하였다.

백자남의 선거

총선거가 끝난 지 10일 후인 7월 10일 백작, 자작, 남작의 호선회가 열렸다. 작위를 받은 것은 에도시대의 구게(公卿)와 다이묘(大名) 그리고 메이지유신에서 공적을 세운 이토 히로부미, 야마가타 아리토모, 가쓰 야스요시(勝安芳, 이상은 백작) 등이었다. 이들이 '황실의 울타리'가 되기를 기대한 것이다.

백작 이하의 호선회는 곤냐쿠판(평판 인쇄의 일종) 선전 전단을 배포하는 등, 중의원 선거에 못지않은 경쟁을 치렀다. 경쟁이 치열했던 이유 중 하나는 의원 세비 때문이었을 것이다. 자동적으로 귀족원 의원이 되는 황족·공작·후작은 무급이었지만, 그밖에 귀족원 의원에게는 세비 800엔이 지급되었다.

9월 29일에는 '국가에 공훈이 있거나 학식이 있는 자'를 내각이 추천하고 천황이 임명하는 칙찬 의원 60명이 발표되었다. 민간에서도 시부사와 에이이치(渋沢栄一, 第一銀行 은행장), 이와사키 야노스케(岩崎弥之助, 三菱 당주) 등이 선발되었다. 하지만 제국의회 개설과 동시에 폐지되는 원로원에서 27명의 의관이 선발되었고, 법제국이나 성(省), 청(庁)에서도 선발되는 등, 정부계의 아성을 지향하고 있었다. 이타가키 다이스케는 천황으로부터 칙임의 내시(內示)가 있었지만 거절하였다. 제1의회의 개회까지 2개월 정도의 시간이 있었지만 준비해야 할 일은 여전히 남아 있었다.

집회 및 정사법

중의원의 과반수 획득에 실패한 정부는 집회조례(1880년 4월 제정)를 재검토한 후, 7월 25일 집회 및 정사법을 제정하였다. 집회 절차를 간소화하거나 임석 경찰관의 집회 해산권을 축소하는 등 개선도 이루어졌지만, 정치 결사의 지사 설치는 물론 다른 정사와의 연락과 통신을 금지함으로써, 민당 연합의 성립을 법률상 제한하는 조치를 취하였다.

미성년자와 여성의 정치 집회 참가와 정사 가입을 제한하고, 제국의회 개회 중 3리(약 9킬로) 이내에서의 옥외 집회와 시위운동을 금지하는 2개조도 신설하였다. 후자는 민당의 중요한 구성 요소였던 원외단의 활동을 규제하는 것이다. 정부는 의회 밖에서의 압력으로 의원이 동요하여 안정된 의결이 이루어지지 못할 것을 두려워하였다. 이것은 지주층을 중심으로 한 중의원 의원이 국가 의식이나 역사 의식을 정부와 공유하고 '헌법 실시'라는 과제를 향해 손을 맞잡을 것으로 정부가 낙관하고 있었음을 보여준다.

이토 귀족원 의장

귀족원 의장과 부의장은 선거가 아닌 천황의 선정·임명제로 결정되었으나 이는 쉽지 않았다. 야마가타 등은 원활한 의회 운영을 위하여 이토의 협조를 기대했지만 이토는 이를 계속해서 거절하였다.

사태가 바뀐 것은 10월 하순이다. 천황의 지속적인 설득 끝에 결국 이토는 '제1의회만'이라는 이례적인 조건부로 수용하였다. 10월 24

일 의장 이토 히로부미, 부의장 히가시쿠제 미치토미(東久世通禧)의 칙임이 이루어졌다. 천황의 간청을 어쩔 수 없이 수용하는 형태로 의장을 수락한 이토 히로부미의 정치력은 주위를 놀라게 했을 것이다. 그렇게까지 메이지 천황이 정치에 개입하는 모습에는 '천황 친정'에 가까운 면이 있었다. 제1차 제국의회의 개회까지 1개월이 남은 상황이었다. 그날 천황은 반년 만에 승마를 즐겼다고 한다.

2. 제1의회의 공방

제1의회와 지조경감

　제1의회는 1890년 11월 25일 소집되어 29일 개회하였으며 다음 해 3월 7일 폐회되었다. 그사이 90일 동안에 양원에서 심의된 법안은 정부 제출 10건, 중의원 의원 제출 41건, 귀족원 의원 제출 2건으로 모두 53건이었지만, 그 가운데 6건(정부 제출 4건, 중의원 의원 제출 2건)밖에 가결, 성립되지 않았다. 제1의회의 최대 초점은 국가 예산으로 헌법상 선의권이 있는 중의원에 먼저 제출되었다.

　12월 8일부터 시작된 예산위원회는 27일에 이르러서야 세출 예산 원안에서 806만 3,196엔을 감액한 사정안(査定案)을 완성시켰다. 이것은 군비 확장 비용에는 전혀 손을 대지 않은 것으로(순수 군사비는 5만 엔 감액), 야마가타 내각의 부국강병〈국시〉그 자체에 반대한 것은 아니었다. 사정안의 '설명서'에는 '이것을 지조 경감(地租 輕減) 자금에 충용', 즉 감액분을 지조 경감에 충당한다고 명기되어 있었다. 중의원의 다수가 정비(政費) 절감과 지조 경감에 찬성하고 있음이 명확해졌다.

이러한 사태에 직면하자 각의가 빈번하게 열렸다. 91년 1월 12일의 임시 각의에서는 '절감비의 사용 목적을 논의함에 있어 이를 지조 경감에 충당하자는 설'에 '여러 대신이 동의하게 되었다. 한두 대신이 이견을 보이기는 했으나 각의 각 대신은 대략 합의'하였다. 출석했던 야마가타 수상 등 8명이 다음의 문서에 화갑과 인장을 남겼다. 최근에 발견된 새로운 사료이다 (사진 1-3).

▶그림 1-2. 제1의회가 개최되었던 중의원. 히비야(日比谷)의 일각에 세워진 목조로 된 임시 의사당이었으나 1894년 1월 20일에 전소되었다(비고 그림, 「재팬·에코」, 1890년 12월 15일호).

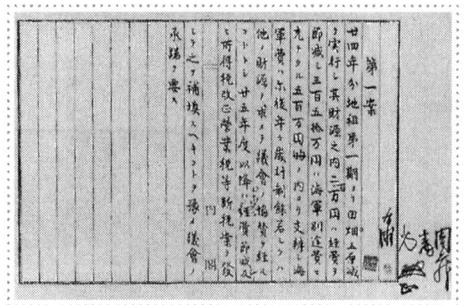

▶사진 1-3. 발견된 각의 결의. 이토 히로부미의 주변에 있던 기밀 서류를 편찬한 「비서류찬(秘書類纂)」의 원본(宮內庁書陵部 소장)에서 발견되었다.

제1안   24년도 지조의 제1기부터 논밭 5리 감액을 실행한다. 그 재원 중 200만 엔은 경비를 절감하고, 350만 엔은 해군 별도비에 충당한 5백만 엔 중에서 지급한다. 해군비는 이후 매년 세입 세출 총액의 잉여 또는 다른 재원을 통해 확보하고 의회의 협찬을 거치기로 한다. 25년도 이후는 경비 절감 및 소득세 개정과 함께, 영업세 등 새로운 세안을 마련하여 이를 보전하기로 하되 사전에 의회의 승낙을 필요로 한다.

이렇게 해서 정부는 지조 경감책을 채택하기로 했으나 발표하지 않았다. 다만 그 재원인 550만 엔의 염출은 중의원의 806만 엔 삭감 사정안과는 달랐다. 1월 12일의 각의는 지조 경감과 정비 절감을 세트로 한 중의원 다수파의 논의에 대해, 지조 경감을 인정하여 여론을 진정시키되 헌법 67조를 방패로 대폭적인 정비 절감을 인정하지 않기로 하였다. 즉 67조에 위반되지 않는 부분적 절감 200만 엔과 '해군 별도비'의 7할에 해당하는 350만 엔으로 부족한 재원을 확보한다는 것이었다. 각의에서는 지조 경감을 실현시키지 않으면 '중의원의 의사와 어긋나게 되어 틀림없이 불만이 생겨날 수밖에 없다'면서, 중의원과의 결렬을 우려하는 목소리가 있었다(「경과 설명서」). 각료의 다수가 중의원 다수파의 논의를 인정하고 예산안을 통과시키기 위해 타협하려 했던 것은 분명하다.

헌법 67조란 무엇인가? 806만 엔 삭감 사정안은 성청(省庁)의 통폐합이나 관료의 삭감 등을 포함하고 있어, 정부와 비민당계인 대성회 등이 맹렬히 반대하던 근거였다. 헌법 67조의 규정을 구체적으로 살펴보면, ① 헌법상 대권에 근거한 기정의 세출(공적 해설서 『헌법의해〔憲法義解〕』에서는 「관제·육해군의 편제에 필요한 비용·문무관의 봉급」 등), ② 법률의 결과에 따른 세출(「의원의 비용·은급 연금·법률에 근거한 관제의 비용 및 봉급류」), ③ 정부의 의무 세출(「국채의 이자 및 상환·회사 영업의 보조 또는 보증」 등)에 대해서는 정부의 동의 없이 제국의회가 이를 폐지하거나 삭감할 수 없었다. 『시사신보(時事新報)』(1890년 6월 30일)는 정부의 변명에 따르면 '6천 수백만 엔'이 기정 세출이 되어 버려, 심의하는 것은 '고작 천 수백만 엔'에 지나지 않는다고 비판하였다. 초점은 67조 비목의 삭감 여부에 대한 정부의 동의를 예산 심의의 어느 단계에서 구할 것인지에 있었다.

'중등 이하 인민의 뜻'

이노우에 고와시(井上毅) 법제국 장관은 1월 초순의 각의 경과를 와타나베 구니타케(渡辺国武) 대장 차관에게 전해 듣고, 재원 확보를 뒤로 미룬 지조 경감 실현 선언을 공표하였다. 그리고 재원 확보 방책(영업세의 국세화 등)이 부결된다면 '앞으로도 뒤로도 갈 수 없는 결과가 되어, 삿초(薩長) 정부는 울상으로 어처구니없이 사직하는 상황을 가까운 시일 내에 보게 될 것'이라면서 위기감을 표명하였다(1월 9일 자 서간).

제1의회 개회 중에 제출된 한 의견서에 이노우에는 첨삭을 가한 후 직접 「경비 절감론」이라고 명명하였다. 그 전문에 정당의 '첫째 무기'인 '정비 절감과 지조 경감'은 '천박'해 보이지만 지금과 같은 상황에서는 '요충지를 차지하는 것'(유리한 곳)이다, 그 이유는 이 방책이 '실로 중등 이하 다수 인민의 뜻'에 편승하고 있기 때문이라고 쓰여 있다. 이것은 이노우에의 생각이기도 했다.

위기를 맞다

1월 12일 임시 각의의 결정은 야마가타 수상의 본의가 아니었다. 24일 마쓰카타 장상에게 보낸 서간에서, 정비 절감을 인정하더라도 그

잉여분을 지조 경감에 충당할 것이 아니라 해군 확장과 치수책에 충당하는 것이 타당하다고 말하였다. 마쓰카타 마사요시는 '우유부단한 양반'(伊東巳代治)이라는 혹평을 받던 인물이다. 야마가타 수상은 필사적으로 마쓰카타를 설득하였다.

2월 5일 이노우에는 야마가타 수상에게 대응 여하에 따라서는 귀족원도 적으로 돌릴 가능성이 있다고 경고하였다. 이토 미요지(伊東巳代治) 귀족원 서기관장은 2월 23일 이토 히로부미에게 서간을 보내 '어쩌면 거센 파도 때문에 어쩔 수 없이 해산해야 할지도 모른다'며 우려를 나타냈다. 최초의 제국의회는 이 시점에서 예산 심의도 마치지 못한 채 해산될 위기에 처한 것이다.

중의원의 형세 전환

사정안(査定案) 심의는 1월 9일부터 중의원 본회의로 넘어갔다. 사정안 폐기에 대한 동의(動議)는 두 차례나 부결되었다. 비민당 의원 중에도 '정비 절감'에 찬성하는 자가 있어서 '정비 절감'은 중의원의 다수 의견이 되었지만, 67조와 관련한 예산 삭감 문제로 대립이 계속되었다.

이노우에 고와시 등의 노력으로 대성회의 아마노 자쿠엔(天野若円)이, 67조 비목에 대한 중의원 심의를 확정하기에 앞서 정부의 동의(同意)를 구하자는 긴급동의(緊急動議)를 제출하였다. 2월 20일 아마노의 동의는 찬성 137, 반대 108로 가결되었다. 찬성 중에는 자유당 소속의 구애국공당파가 있었다. 그들은 탈당하여 자유클럽을 결성하였다. 이타가키도 뒤이어 26일 자유당을 탈당하였다.

21일 자유당의 나카에 도쿠스케(호는 조민〔兆民〕) 의원은 '알코올 중독' 때문에 '보행이 곤란'하다는 이유로 사직서를 제출하였고, 27일 중의원은 한 표 차이로 조민의 사직을 인정하였다. 조민은, 이제 중의원은 정부 앞에서 '무기력한' '무혈충(피가 통하지 않는 벌레 같은 시시한 인간―역주)의 진열장'이 되었다고 자유당 기관지 『입헌자유당(立憲自由党)』을 통해 매도하였다. 의회는 '전광석화처럼 돌변'(『公爵山県有朋伝』)했던 것이다.

26일 중의원은 특별위원 선출의안을 가결하였다. 9명 전원을 대성회 등의 그룹에서 독점하였다. 특별위원 선출 1시간 후 조칙에 의한 9일간의 회기 연장 지시가 내려졌다.

선출된 특별위원은 곧바로 저녁부터 정부와 협의에 들어갔다. '연파(軟派)'로 신문에서 혹평받던 특별위원이었지만 주장은 중의원 다수파에 가까웠다. 중의원에서 채택된 지조 경감과 정비 절감을 정부도 인정해야 한다고 요구하였다.

정부위원은 지조 경감에 대해서는 언급하지 않았으나, 정비 절감에 대해서는 최종적으로 651만 엔을 삭감하는 데 동의하였다. 이렇게 해서 정부의 당초 예상안보다 50% 이상 추가로 삭감된 예산안이 실현되었다. '중등 이하 다수 인민의 뜻'을 배경으로 한 중의원의 거센 저항을 보면서, 정부는 최초의 국가 예산을 성립시키는 일이 무엇보다도 중요하다고 판단한 것이다.

지조 경감에서 국방·치수로

정부는 비밀리에 지조 경감책을 채택한 바 있지만 아마노 동의 이후의 중의원 상황을 보고 급변한다. 2월 27일 밤에 열린 긴급 각의에서, 지조 경감론은 '용이한 일이 아니며 정략상 득책'도 아니라는 이유로 방기되었다. 그보다는 절감분을 '국가의 급무인 국무 및 치수 비용에 충당해야 한다'는 의견에 따라 국방·치수책이 채택되었다.

이는 향후의 정국을 전망한 정치 방침이었다. 즉 이당과 무소속 의원을 끌어들이며 중의원 다수파를 형성했던 정비 절감 정책의 필요는 인정하지만, 민당의 슬로건대로 이를 지조 경감에 충당하는 선까지 양보할 수는 없기 때문에, 오히려 국방·치수책으로 중의원의 의도를 무너뜨린다는 것이다. 국방의 충실과 메이지유신 후 급속히 악화되던 치산 치수의 재건책은 민당의 지지를 얻을 가능성이 있었다.

3월 2일 오후 중의원 본회의는 651만 엔의 삭감안을 포함한 '메이지 24년도 예산안'을 가결하였다(찬성 157, 반대 125). 정부는 예산안의 중의원 통과, 민당은 예산심의권의 실천과 확립이라는 각각의 정치적 지반을 확립한 순간이었다.

이렇게 해서 드디어 귀족원에 예산안이 제안된 것은 3월 3일 오전의 본회의에서였다. 연장된 의회의 회기도 5일밖에 남아 있지 않은 상태였다. 중의원의 수정 예산안을 그대로 통과시킬 것인지를 놓고 맹렬한 반발이 일어났지만, 귀족원의 다수는 예산 불성립은 '국가의 대사로 참으로 우려할 일'이라는 마쓰카타 장상 등의 설득에 응하였다. 실은 귀족원도 '정비 절감' 요구를 이미 승인한 상태였다. 5일 오전 2시에 심사를 마친 예산위원회 보고는 당일 오전부터 6일에 걸쳐 단숨에 심의, 가결되었다. 이렇게 해서 '메이지 24년도 예산안'은 성립되었다. 이로써 국가를 요동시켰던 제1의회는 종료되었다.

마쓰카타 내각의 성립

3월 8일 오전 궁중에서 폐원식이 열렸다. 천황, 야마가타 수상, 이토 귀족원 의장과 제1의회의 주요 인물은 모두 불참하였다. 제1의회를 극복하는 데는 성공했지만 의회 운영의 어려움을 생각하면 마음이 무거워지는 결과였다.

야마가타는 의회 종료 후에 걸린 유행성 독감에서 회복된 후에도 '기력을 되찾지 못하자 뜻을 정하고'(『明治天皇紀』), 4월 9일 사임과 이토의 재임을 은밀히 상주(上奏)하였다. 이토도 사이고 쓰구미치도 거절하는 바람에 결국 마쓰카타 마사요시 장상이 수상을 겸임하게 되었고, 5월 6일 마쓰카타 내각이 발족하였다.

마쓰카타 내각은 야마가타가 자리를 떠났을 뿐 다른 각료는 유임되었다. 의회 대책을 어떻게 펼쳐 나갈 것인지, 사쓰마파의 원훈으로서 마쓰카타는 주저하면서도 자부심을 갖고 출발하였다.

민당의 과제

민당에게도 과제는 쌓여 있었다. 예산안의 심의에 중점을 둔 결과, 새로운 법률안의 제안이나 성립과 관련하여 유권자의 기대에 부응

할 수가 없었다. 자유당 소속이었던 이노우에 가쿠고로(井上角五郎)는 '중요한 의안과 다양한 법률을 의정할 수 없었다'면서 제1의회에서의 대응을 비판하였다. 제출된 53종의 법률안 가운데 성립된 것은 11%인 6종에 지나지 않았다. 대부분은 시간이 부족하여 심의되지 못하였다. 메이지 시기 제국의회에서 의원 입법 제안은 1의회당 49종, 다이쇼 시기에는 29.6종, 쇼와 시기에는 22.5종이었다. 이렇게 제국의회의 제안 능력은 처음 20년간은 발군의 성적을 보였으나 그러한 모습은 제1의회에서는 아직 나타나지 않았다.

입헌자유당은 통제 능력이 부족하였기 때문에 조직을 정비해야 했다. 3월 20일의 당 대회에서 간사에 의한 집단 지도 체제를 총무(총리) 1인에 의한 개인 지도 체제로 바꾸었다. 신설 총무(총리)에는 재입당한 이타가키 다이스케를 선출하였다. 당 이름도 입헌을 삭제하였다. 입헌개진당과의 합동을 모색하던 노선을 취소하고 자당의 역량을 강화시키는 일에 집중하였다.

민당의 협력 관계도 모색되었다. 11월에는 이타가키와 오쿠마 시게노부(大隈重信)의 회견, 4단체 간친회(자유당, 개진당, 자유클럽, 무소속 의원) 등이 열렸고, 그 결과 자유클럽(土佐派)은 자유당에 복귀하였다. 자유당의 조직 구조는 오이 겐타로(大井憲太郎) 등의 원외단을 배제하고 의원 중심의 정당을 목표로 한 것이었다.

본래 의원 정당인 입헌개진당도 포함해서 민당은, 번벌을 극복할 새로운 권력 구조인 '정당 내각'을 향해 계속 변화해 간다.

3. 적극주의로의 전환

농성주의에서 적극주의로

　민당은 정비 절감을 제국의회의 다수 의견으로 만드는 데 성공하고 정부를 그 점에서 추궁했지만, 삭감분 650만 엔을 어느 항목에 사용할 것인지에 대해서는 결정이 안 된 상태였다. 지조 5리 감액을 실현하는 지조개정조례 개정안을 귀족원이 부결했기 때문에 세출에서 삭감된 650만 엔은 그대로 국고에 남았다. 이에 착안해서 이노우에 고와시 법제국 장관은 열세를 만회해야 한다고 진언하였다.

　7월 5일 이노우에는 이토 히로부미에게 서간을 보내, 정부는 전 내각처럼 '농성주의'를 취할 것이 아니라 치수, 흥업은행, 철도 매수, 홋카이도(北海道) 개간에 잉여분 650만 엔을 지출하도록 결정해야 한다고 말하였다. 정부는 산업 육성 등의 '사실'을 무기로 의회 대책에 나서지 않는다면 의회를 극복할 수 없다는 것이 이노우에가 구상한 전략이었다. 정치적으로 민당의 기반을 파고들고 재정 동원도 구사하는

'적극주의'의 등장이다. 마쓰카타 수상도 이 안에 찬성하고 제2의회에 제안하기로 하였다.

오쓰(大津) 사건

마쓰카타 내각이 발족한 지 5일 후인 1891년 5월 11일 오쓰 사건이 일어났다. 일본을 방문 중이던 러시아 황태자 니콜라이 알렉산드로비치(Aleksandrovich Nikolai, 후의 황제 니콜라이 2세)가 시가(滋賀) 현 오쓰초(大津町)에서 연도(沿道)를 경비 중이던 순사에게 습격당해 부상을 당한 것이다. 황태자는 종제인 그리스 왕실의 게오르기오스(Georgios) 친왕과 러시아 군함 7척을 이끌고 나가사키(長崎)에서 해로를 이용하여 도쿄로 향하는 도중이었다.

범인 쓰다 산조(津田三蔵)의 처분을 놓고, 형법 제116조 '천황, 삼

▶그림 1-4. 「魯国皇太子着京之図」(東州勝月 画, 1891년). 일본을 방문 중이던 니콜라이 황태자를 천황과 황후가 도쿄 역에서 맞이하는 그림으로 상상화이다. 오쓰 사건으로 황태자는 도쿄를 방문하지 않고 귀국했다.

후(三后), 황태자에 대해 위해를 가하거나 가하려고 한 자는 사형에 처한다'를 적용해야 한다고 압박하는 마쓰카타 수상에 대해서, 고지마 고레카타(兒島惟謙) 대심원장은 형법 제116조는 천황 등에 적용해야 하는 조문으로 외국 황태자 등에는 적용할 수 없다면서 맞섰다. 법률에 따라 처단(죄형법정주의)해야 하며 내각의 정치적 결정에 따를 수 없다고 강하게 저항한 것이다. 사법성에서도 사법성 고문인 파테르노스트로(Paternostro)가 일반 모살죄의 미수죄가 적당하다고 지적하는 등 거의 같은 의견이었다. 이렇게 되면 형법 제292조(사형), 제112조(미수는 「형의 1등급 또는 2등급을 감한다」), 제113조 제1항(중죄는 전조를 적용)에 따라 무기징역(중노동을 포함한 징역)이 된다.

그러나 15일의 어전회의에서 제116조의 적용이 결정되었다. 미요시 다이조(三好退蔵) 검사총장이 재판관의 의견은 일반 모살죄라고 지적하였지만, 어전회의는 '계엄령을 선포한 후 극형에 처할 것'을 주장하는 이토의 손을 들어 주었다. 정부의 주도로 제116조가 적용됨에 따라 통상적인 지재(地裁)−공소원(控訴院)−대심원(大審院)의 3심제를 거치지 않은 채, 일거에 대심원 심리가 강행되었다. 그러나 7명의 판사는 고지마 원장의 요청과 야마다 법상의 '묵시적 이해'(楠精一郎, 『兒島惟謙』) 아래, 정부의 의견에 따르지 않고 판결을 내렸다. 형법 제292조 등을 적용하여 '모살 미수의 범죄'에 해당하는 무기징역을 선고하였다.

사법권의 독립과 법률가 전문제

형법 제116조의 적용에 대해 고지마가 마지막까지 끈질기게 반대한 이유는 무엇일까? 고지마가 마쓰카타 수상과 야마다 법상에게 제출한 '의견서'(『大津事件日誌』)는 삼권분립의 의미에서가 아니라, 구미의 개입에 대해 불소급 원칙과 죄형법정주의로써 대항하기 위해서는 사법권의 독립이 중요하다고 말하고 있다.

마쓰카타 수상은 '국가가 존재해야 비로소 법률이 존재하는 것이다. 국가가 존재하지 않으면 법률도 없다'고 강하게 압박했다. 이에 대해 고지마가 저항할 수 있었던 것은 리걸·프로페셔널리즘(법률가 전문제)이 확립되어 가고 있었기 때문이다. 이는 재판관과 검찰관의 전문성에 바탕을 둔 종신관제로, 이들의 신분을 보장해야 헌법상의 규정인 사법권의 독립도 지킬 수 있다는 취지의 제도였다.

마쓰카타 내각 개조의 의미

오쓰 사건을 처리하는 과정에서 불협화음이 생겨났다. 아오키 슈조(青木周蔵) 외상은 이토의 행동을 개탄하여 '매사에 개입해서 거의 한 몸에 외무, 내무 양 대신의 직권을 겸임하는 것 같은 느낌이 든다. 이 때문에 내 마음은 몹시 편하지 않다'고 말할 정도였다. 사건 처리에 몰두하는 이토의 행동과 권력은 막 출발한 마쓰카타 내각을 공중분해 시켰다. 오쓰 사건이 일단락된 후 5월 29일 아오키 외상이 인책 사직하였다. 후임에는 에노모토 다케아키 추밀고문관이 임명되었다. 3일 후에는 사이고 내상, 야마다 법상, 요시카와 문상도 사직하였다.

개조된 마쓰카타 내각(각료 10명)은 ①마쓰카타 이외에 원훈급이 없고 ②번벌 주류인 사쓰마와 조슈 출신자가 4명이라는 점에서 지금까지의 내각과는 다른 모습을 보였다. 삿초 번벌로서 정치적 유력자로 간주되던 원훈급 8명은 전 3대의 내각에서는 전원 내지 과반수가 각료로 포진했었다. 마쓰카타 개조 내각에서는 상황이 완전히 바뀌어 마쓰카타 이외에는 각료를 맡지 않았다. 역사적으로 형성되어 온 '사실상의 권력'(원훈급 정치가 집단)이 내각 밖에서 '제도상의 권력'인 내각에 영향력을 행사하려고 하였다. 이것을 신문 저널리즘은 '제2류 내각'이나 '장막 내각'이라고 야유하였다. 시나가와 야지로(品川弥二郎) 내상 뒤에 야마가타, 무쓰 농상상 뒤에 이토라는 '흑막'이 있는 셈이었다.

'번벌'이라는 밀실의 정치 집단에 기초를 두는 한 권력 구조의 분화는 피할 수 없으며, 오히려 정치가 불안정해지는 결과를 초래할 뿐이라는 점을 사회도 강하게 인식하기 시작했다. 여기에 정당 정치나 정당 내각에 대한 기대가 존재하는 기반이 있었다.

제2의회와 해군 확장 예산

'적극책'을 채택한 마쓰카타 내각의 '메이지 25년도 예산안'은 1890년도의 잉여분 645만 엔에 그 전년도 잉여분 521만 엔을 더한 1,166만 엔을 일시적 재원으로 만들었다. 육군 군비비·군함 제조비·제강소 설립비·하천 수축비·홋카이도 토지 조사비 등의 '계속 사업 6개년 계획'에 필요한 907만 엔을 확보하고, 그 가운데 우선 315만 엔을 세출 예산에 편입시켰다. 제강소 설립은 '병기와 함선 제조에 가장 필요한 재료인 강철'(마쓰카타 수상의 연설)을 생산하기 위한 것으로, 군비 확장과 산업 진흥의 추진을 대담하게 결단한 세출 예산안이었다.

1891년 11월 26일 개회한 제2의회 벽두, 내각은 긴급칙령 제46호에 대해 의회의 승인을 요청하였다. 이 칙령은 오쓰 사건 직후인 5월 16일에 공포, 시행된 것으로 내무대신이 신문·잡지와 문서·도서의 사전 검열을 실시하고, 위반자에게 금고형이나 벌금형을 부과한다는 내용이었다. 헌법 제8조 제2항의 규정에 따라, 제국의회의 사후 승낙이 필요하였다. 시나가와 내상은 이를 제안하는 과정에서 '만일의 경우에 대비'하고 싶다면서 존속 의지를 드러냈다. '긴급칙령'은 법률과 동등한 효력을 갖지만 사전에 의회에 자문할 필요가 없는, 추밀원만 관여하는 이른바 '비의회입법'이다. 최초의 긴급칙령에 대한 사후 심의를 어떻게 진행시킬 것인지, 입법권에 대한 제국의회의 진가가 시험대에 올랐다. 그러나 12월 25일 의회가 해산되면서 심의가 중단되었기 때문에 다음 제3의회로 넘어갔다.

중의원 예산위원회는 해군성 예산 임시부 중에서 군함 제조비와 제강소 건설비 등 794만 엔을 삭감하기로 결의하였다. 그리고 이를 12월 14일의 본회의에 보고하였다. 마쓰카타 수상은 헌법 67조에 관해서는 '철두철미하게 부동의를 명언할 뿐'이라며 일체의 타협을 거부하는 강경한 자세를 나타냈다. 12월 22일 중의원 본회의에 등단한 가바야마 스케노리 해상은 군함 건조비 삭감에 격노하여,

> 현 정부는 나라 안팎의 많은 어려움을 이겨내고 오늘날에 이른 정부이다. 삿초 정부라느니 무슨 정부라느니 해도 오늘날 나라의 안녕을 지키고, 4천만 인민의 생명과 안전을 보전한 것은 누구의 공적이겠는가(웃음소리가 터짐)
> 『衆議院議事速記錄 3』

라는 '활기' 있는 연설을 원고도 없이 하였고(『每日新聞』, 12월 23일), 의장에서는 엄청난 파란이 일어났다. 곧 신문 호외는 '개회 이래 미증유의 대분란'을 전하였다. 다음 날 신문은 '실언'이라며 공격했고 후에는 '만용연설'이라 불렀다.

그날 밤에 열린 각의에 특별히 참석한 이노우에 추밀고문관·이토(伊東) 추밀원 서기관장은 중의원 해산을 권유했으나, 고토 쇼지로(後藤象二郎) 체상과 무쓰 농상상이 강하게 반대하였다. 결국 다음 날 각의에서도 결론을 내리지 못했다.

메이지 천황과 중의원 해산

불안하게 생각한 메이지 천황은 23일 심야, 마쓰카타에게 특사를 파견하여 의회 대책을 묻도록 했다. 이것이 머뭇거리던 마쓰카타의 결심을 굳히는 계기가 되었다. 25일 중의원 본회의가 총액 892만 엔의 삭감을 결정하자 마쓰카타는 중의원 해산을 주청하였다. 각료 중에는 무쓰와 고토가 해산에 동의하지 않았고, 무쓰는 해산을 강행하면 항의 사직할지도 모른다는 우려를 낳을 정도였다. 천황이 내각의 분열을 피하라고 마쓰카타를 독려하였고, 마쓰카타는 결국 무쓰 등을 설득했다.

천황이 정치에 개입하자 사태는 타개되었다. 이러한 상황에서도 이토 히로부미는 낙관적이었다. 정당이 '공연히 갑작스러운 분쟁을 일으켜 국가 백 년의 장계를 그르치는 것은 짐이 실로 바라는 바가 아니다'는 내용의, 반정부 기조를 타이르는 조칙을 내려줄 것을 요청하였다. 그러나 이노우에 고와시는 '왕실을 정략가의 수단으로 이용하는 경향'(伊藤에게 보낸 伊東의 서간)이 있다면서 강력하게 반대하였고, 이 때문에 결국 중지되었다.

중의원이 해산된 결과 전년도 예산이 집행되었다. 제1의회에 이어서 예산안 심의가 중심이 되었고 중요 법안은 성립되지 않았다. 지역 명망가층이 정당을 보는 눈은 엄격해져 갔다.

이토 히로부미의 신당 계획

이토는 사태를 우려해서 마쓰카타 내각에 12개조로 된 경고문「내각이 공고하지 못한 원인」(『伊藤博文伝』)을 보냈다. 말미에 '제12조 흑막의 후원을 믿고 책임을 다하지 않는다'고 써서, '제도상의 권력'인 각료가 '사실상의 권력'인 원훈 등을 배경으로 활동하기 때문에, 내각의 통일이 이뤄질 수 없는 사정을 지적하였다. 두 권력의 모순을 인식한 이토는 1월에 스스로 정당 조직에 착수할 결의를 밝혔다. '천황주권의 대의를 표방하는 정당을 조직하여 자유민권주의 당파를 압도함으로써 내각을 돕겠다'(동)고 천황에 상주한 것이다. 대성회를 중심으로 40~50명 정도(최대 당파인 자유당은 92명, 입헌개진당은 43명)의 신당을 결성하여 우위를 차지하려는 전략이었다.

이 의견에 대해 천황은 물론 이노우에 가오루·구로다 기요타카·시나가와 야지로·에노모토 다케아키·야마가타 아리토모 등 모두가 찬성하지 않았다. 2월 23일의 원훈회의(이토, 야마가타, 이노우에, 구로다, 마쓰카타, 사이고, 오야마)에서도 정당 조직화를 반대하는 의견이 대세임을 확인하자 이토는 병을 핑계로 추밀원 의장직 사표를 제출하였다. 26일 천황으로부터 사임을 불허한다는 의사가 표명되었고 정당 조직화의 움직임도 일단 중지되었다.

제2차 총선거와 대선거 간섭

1892년 2월 15일을 투표일로 하는 제2차 임시 총선거가 실시되었다. 총선거에 대해서도 의견이 엇갈렸다. 시나가와 내상과 가바야마 해상은 민당을 와해시키는 데 전력을 기울여야 한다고 주장하였고, 무쓰 농상상과 고토 체상은 입헌정치의 본의에 어긋난다면서 반대하였다. 그러나 결국 전례가 없던 선거 대책을 세우기로 하였다. 해산 직후 마쓰카타 수상·시나가와 내상·시라네 센이치(白根專一) 내무차관으로 구성된 비공식 선거대책본부가 설치되었다. 그리고 스기 마고시치로(杉孫七郎) 궁내성 내장두(宮内省内蔵頭)가 관리하는 내각 기밀금 기금에서 50만 엔, 천황의 개인 자금에서 10만 엔 등 도합 60만 엔 이상이 지출되었다.

정부 조사에서 사망 25명, 부상 381명에 달하는 유혈 참사가 2부(京都, 大阪) 8현에서 일어나는 대사건이 발생하고 말았다. 민당은 '선거 간섭'이라며 강하게 비판하였다. 정부의 의도를 파악하고, 사명감과 위기의식에 사로잡힌 부현 지사의 지휘 아래 경찰부국이 폭주, 독주한 것이 대사건을 불러왔다.

그 결과는 자유당 94, 입헌개진당 38로 민당은 과반수에 18의석이 모자랐지만 300의석의 44%로 선전했다. 마쓰카타와 시나가와의 직접적인 지시는 없었다고 하지만 총선거가 유혈로 물든 일은 여론의 강한 비난을 피해갈 수 없었다. '선거 대간섭' 사건을 계기로 마쓰카타 등 사쓰마 출신의 원훈 정치가와 이토 히로부미 등 조슈 출신의 원훈 정치가가 분열하는 양상을 드러내게 된다.

제2장 조약개정

사법성(독일인 건축가 베쿠만[Wilhelm Böckmann]의 설계, 1895년 준공, 현존). 조약개정을 추진하던 이노우에 가오루는 수도를 서양풍으로 개조하는 수도 계획을 세웠으나 실각하였다. 완성된 것은 사법성과 재판소뿐이다. 그러나 서양문명 담당자로서의 국가 의식은 이후에도 국내·식민지·조차지를 막론하고 서양 건축을 세우는 원동력이 되었다.

1. 시베리아철도와 일본

시베리아철도의 '위협'

1891(메이지24)년 5월 오쓰 사건을 당한 러시아 황태자 니콜라이는 천황을 면회할 예정이었지만, 최대 공무는 6월 초순에 블라디보스토크에서 거행되는 시베리아철도의 동방 기공식에 참가하는 일이었다. 미래의 국왕이 군함 7척을 이끌고 4월 27일 나가사키(長崎) 항, 5월 6일 가고시마(鹿兒島), 9일 고베(神戶) 항, 15일 요코하마(橫浜) 항, 27일 센다이(仙台), 31일 아오모리(靑森) 항 등 일본을 종단하는 모습은 군사적 시위를 겸한 행동이었을 것이다.

유럽·러시아와 극동 러시아 간 약 7,400킬로미터를 연결하는 시베리아철도 부설 계획은 1885년에 발표되었다. 1891년이 되어서야 러시아가 프랑스로부터 차관에 성공함으로써 착공이 가능하게 되었는데, 이는 8월에 체결되는 러프협약의 경제적 성공을 의미하는 것이기도 했다. 일본 정부의 『관보』(4월 25일)는 700만 루블의 자금을 바탕으로 '금년 중에 시베리아철도 및 기타 약간의 노선 공사에 착수'하게 될 것이라는 3월 5일 자 영자 신문 『타임즈(The Times)』의 보도를 '외보(外報)'로 게재하였다. 일본 정부는 러시아와 아시아의 연락이 용이해지고 대규모 육군도 파견할 수 있을 것으로 판단했다.

야마가타 아리토모는 러시아의 '시베리아철도' 구상을 일찍부터 경계하였고, 그 완성은 일본의 위협이 될 것이라는 인식을 지속적으로 확대시키고 있었다.

① 「군사의견서」 1888년 1월(②와 함께 90년 3월 야마가타 내각의 각료에게 제시)
현재의 세계 정세를 생각해 보건대, 아시아에서 영국과 러시아가 대립해서 동양에 일대 파란이 일어나기까지 수년이 걸리지 않을 것이다. 사정이 이렇게 절박해진 것은 무엇 때문인가? 캐나다 태평양철도와 시베리아철도의 부설로 인해, 영국의 동양 항로가 단축되고 러시아 군대의 동방으로의 이동이 신속해지는 것이 그것이다.

② 「외교정략론」 1890년 3월
우리나라 이익선의 초점은 실로 조선에 있다. 시베리아철도는 이미 중앙아시아에 이르렀다. 수년을 지나지 않아 준공되면 러시아의 수도(상트페테르부르크(Saint Petersburg))를 출발하여 열흘을 조금 넘긴 시점에서 말들에게 흑룡강 물을 마시게 할 수 있다. 우리는 시베리아철도가 완공되는 날이 곧 조선에서 다사(多事)가 일어나는 날이라는 점을 잊어서는 안 될 것이다.

③ 「군비의견서」 1893년 10월
러시아가 침략을 대외 정책으로 삼아 상대에게 틈만 있으면 곧 이에 편승하려 한다. (중략) 시베리아철도의 부설도 이를 위한 것으로 공사의 진척은 실로 동양의 위기를 가속화시키는 것이다. (중략) 과연 그렇다면 지

금부터 10년 후 시베리아철도가 모두 개통되면 러시아는 반드시 몽골을 침탈하게 될 것이며 혹은 중국의 내지에까지 이르게 될지도 모른다.

④ 「군비확충의견서」(상주) 1895년 4월 15일

현재 시베리아철도는 공사가 점차 진행되어 준공까지 수년을 앞둔 상황이 되었다. 어찌 경계하지 않을 수 있겠는가?

⑤ 「북청사변 선후책」 1900년 8월 20일 (아오키 슈조 외상에게 보낸 글)

현재 시베리아철도가 완전하지 않고 만주 경영도 이루어지지 않은 상황에서 우리와 싸움을 시작하는 것은 생각건대 러시아가 바라지 않는 일일 것이다.

⑥ 「동양동맹론」 1901년 4월 24일 (이토 히로부미에게 보낸 글)

러시아가 만주를 노린 것은 이미 오래된 일이다. 동양 철도의 부설, 여순(旅順) 대련(大連)의 경영 등은 모두가 영구 점령을 염두에 둔 것이다.

시베리아철도 계획이 발표된 지 3년 후에 최초의 지적(①)이 있었고, 착공 전에 모두 두 차례에 걸쳐서 그 완공이 조선 등에 '다사(多事)'(전쟁을 말함)를 일으킬 것이라고 단언하고 있다(①, ②). ③에서는 일본의 적국은 청이나 조선이 아니라 영국, 프랑스, 러시아라고 하였으며, 청일전쟁 후인 ④에서는 '동양의 맹주'가 되기 위해서는 한층 더 군비를 확장해야 한다고 말하였다. ⑤, ⑥은 의화단사건(북청사변) 후의 대응을 정리한 것이다. 이와 같이 야마가타의 의견서에는 주요 정세를 인식하는 과정에서 시베리아철도의 진행 상황이 고려되어 있었다.

영국의 권익과 러시아의 진출

1890년부터 91년에 걸쳐 영국의 태도가 돌변하여 일본의 조약개정 교섭에 호의적이 되었다. 에노모토 외상은 '뜻밖의 결과'였다고 지적하였다(에노모토,「조약개정에 관한 단안」, 1891년). 일본 외무성의 베테랑 고문 데니슨(Henry Willard Denison)은 전환의 이유를 '필경 시베리아 철도의 자극 때문'이라고 보았다(동). 영국은 1805년의 트라팔가 해전 이후 대서양·지중해를 거쳐 인도양으로 제해권을 확대시켰다. 그리하여 아시아로의 수로는 마치 대영제국의 통로로 여겨질 정도로 패권을 장악하였다. 그러나 이를 위협할 가능성이 러시아에서 나타났다. 러시아는 남부로 향하는 카스피철도를 부설하였고(1888년 완성), 투루크메니스탄 지방의 면화를 수입해서 방적업을 발전시켜 인도와 대항하였다. 또 프랑스 자본을 바탕으로 시베리아철도 부설 계획을 세웠다. 에노모토 외상은 '시베리아철도는 영국이 동양에서 보유 중인 특권을 박탈하는 무기'라고 보았다. 영국의 아시아 권익은 시베리아철도와 카스피철도 때문에 동서 양쪽으로부터 위협을 받는 상황에 빠졌다. 팍스브리태니카(Pax Britanica)의 위기를 일본에서는 어떻게 해석하고 있었던 것일까?

에노모토 외상의 전임자 아오키 슈조는 시베리아철도를 이용해서 '러시아는 일거에 추호의 방해도 받지 않고 곧바로 청에 대병'을 아시아로 파견할 수 있다면서 군사력 증대의 위험성만을 지적하였는데(「東亞列国之權衡」), 이는 야마가타의 생각과 가깝다. 러시아에 위협당하는 영국의 권익이라는 인식을 야마가타와 아오키는 논하지 않은 채, 군사력에 의한 항쟁의 위기만을 지적하면서 군비 확장 노선을 수긍하는 쪽으로 달려간다. 그러나 실은 이와는 다른 정세 판단이 존재하였다.

시베리아철도의 경제론

유럽·러시아에서 아시아로의 대철도 계획, 이것은 구상 초기부터 구미에서뿐만 아니라 일본에서도 화제가 되었다. 1884년 4월 27일자 『요미우리신문(読売新聞)』이 「러시아령 아시아의 대철도」라는 제목으로 『뉴욕 헤럴드(New York Herald)』의 기사를 전제한 것을 시작으로, 끊임없이 『타임즈』 등 유럽 경유의 시베리아철도 정보를 전달하였다. '오호라! 쌍두 독수리 기(러시아의 국기) 펄럭이며 수십만 병사를 구주에서 동양으로 용이하게 보낼 수 있을 날도 멀지 않다. 동양의 안위도 이에 따라 결정될 것이다'(동 1890년 3월 13일), 시베리아철도가 '전적으로 군사상의 필요에 근거한 것이라는 점은 어느 누구도 의심하지 않는 바이다'(大井憲太郎, 동 1891년 4월 11일)라면서 군사적 위기를 호소하는 기사도 보이지만, 대부분은 시베리아철도를 무역·공업진흥론의 입장에서 파악하고 있었다.

가장 빠른 것은 1889년 5월 23일의 『요미우리신문』 사설 「마이즈루 항(舞鶴港)과 밴쿠버」일 것이다. 이 사설은 시베리아철도의 완성에 따라 블라디보스토크 항은 '단지 러시아의 동양 군항에 머물지 않고 틀림없이 동양 제일의 상항이 될 것이다', 이 항으로 물자를 보급하기 위해서는 마이즈루 항을 충실히 하고 철도 부설이나 수출 진흥에 힘써야 한다는 논지를 펼쳤다. 이는 간사이(関西)의 재계에서 논의 중이던 마이즈루 항으로의 철도계획(阪鶴鉄道, 土鶴鉄道, 京都鉄道 등)까지도 전망한 경제론이었다. 1892년 4월에는 동양경제학협회도 시베리아철도 개통에 따른 개항지와 제도에 대한 조사 보고를 정리하였다(『東京朝日新聞』, 4월 20일). 러시아는 중국을 목표로 하고 있기에 일본의 위기에 직결되지 않는다(仁礼景範 해군 중장, 동 1890년 3월 17일)는 군사적 낙관론도 지면에서 확인할 수 있다. 야마가타식의 위기감만이 국내에 횡행했던 것은 아니다.

팍스브리태니카에 대한 도전

1893년 10월 19일 러시아 정부의 시베리아철도위원회는 시베리아철도의 완성으로 러시아의 경제적 이익이 증대될 것에 주목하여, 중국과 일본에 대한 무역 확대 계획안을 만들어 위원회에 제출할 것을 장상에게 요구하기로 결의하였다(러시아지, 『노보예브레먀(Новое Время)』, 10월 21일). 이 신문은 '시베리아철도가 러시아 상공업의 중심지와 동아시아의 풍요로운 나라들을 접근시켜, 우리나라 상공업에 큰 공헌을 하리라는 것은 의심할 여지가 없다'고 기대감을 나타냈다. 유럽과 자국

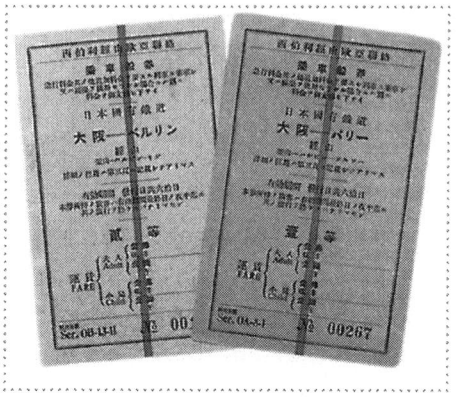

▶사진 2-1. 「西伯利経由欧亜連絡乗車船巻」. 러일전쟁이 끝나고, 러일협상(日露協商)의 체결 등으로 정상적인 경제 관계에 들어간 일본과 러시아에서는, 1911년 시베리아철도를 이용하여, 신바시(新橋)-오사카(大阪)-시모노세키(下関)-부산-하얼빈-리가-베를린(파리) 등을 연결하는 한 장짜리 표를 발매하게 된다(天理大学附属天理参考館蔵).

시장에서 고전 중인 러시아 산업의 용기를 북돋는 것이라면서 '동아시아에서 국제무역은 아직 초보 단계이다. 따라서 철제품·면제품을 필두로 한 많은 러시아제 상품은 거대한 판매 시장을 찾아낼 수 있다. (중략) 러시아는 시베리아철도라는 새로운 세계적 간선의 중심 위치를 차지하고 있기 때문에 특히 유리한 입장에 서 있다'고 말하였다. 동아시아를 거대 시장으로 확보할 수 있을지의 열쇠는 시베리아철도의 부설에 달려 있다는 것이다. '(중략)'에서는 '현재 중국의 차는 대부분 영국 배로 유럽에 수출되고 있지만 이것도 수출의 대부분을 시베리아철도로 이행시킬 수 있을 것'이라면서, 대영제국의 차 무역이 붕괴되기를 기대하기도 하였다. 이러한 기대는 무역이 전개됨에 따라 권익의 확대와 유지, 나아가서 군사력에 의한 권익의 확보 쪽으로 발전할 가능성이 있다고 상상해 볼 수도 있다. 이 가운데 최종 단계인 군사적 압력 부분만을 비대화시킨 것이 야마가타와 아오키의 '위기감'이었다. 이것은 팍스브리태니카를 지탱하는 가장 충실한 군사력으로서의 일본이라는 국가상의 등장을 예상하게 한다.

2. 계속되는 의회와의 대립

칙령 제46호 문제

　제2차 총선거가 끝나고 1892년 5월 2일 제3의회가 소집되었다. 귀족원 개회 벽두, 앞서 언급한 사전 검열에 관한 '칙령 46호'의 승낙 청구안이 제출되었다. 위원회는 이를 곧 승인했지만, 본회의에서는 정부의 남용을 우려해 승낙에 반대하는 다니 다테키(谷干城) 등의 의견이 강하게 제기되기도 했다. 그러나 결국 승낙안은 가결되었다. 중의원 특별위원회에서는 장래의 남용을 우려하여 승낙되지 않았고, 본회의에서는 한 걸음 더 나아가 오쓰 사건의 경우에 '이와 같은 긴급칙령은 전혀 필요'가 없다, '행정권으로 사법권을 유린하려는 생각'이라며 제정 그 자체를 부인하는 의견이 강해서, 승낙안은 부결되었다. 정부는 양원의 협의회를 열지 않은 채, 중의원의 승낙안 부결을 헌법 제8조에서 말하는 의회의 불승인에 해당하는 것으로 보고 칙령 46호의 폐지를 고지하였다.

▶그림 2-2. 「二十五年貴族院議事之図」(梅堂小国政 画, 1892년). 이해에는 제3특별의회와 제4정기의회가 열렸다. 의장석 뒤에 천황이 앉은 것은 옥좌가 귀족원에만 있기 때문이다. 현재도 참의원에서 개회식을 거행하는 것은 이 옥좌의 설치에 따른 것이다.

중의원에서는 칙령 46호에 대해, 긴급칙령을 규정한 '헌법 제8조의 남용'이자 '부당하고 부정한 칙령'이라고 비판하였다. 중의원의 논의와 불승낙의 채결은 입법부의 행정부에 대한 독립성을 보여준 것이며, 중의원의 귀족원에 대한 우위성을 인정한 것이었다. 일본의 근대국가를 통제하는 근간은 대일본제국헌법이었지만 그 기능을 명확하게 정착시키기까지는 정부·제국의회·사법부에서 여러 차례의 시련을 헤쳐 나가야만 했다.

마쓰카타 내각 문책 결의안

제2차 총선거 당시 정부가 펼친 간섭 정책이 문제가 되었다. 귀족원은 '이제는 지방 곳곳에서 관리가 선거에 간섭하는 것에 분노하고 관리를 적대시한다'며, 정부의 책임을 추궁하는 건의를 가결시켰다.

이어서 자유당, 입헌개진당, 무소속 의원 등이 연명(聯名)하여 선거 간섭 문제에 관한 상주안을 중의원에 제출하였다. '행정관서가 멋대로 직권을 남용하여 (중략) 선거 기간 중에 법률은 효력을 잃고 옳고 그름은 뒤섞여 혼란스러워졌다. 마치 정부가 없는 것 같은 상황이 되었다'면서, 이러한 '어지러운 불법'의 상태를 초래한 것은 '내각 대신의 책임'이라고 천황에게 호소하는 내용이었다. 상주문의 문구를 놓고 무소속 의원의 찬성을 얻지 못해 12일의 본회의에서는 143대 146으로 부결되었다. 2일 후 무소속 의원 나카무라 야로쿠(中村弥六)는 '관리가 직권을 남용해서 선거권을 침범한 증거가 명확하다. (중략) 내각 대신은 당연히 반성하고 스스로 책임을 져야 한다'는 내각 탄핵 결의안을 긴급 동의로 제출하였고, 154대 111로 가결되었다.

각료들 사이에서는 해산설과 비해산설이 대립해서 결론이 나지 않았다. 그래서 결국 일주일 동안의 정회를 명령하고 사태를 주시하기로 하였다. 정회 중인 5월 21일 오후 8시, 정부는 보안조례를 시행해

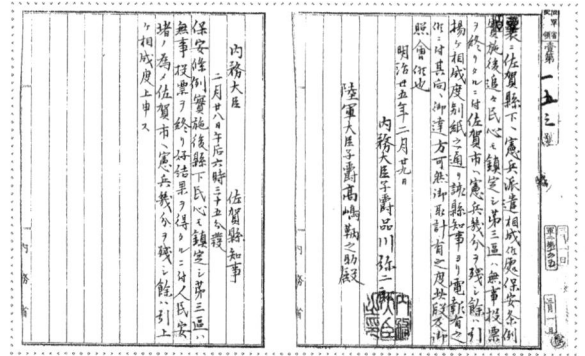

▶사진 2-3. 시나가와 내상이 다카시마 육상에게 보낸 헌병의 철수를 요청한 공문서(1892년 2월 29일). 2월 15일에 투표가 끝난 후에도 헌병이 잔류하고 있었다. 시나가와 내상에게 발송된 사가(佐賀) 현 지사의 전보는 '무사히 투표를 끝내고 좋은 결과를 얻었다'는 보고 내용이다(아시아 역사자료 센터[アジア歷史資料センター] 소장).

서 민당의 운동원(壯士) 150여 명을 도쿄 시외로 추방하는 처분을 단행하였다. 민당의 배후에 원외단인 운동원들의 움직임이 있다고 판단하고 보안조례를 시행한 것이다.

그러나 의회는 스스로의 힘으로 계속 움직였다. 재개 후인 5월 26일 중의원은 보안조례 폐지안을 가결시켰다.

예산 사정(査定)과 양원

제3의회에서 정부가 제안한 것은 제2의회에 제출했던 신규 예산 외에 군함 제조비, 제강소 설립비, 진재 예방 조사회 설비비, 철도 관계 법안 등이었다. 의회가 재개된 후에 심의된 이들 의안은 제2의회와 마찬가지로 중의원에서 거의 부결되었다. 귀족원에서는 중의원에서 사정을 거쳐 삭제한 것 중에 군함 제조비, 진재 예방 조사회 설비비를 부활시켰다.

양원에서 서로 다른 사정을 내세우자 양원 사이에 예산 선의권(先議權)을 둘러싼 논쟁이 일어났다. 천황은 추밀원 자문을 거쳐 예산에 관한 협찬권에 양원의 차이는 없다고 칙재하였다. 귀족원의 예산안 부활에 관한 수정 절차는 승인되었다. 헌법 제65조 '예산은 먼저 중의원에 제출해야 한다'는 원칙에, 예산 심의권에서는 양원 대등이라는 새로운 규정을 더하게 된 것이다. 양원 협의회는 귀족원이 부활시킨 군함 제조비는 인정하지 않고 진재 예방 조사회 설비비만 승인하였다. 1892년도 추가 예산 189만 9천 엔은 원안에서 91만 6천 엔이 감액되었다.

철도와 민당

　철도를 둘러싼 정부와 민당의 대결은 이 의회에서 결말이 난다. 제2의회에서 정부는 사설철도 매수법안과 철도 공채법안을 제출했지만 부결된 바 있었다. 정부는 제3의회에서도 동일한 법안을 중의원에 제안하였고 이로써 철도 기성 동맹회안, 자유당안, 가와시마 준(河島醇)안 등 5종류의 법안이 나란히 심의에 올랐다. 중의원 위원회는 이들을 절충하여, 먼저 예정 노선 중 제1기선에 해당하는 6노선(中央線·北陸線·北越線·奥羽線·山陽線·九州線)을 공채 5천만 엔으로 건설하는 철도 부설법안을 마련하였다. 또 3노선의 추가와 이에 따른 공채 6천만 엔 모집안에 대한 수정도 이루어져 철도 부설법안으로서 중의원에 의해 통과되었다. 귀족원에서도 승인되었다.

　철도 정책과 관련하여, 이노우에 고와시는 제2의회 당시 의회 대책을 세우는 과정에서 '진취적인 기상'을 보일 수 있는 네 가지의 중요 시책 가운데 하나로 '사설철도의 매수'를 거론한 일이 있다. 이토 히로부미에게 제출된 시미즈 이치타로(清水市太郎)의 '대의회책'도 '철도 시설 문제는 당파 분열책 중 최상'이라고 지적하였다. 민당도 지조 경감=감세에 의한 '민력휴양' 책이 아니라 철도 부설에 따른 '민력육성' 책으로의 전환을 모색하기 시작하였다. 철도 부설법은 예정선의 변경과 공비, 사설철도의 매수액 등 제국의회가 관여할 사항이 매우 많아서, 이후의 철도 정책은 의회가 지도하게 된다. 지역 간 이해의 조정도 제국의회를 축으로 진행되었다.

마쓰카타 내각의 붕괴

마쓰카타 수상은 의회가 폐회된 후 천황에게 사의를 표명하고 후임에 이토 추밀원 의장을 추천했다. 협의하라는 천황의 지시에 따라 마쓰카타·구로다·야마가타·이토가 모였다. 이토는 '막후 인물이 모두 입각해야 한다는 주장'(『伊藤博文伝』)을 하면서, '우리 목적을 관통시키기 위한 메이지 정부 최후의 일전'이므로 서로 힘을 합쳐 싸워야 한다고 다그쳤다. 결국 이토는 거절하는 야마가타를 설득해냈고 스스로 내각 수반을 맡을 결심을 하였다.

'막후 인물이 모두 모여서' 조각(組閣)한다는 것은 제도상의 권력(내각)과 사실상의 권력(원훈)을 일치시킨다는 말이며, 내각의 통일을 담보할 수 있는 유일한 방책이었다. 다만 이러한 방책엔 시간의 한계가 있어서 원훈 자신이 내각을 조직할 체력이 떨어지면 채택할 수 없다. 원훈을 권력의 기반으로 삼는 한, 제도상의 권력과 사실상의 권력은 형식적으로는 분리되지만 내실은 분리될 수 없기 때문에 내분은 계속된다.

그런데 다카시마 도모노스케(高島鞆之助) 육상과 가바야마 해상 등이 반발하는 것을 보자 '줏대 없는 인간' 마쓰카타 수상은 사의를 번복하고 각료를 경질하여 혼란을 일으키기로 하였다. 고노 도가마(河野敏鎌) 농상상 겸 법상을 내상 겸 법상으로 전임시켰다. 고노는 민당의 공격 목표인 시라네 센이치(白根專一) 내무차관을 면직시키고(궁중 고문관으로 전임한다) 여러 명의 지사를 경질하는 인사 이동을 단행했다. 하지만 이 이동은 '영전'의 형태를 취했기 때문에 민당은 '이러한 미온적인 처분으로는 희망이 없다'고 비판하였다(『東京朝日新聞』, 7월 26일).

실제로는 처분이었기 때문에 다카시마 육상, 가바야마 해상, 오키 다카토(大木喬任) 문상 등은 맹렬하게 반발하였다. 마쓰카타 수상은 두 파로 나뉜 각료 사이에 끼여 이러지도 저러지도 못하게 되자 결국 사직하였다.

3. 이토 히로부미와 자유당의 모색

이토 원훈 내각의 등장

사직한 마쓰카타 수상의 후임을 놓고 연일 '원훈회'(『東京日日新聞』, 8월 4일)가 열렸다. 이토 밖에 없다는 결론이 나오자 이토는 원훈이 모두 참여하는 내각을 조건으로 수반에 취임할 것을 승낙했다. 이렇게 해서 1892(메이지25)년 8월 제2차 이토 내각이 성립한다.

헌법이 시행된 후 다시 수상에 취임한 이토는 '번벌 정치가 중 기량과 경험에서 백작보다 뛰어난 사람은 아주 드물다'(『每日新聞』, 8월 9일)는 높은 평가를 받고 있었다. 원훈급 정치가로서 입각하지 않은 사람은 야마다와 사이고로, 번벌 대표자가 빠짐없이 참여한 '이른바 원훈 내각'(『時事新報』, 8월 9일)이 되었다. 선거 간섭과 관련이 있던 야스바 야스카즈(安場保和) 아이치(愛知) 현 지사 등의 지방관을 경질한 내무성 인사에서 그 실력의 일단을 짐작할 수 있다.

이토 수상은 지방관 회의에 부현 지사 등을 불러 모아 '상부의 명

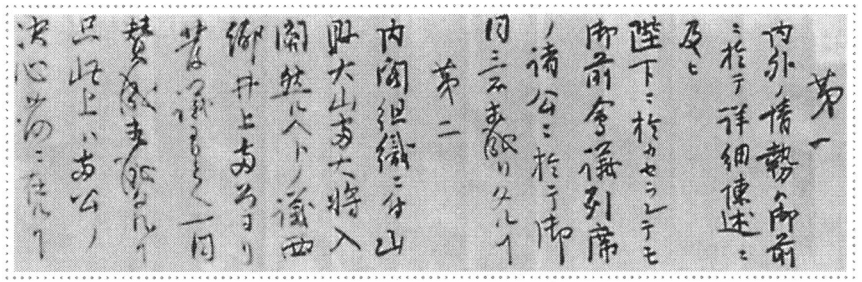
▶사진 2-4. 제2차 이토 내각을 조직할 당시 이토 히로부미의 각서. 이토는 조각 당시 어전회의의 필요와 천황의 동의, 야마가타와 오야마의 입각 등을 조건으로 제시하고 이를 관철시켰다.

령에 맹목적으로 따르는 것은 지사의 직임이 아니다'라고 엄명함으로써 선거 간섭의 재발을 경고하였다. 이렇게 선거 간섭으로 직무 면직되거나 전임 처분을 받은 고참 지방관은 일단 정계의 앞 무대에서 자취를 감춘다.

또 이 처분은 민당과의 전력을 다한 대결이 소용 없다는 판단을 나타내는 것으로, 번벌 세력은 제3의 길을 찾아야 했다. 그것은 제2차 이토 내각의 인물 구성에도 나타나 있다. 마쓰카타 내각에서는 소에지마 다네오미(副島種臣)·고토 쇼지로·고노 도가마가 정당계 정치가로 간주되어, 그 처우를 놓고 삿초 번벌계 정치가와의 사이에서 알력이 생겨났고 결국 내각이 총사직하는 사태로 이어졌다. 제2차 이토 내각에는 고토나 '무쓰, 고노와 같은 수완가'(『每日新聞』, 8월 9일) 등 정당계의 유력자가 참여하였다. 그리고 이들을 축으로 정당을 움직여 의회를 극복한다는 방침을 세우고 그 아래 각료를 결집시키려 하였다. 이것이 바로 이토의 전략이었다.

자유당의 모색

자유당은 철도 법안에 나타났듯이 정부의 적극주의 정책을 가로채려는 쪽으로 움직이기 시작하였다. 11월 9일경 이타가키의 저택에 집합한 호시 도오루(星亨), 고노 히로나카(河野広中), 마쓰다 마사히사(松田正久), 다케우치 쓰나(竹内綱) 등 자유당 간부는 '자유당은 세간의 평가에 관계없이 어디까지나 적극 구조적인(Positive Constructive) 방침을 채택하고 이 주의에 맞는 것은 모두 채용할 것, 이당(吏党)이니 민당이니 하는 비판에 연연하지 말 것'을 결의한다. 적극 정책에 대해서는 '정부의 일이라 하더라도 도울 일은 도와야 한다'며, 이토 내각을 지지할 수도 있다는 쪽으로 방침을 전환할 것을 고려하였지만, 아직 당 대회 등에서 공표할 시기는 아니라고 생각하였다.

제4의회와 해군 예산

제4의회(1892년 11월 29일 개회, 다음 해 2월 28일 폐회)에 제출된 정부의 주요 제안은 메이지 26년도 예산안(세입 8,583만 엔, 세출 8,376만 엔), 논밭 지가 특별 수정법안, 3세 개정 법안(주조·연초·소득세)이었다. 세출안에는 갑철함 2척 제조비의 초년도분과 순양함·보지함(報知艦) 제조비를 합한 332만 엔이 포함되어 있었다. 정부는 지조 개정 당시 조사가 불충분해 지가 결정이 불공평했다는 주장을 고려하여, 총액 1억 5천만 엔의 지가 저감을 실시하고, 그 결과 발생할 지조 감수는 3세의 증수를 통해 보전할 계획을 세웠다. 중의원 예산위원회의 사정은 세출안에서 10.6%인 884만 엔을 삭감하는 과감한 정리였다. 해군성의 군함 제조비 전액 등을 감액한 것이 중심이었다.

본회의는 거의 사정 원안을 인정했다. 67조 비목의 동의를 요구하는 중의원에 대하여, 이노우에 가오루 임시 수상대리(이토 수상은 교통사고로 요양 중)는 부동의를 표명하였다. 귀족원은 중의원에서 가결된 논밭 지가 특별 수정법안을 부결한다. 예산 감액의 경우, 귀족원에 손을 써서 동 법안을 부결시켜야 한다는 것이 이토 수상의 지시였다. 의회 종료 후인 3월 『국민신문(国民新聞)』은 이토(伊東) 추밀원 서기관장이 한 귀족원 의원에게 '내일도 아무쪼록 반드시 출석해서 위원 보고대로 원안이 부결되도록 힘써 주셨으면 고맙겠다'는 편지를 보냈다고 폭로, 비판하였다.

타협의 여지가 없어진 중의원은 정부에 고려할 시간을 준다면서 6일간의 휴회를 결의하였다. 이토는 민당이 정권 탈취를 노리고 있으며 타협의 여지가 없다고 보는 것은 물론, 의회의 상주권을 활용해서 천황에게 호소하는 전술이라면, 역으로 조칙을 활용해서 사태의 타결을 모색할 필요가 있다고 생각하기 시작하였다.

휴회 기간이 끝나고 고노 히로나카 등은 내각의 경질이나 의회 의결의 존중 중에서 어느 한쪽을 조치해 주도록 요청하는 상주안을 중의원에 제출하였다. 정부는 즉시 15일간의 정회 조칙을 꺼냈다. 정회 후 재개된 심의에서는 상주안이 181대 103으로 가결되었다. 각의는 의회를 비난하고, ① 상주에 대한 칙답을 주어 정부와 의회의 협의를 요구하거나 ② 즉시 중의원을 해산한다는 두 가지 방책을 천황에게 상서하였다.

화충협동(和衷協同)의 조서

다음 날 천황은 정부와 의회에 조칙 「재정(在廷)의 신료 및 제국의 회의 각원에게 고함」을 내렸다(이른바 화충협동의 조서). ① 헌법 67조 비목은 규정이므로 논쟁의 원인으로 삼아서는 안 된다, ② 내각에 행정 정리를 명한다, ③ 국방은 중요하므로 내정비(內廷費)를 절약해서 매년 30만 엔과 '문무 관료'의 급여 10%를 6년간 세입에 넣어 제함비 부족에 충당한다, ④ 내각과 의회가 역할을 분담하여 '화협의 길'로 나갈 것을 바란다는 전문 259자의 짤막한 내용이었지만 중요한 논점이 제시되어 있다. 먼저 67조 비목을 정부에서 말하는 성역으로 인정하면서도, 행정 정리에 의한 경비 절감은 필요하다며 민당의 주장도 인정하였다. 다음으로 제함비가 필요하다는 점에서 중앙 관청의 급여를 시한적으로 삭감하여 경비를 보전한다는 별개의 행정 정리를 요구하였다. 마지막으로 이들에 관한 타협을 협의에 의해 실현하도록 정부와 민당 양자에게 기대하였다. 중의원과 정부가 타협할 수 있는 길이 제시된 것은 천황 통치권의 발휘이자 정부에 유리한 해결로, 표면적으로는 민당이 굴복한 것으로 보일 수 있었다. 하지만 실제로는 양자가 고통을 분담한 것이었으며, 중의원과 정당에게는 정권에 접근할 수 있는 도약대가 확보된 것이었다.

그 결과 중의원의 특별위원과 정부의 협의가 시작된다. 정부는 67조 비목 가운데 49만 엔의 삭감에 응하겠다고 대답하였다. 예산위원회는 67조 비목의 범위를 한정하기 위한 심의를 개시하여, 의회가 관여할 수 있는 자유 비목과 정부의 의무 비목으로 분리하는 검토 작업에 들어갔다. 이 작업은 제4의회에서는 완료되지 않았으나 67조 비목은 더 이상 제1의회에서와 같이 정부와 민당의 대결 항목이 되지는 않았다.

건함비와 행정 정리

중의원 예산위원회는 재심사를 거쳐 세출안을 8,113만 엔으로 정하였다. 건함비는 7개년 계속 사업비로 설정하는 한편 정부의 원안에서 147만 엔 감액된 1,808만 엔을 부활시켰다. 중의원의 예산 수정안 가결에 이어 귀족원도 중의원에 동조하였다. 제1의회에 이어서 수일의 예산 심의 시간밖에 확보하지 못한 귀족원은 예산에 관해 제2원화되고 있음이 명확하였다.

예산 수정안의 전체 규모를 보면, 정부 원안에서 263만 엔이 삭감되어 12월의 예산위원회 사정안(884만 엔 삭감) 때보다 대폭 부활된 것처럼 보인다. 그러나 263만 엔에 문무관 헌납비 148만 엔을 더하면 사실상의 삭감액은 411만 엔이 된다. 대분규가 발생했던 제1의회의 삭감액 651만 엔에

▶그림 2-5. 「5월 인형 薩井慶(かげべんけい, 집안에서만 큰소리치는 사람)」. 최대의 실력자인 이토 히로부미 수상조차도 의회의 동향에 고심해서, 연설 중지·보안조례·출판물 발행 정지·의회의 정회와 해산 등을 구사했지만 완전히 제압하지는 못하였다. 천황까지 동원해서 조칙을 낸 일은 묘사되어 있지 않다 (『団団珍聞』, 1894년 4월 28일).

대해서 제4의회의 삭감액은 그것의 62%를 인정한 것이다. 67조 비목을 성역으로 여기는 정부의 사고방식은 부정되고, 헌법에 명문 규정이 없는 것은 의회와 협의해서 정하는 룰이 만들어져 갔다. 번벌정부라 하더라도 헌법의 일방적·자의적 해석을 하지 않는다는 관습은 초기 의회 당시 정부와 민당의 대결 속에서 형성되었던 것이다.

이타가키 다이스케 자유당 총리는 제4의회가 열리기 전, '해군 조직을 개혁하여 그 기초를 확립하고, 나아가 해군 확장에 관한 대방침을 정해야 한다'(자유당『党報』제28호)면서, 해군 개혁이 선행된다면 해군 확장을 추진하겠다는 의사를 표명한 바 있다. 이를 계기로 자유당과 이토 내각 사이에 타협이 추진될 가능성이 생겨났다. 그 실무를 담당한 것은 호시 도오루 자유당 의원과 무쓰 무네미쓰 외상이었다.

정부와의 타협으로 기우는 자유당에 대해 입헌개진당 등의 비판이 거세졌다. 비판의 초점은 조약개정 문제였다. 자유당은 조약개정에 의해 일본의 관세 과세권이 신설된다면 지조 감세도 가능해질 것으로 기대하였다. 초기의회에서의 대결로 정부가 행정 정리를 약속했지만, 제4의회에서의 '화충협동의 조서'에 의해 일부는 건함비에 충당되었고 '정비 절감'은 군사 이외로 한정되었다.

'화충협동의 조서'가 요구한 행정 정리는 합계 3,272명(칙임 14, 주임 393, 판임 2,865)의 감원과 봉급·청비(庁費) 등 170만 엔 삭감의 효과를 거둔다. 자유당은 '인원수에서 말한다면 상당한 대개혁'이라고 평가하였다(『党報』제48호).

4. 조약개정과 제국의회

대외경육파(対外硬六派)

　1893년 10월에 결성된 대일본협회는 국권을 약화시킨다는 이유로 '내지잡거 상조론(内地雜居尚早論)'을 내걸고 정부의 조약개정안에 반대하였다. 조직은 동양자유당(大井憲太郎 등)·정무조사회(神鞭知常 등)·동맹클럽(楠本正隆 등)·국민협회·귀족원 의원(曾我祐準, 鳥尾小弥太 등) 등 초당파적 연합 단체로 이당인 국민협회 의원도 40명 이상 참가하고 있었다. 제5의회를 앞두고 정부의 조급한 조약개정 외교에 대한 비판인 현행조약려행(現行条約励行)을 결집점으로 하여, 국민협회·입헌개진당·동맹클럽·정무조사회·동지클럽·동양자유당의 대외경육파 연합이 성립하였다. 의석 합계는 173으로 과반수를 넘었다. 자유당 대회는 '조약개정을 실행시킬 것' 등을 결의함으로써 경육파와는 뜻을 같이 하지 않은 채, 이토 내각을 지원한다는 방침을 정했다(의석 수 98).

조약개정과 관련한 새로운 쟁점의 등장과 자유당의 이토 내각에의 접근, 이토 내각의 국민협회 적시책 등이 경육파의 결성을 재촉하였다. 경육파는 이토 내각에 대한 야당적 입장을 강화시킨다.

제5의회

제5의회(1893년 11월 28일 개회)의 벽두부터 경육파는 호시 도오루 의장 불신임 결의안, 호시 의원 제명안, 관기 진숙(官紀振肅) 상주안을 연속 가결시키면서 자유당과 정부에 대한 비판을 전개했다. 경육파가 제안한 현행조약려행 건의안, 외국조약 집행방해자 처벌법안, 외국조약 단속법안이 중의원 본회의에 상정되어, 제안 설명이 진행되는 중에 10일간의 의회 정회 조치가 떨어졌다. 정회 조치는 각국 공사의 항의에 곤혹스러워 하던 이토 내각이 천황에게 진언하여 취해진 것이었다. 당시 '천황은 그 상황을 크게 우려하셔서 늘 시종을 의원(議院)에 파견하여 의사(議事)를 방청하게 하고, 중대 문제에 관해 분규가 일어나면 시시각각 전화로 그 상황을 알리게 하였다. 또 끊임없이 하문하시

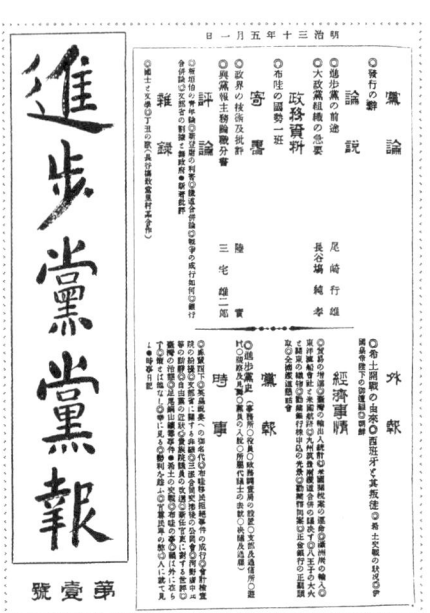

▶사진 2-6. 「進步党党報」 창간호(1897년 5월). 대외경파의 대부분이 합동해서 진보당을 결성하고 자유당에 대항했으나 동요하는 국민협회는 배제되었다.

거나 혹은 시종을 보내 내각 대신에게 이를 묻도록 하셨다'(『明治天皇紀』)고 되어 있듯이, 이토 수상은 천황에게 불려가 선후책을 협의하고 있었다. 메이지 천황은 정부의 위기를 국가의 위기와 직결시켜 자주 헌법상의 규정을 넘어 주체적으로 행동하였고, 이로써 이토 수상과의 연계 플레이가 강화되었다.

무쓰 외상은 현행조약려행안과 같은 '쇄국양이적 건의안을 제출하여 조약개정에 지장을 주는' 일은 승인할 수 없다, 경육파가 거론한 현행 조약 위반 사례는 '오해'이거나 '쇄국적 의향을 가진 자의 곡해'라며 비난하였다. 그리고 '외국과 즐겨 일을 일으키는 것은 유신 이래의 국시에 반대하는 것'으로 정부로서는 용인할 수 없다면서 경육파의 배외주의에 맞설 것을 선언하였다. 의회는 2주간의 정회를 명령받았지만 다음 날인 30일 돌연 해산된다. 정회에서 해산으로의 돌변은 정부의 동요를 보여주는 사건이었다.

1894년 3월 1일 제3차 임시 총선거가 치러졌다. 간섭 선거였던 지난 선거에서 자유당은 90석까지 줄어들었지만 30석에 가까운 의석을 회복하였다. 경육파는 제5의회에서 점유하던 180의석에서 40의석이나 감소하였다. 그 중심에 있던 국민협회는 70석에서 31석으로 격감하였다. 야당화한 국민협회는 의석을 확보하지 못한 것이다. 입헌개진당은 43석에서 60석으로 의석을 40%나 늘림으로써 경육파의 중심적 지위를 국민협회로부터 빼앗았다.

제6의회와 세 번째 해산

제6특별의회는 5월 12일부터 3주간의 회기 예정으로 소집되었다. 단기간의 의회 회기에, 각 신문은 마쓰카타 내각의 제3특별의회에서도 배에 달하는 40일이었다면서 비판하였다. 전년도 범위 내에서 1894년도 예산을 집행하도록 결정되었기 때문에 추가 예산의 심의가 필요하였다. 중의원에서 이토 수상은 조약려행 건의안에 대해 절대 반대라고 거듭 말한 후 단상을 내려왔다. 다음 날 오이 겐타로(대일본협회파) 등이 조약개정 문제·기강 문란 문제·'불합리하고 명분 없는 해산의 주창'·의회 경시 등을 거론한 '상주안'을 제출하였다. 이 상주안은 격론 끝에 겨우 부결 처리되었다. 또 고노 히로나카(자유당)가 제5의회의 해산은 정부의 '부당' 행위라면서 「해산에 관한 결의안」을 제안했으나 부결되었다. 수정안으로 이누카이 쓰요시(犬養毅)가 제안한 내각 불신임안도 채택되지 않았다.

민당 연합은 완전히 붕괴되고 자유당은 반경육파로 간주되었다. 바로 그때 자유당은 「내각의 행위에 관한 상주안」을 제안하여 153대 139로 가결시켰다. 자유당의 상주안은 제4의회에서 정부가 공약한 행정 정리와 해군 개혁이 실시되지 않고 정체되어 있다면서, 정부에 대해 '화협의 길을 다하도록' 경고해 줄 것을 천황에게 요청하는 내용이었다. 이것은 자유당과의 협의·조정을 명령하도록 하려는 의도였으며, 자유당의 정권 참가를 의미하는 것이기도 하였다. 경육파는 자유당의 상주안을 수정해서 정부를 압박하려는 의도에서 자유당의 제안에 찬성하였다. 이처럼 이 상주안의 가결은 동상이몽의 산물이었다.

6월 2일 정부는 세 번째로 중의원의 해산을 명령하였다. 이토 내각이 상황을 타개할 수 있는 방책은 대외경파를 무력화시키고 굴복시키는 조약개정의 실현뿐이었다. 해산 시점에서는 과실이 이토 내각 쪽으로 굴러올 것인지 아직 확실하지 않았지만, 시간은 생각지도 않게 이토 히로부미와 무쓰 무네미쓰의 편이 되어 흘러가고 있었다.

서두르는 조약개정

치외법권(영사재판권)의 철폐와 관세자주권의 회복이라는 조약개정의 실현은 역대 내각과 민당의 대목표였다. 1893년 12월 말 무쓰 외상은 아오키 슈조 주독 공사에게 런던으로 가서 조약개정을 담당할 것을 지시했다.

아오키는 영국 외무성과의 교섭에서, 자신이 외상으로서 교섭을 담당하던 시절 영국과 타결을 보지 못한 세 가지 사항에 대해 타협점을 제시하였다. 즉 ①구미 수준의 법전 실시의 담보로서 정부가 공문서를 발행해 약속하는 일은 입법권을 제약하기 때문에 반대했지만, 현재 '우리 정부는 비난을 감내'하더라도 공문서를 발행할 생각이다, ②조약 발효 이전에 거류지의 토지소유권을 승인할 수는 없으나 현재 거류지에서 소유하고 있는 영대차지권(永代借地權)은 '무기한 인정' (일반 토지소유권의 부여보다도 특권을 인정하게 된다)하겠다, ③여권의 기한을 1년간으로 연장하겠다는 것이 그것이다(『日本外交文書』 27권 1).

이 세 가지 내용은 영국 외무성을 만족시켰다. 이토 내각이 조약개정의 실현을 선물로 삼아 의회와 타협하려 했던 사실은, 아오키에게 '차기 의회 개회 전에 영국 정부의 확답을 얻기를 진심으로 바란다'(1

월 25일 무쓰 외상의 전보), '제국 정부는 조속히 담판을 마치고 조약에 조인할 수 있기를 간절히 바란다'(5월 19일 무쓰 외상의 전보)고 자주 재촉했던 점에서도 명확하다.

킴벌리(J. W. Kimberley)와의 교섭

영국은 러프동맹(1891년 8월 성립), 러프군사협약(1892년 8월 성립)이라는 국제 환경 속에서 고립될지도 모른다고 걱정하였다. 발치 외무차관보는 러시아와 프랑스가 공동으로 '정략적 양보를 청구하면 어떻게 할 것인지', 러시아와 프랑스가 석탄 저축장을 청구하면 어떻게 할 것인지를 물었다. 아오키가 '도리에 어긋나는' '불법적인 청구'에 대해서는 '어느 나라를 막론하고 일본 전국을 모조리 초토로 만드는 일이 있더라도 주저 없이 이에 대항할 것'이라고 답변하는 것을 듣고, 발치는 안심하였다.

영국은 일본이 친영 정책을 전개한다고 판단하고 이번 기회에 매듭짓기로 하였다. 일본 정부도 타결 쪽으로 방향을 잡았다. 양국의 타협은 성립하여 1894년 7월 16일 영일통상항해조약이 조인되었다. 조인을 마친 영국 외상 킴벌리 경은 아오키에게 '이 조약의 성격은 일본에게 있어서 청국의 대병을 패주시키는 일보다도 오히려 훨씬 가치 있는 것'이라며 '축사'를 전했다(『日本外交文書』 27권 1). 영국은 조약개정에 협력함으로써 일본 측에 설 것을 성명한 것이나 마찬가지였다.

치외법권의 철폐

일본은 새로운 조약의 체결로 치외법권의 철폐라는 과제를 달성하였다. 일본에서 일어난 구미인의 범죄를 일본이 재판하지 못하고 해당 구미국의 영사가 재판한다는 치외법권은, 자국 영토 내를 법 지배한다는 근대 국가의 주권을 제한하는 것이었다. 이것이 철폐되었다는 것은 구미와 대등한 주권 국가로 승인되었음을 의미한다. 후쿠자와 유키치의 '탈아론'(1885년)이 목표로 하던 것 중의 하나가 이루어진 것이다. 이후 1897년에 걸쳐 구미 각국과 새로운 조약을 조인하고, 1899년 7월 17일부터 시행하게 되었다(프랑스와 오스트리아는 8월 4일).

조인이 된 사실은 8월 27일 자 칙령을 통해 비준 공포가 발표될 때까지 숨겨졌다. 하지만 공표되자마자 『동경경제잡지(東京経済雑誌)』(9월 1일)는 이를 시작으로 조약개정이 성공할 것이라며 덮어 놓고 기뻐하였다. 『도쿄아사히신문(東京朝日新聞)』의 8월 29일 자 사설 「영일 신조약의 비준」은 '모든 방면에서 좋은 기회이다. 이토 내각은 실로 행운을 만난 것'이다, 청일전쟁이 끝날 때까지 다른 나라와도 개정이 이루어진다면 '확실히 행운의 총아가 될 것'이라며 이토 내각을 격찬하였다. 이 사설에 드러난 자기 인식은 '제국은 동아시아의 패자이다. 제국의 환심을 사고 제국의 호의를 얻는 것은 구주 열국에게 매우 필요한 일'이라는 것이었다. 다양한 국제 관계에 관한 인식과 정보를 확보하고 있던 저널리스트조차도 이미 이런 정도로까지 자기도취 상태에 빠져 있었다. 불평등조약을 강요당한 지 40년이 지나서야 이른바 '주권국가 클래스'에 가입할 수 있게 되었지만, 자기도취 상태에서는 어떻게 해서 이러한 일이 가능해졌는지를 냉철하게 분석하는 것이 불가능하였다.

제4차 임시 총선거

한편 이 사설은 국내 정세를 비관적으로 보고 있었다. '현재 세권에 대해서 혹은 내지잡거에 대해서 다소 이의를 갖는 자가 있다', 그러나 청일전쟁 덕분에 '무서운 사람이 없는 동안에 마음 놓고 쉬듯이' 조약개정이 달성된 것은 '정말 행운'이었다면서 안도의 한숨을 내쉬었다. 이것은 세권도 내지잡거도 결국에는 구미 제국과의 교섭을 통한 타협과 내정상의 필요라는 두 가지 조건이 어우러진 결과라는 사실을 토로한 것이기도 하였다. 아오키 공사를 재촉해 총선거 투표 3일 전에 조약개정의 전체 내용을 신문에 보도하는 등 유리한 조건을 조성해 보았으나 선거 결과에는 큰 영향을 미치지 못하였다. 정부의 조약개정을 지지해 온 자유당에도 큰 변화는 없었다.

제4차 임시 총선거(1894년 9월 1일)에서 각 당의 의석은 3월의 제3차 총선거 때와 별로 다를 바가 없었고(자유당, 개진당은 약간 감소), 대외경파는 147의석을 차지하여 자유당의 수를 웃돌았다. 총선거의 쟁점은 명확하게 드러나지 않은 채 평온하게 종료되었다.

군국의회

청일전쟁이 시작되고 전시 중에 제국의회가 열렸다. 1주간의 회기를 예정한 제7차 임시의회는 대본영이 있는 히로시마(広島)에서 10월 18일부터 개최되었다. 천황이 귀족원에 임석하여 '짐은 제국의 신민이 일치 화협해서 짐의 일을 따르고 전반적인 대승리를 거두어 조속히 동양의 평화를 회복하고, 이를 통해 나라의 위광을 선양하기를 바란다'고 말하였다.

정부는 임시 군사비 예산 1억 5천만 엔안, 임시 군사비 특별 회계 법안, 군비지변 공채 모집 법률안(1억 엔을 한도로 연 6% 이하의 이자를 조건으로 한 공채와 차입금)을 제출하였다. 국고 잉여금 2천6백만 엔과 모집을 끝낸 군사 공채 3천만 엔으로 이를 충당하고, 나머지는 신규의 공채 모집과 차입금을 통해 9천4백만 엔을 마련한다는 계획이었다. 액수는 타당한지, 외채인지 내국채인지, 이율은 어떻게 할 것인지 등 논의해야 할 내용이 산적했지만 중의원 예산위원회는 예산안을 겨우 2시간의 심의만을 거친 채 만장일치로 가결시켰다. 본회의는 이토 수상의 '의기양양'한, 전쟁 협력을 요청하는 연설을 '경청'한 후, 아베 오킨도(阿部興人) 예산위원장의 토론과 회의를 생략하고 곧바로 확정하자는 제안에 따라, '한 마디 이의도 없이 박수갈채 속에 1억 5천만 엔의 군비를 원안대로 가결, 확정'하였다(『東京朝日新聞』, 10월 21일). 귀족원도 다음 날 원안대로 만장일치 가결한다. 기타 긴급칙령과 법률안도 거의 다 가결되었고「정청(征淸) 사건의 상주안」「원정 군대에 사의를 표하는 결의안」도 중의원 전원 일치로 승인됨으로써 '거국 일치'를 연출하였다.

제국의회는 전쟁 때마다 군대와 천황에 대한 감사의 결의를 반복한다. 그 최초의 경험이었다.

겨우 9만 엔

12월에는 두 번째 군국의회가 열린다. 제8차 정기의회가 도쿄에서 소집되어 히로시마에 있는 천황의 칙어를 이토 수상이 대독하면서 개원식이 거행되었다. 최대의 과제는 다음 연도 예산이었다. 1891년도부터 94년도 사이에 정부의 원안이 그대로 가결된 일은 없었다. 1895년도 예산안은 세입 9,030만 엔, 세출 8,975만 엔으로, 중의원 예산위원회의 경상비에 대한 삭감 사정은 '겨우 9만 8천 엔'(중의원 본회의 당시 다케토미 도키토시(武富時敏) 예산위원장의 보고)뿐이었다. '정부의 원안은 거의 상처 없이 위원회를 통과'한 것이다. 본회의에서 이의가 나오기도 했지만 가결되었다. 귀족원도 겨우 하루의 심의만으로 예산안을 승인, 가결시킨다. 정부의 원안이 거의 그대로 승인된 사상 최초의 사건이었다. 정부는 임시 군사비 추가 예산으로 1억 엔을 제안하였고 이것도 승인, 가결되었다. 다시 군대에 대한 감사의 결의가 이루어지고, 동시에 '우리의 무위는 위세를 떨치고 황위는 온 세계에 발양할 것'이라는 내용의 천황에 대한 상주가 결의되었다. 이것은 천황의 통수권을 찬양하는 의지의 표명이었다.

제3장 청일전쟁

「아동 군인 놀이」(작자 미상, 1895년). 나팔을 불면서 돌진하는 일본군과 '제독'기를 들고 도망치는 집단으로 나뉘어 있다. 청일전쟁 후에는 아이들의 놀이에도 전쟁이 스며든다(淺井 컬렉션).

1. 협조로부터의 이탈

'주권선' '이익선' 연설

1890(메이지23)년 12월 6일 야마가타 아리토모 수상은 역사상 최초로 열린 제국의회에서 시정 방침 연설을 하였다. 15분 정도의 짤막한 연설로 추정되는데 '주권선' '이익선'이라는 특이한 용어를 사용하였다. 국경인 '주권선'뿐만 아니라 '주권선의 안위와 밀접한 관계가 있는 구역'인 '이익선'을 보호해야 한다, '예산에 반영시킨 것처럼 거대한 금액을 할애해서 육해군 경비에 충당'한 것은 바로 그러한 취지에서 나온 것이라고 설명하였다. 두 개념은 1889년 6월, 빈 대학 교수 슈타인(Stein, Lorenz von)에게서 배운 '권세 강역' '이익 강역'을 알기 쉬운 말로 바꾸어 놓은 것이다.

민당이나 퇴역 장관 중 일부(다니 다테키 등)가 주장하던 소규모 국토방위군 구상을 배제하고, 외정을 가능케 하는 규모의 군비 확장 노선을 명확히 내세운 점에서, 야마가타의 연설에는 중요한 의미가 있었다.

청일전쟁을 통해 '이익선'은 북쪽으로는 조선, 남쪽으로는 대만(台湾島)의 대안인 복건성(福建省)으로까지 확대되어 두 개의 이익선을 갖게 되었다. 북진론과 남진론을 주장하는 근거이다. 1895년 제국 일본은 야마가타가 제창하는 '이익선' 개념을 명확히 채택하고, 식민지 대만과 세력권 조선을 발판으로 이후의 50년 동안을 군사력 확대와 전쟁으로 채색한다. 그 전환점은 청일전쟁이었다.

전쟁 회피의 길

청일전쟁 전까지 군사 소국 일본의 대동아시아 정책은, 군사 지도자의 주도하에 대만 침공(대만 출병, 1874년) 같은 모험주의적 사건을 일으키면서도, 전체적으로는 협조 정책이었다. 다만 완전한 의미에서의 협조는 아니어서 구미 열강이 인지하는 범위 내에서 이권 획득(강화도조약과 군사적 위압을 지렛대로 한 조선에서의 이권 획득)도 추진하였다. 1882(메이지15)년 7월 임오군란으로 인해 청일의 대립은 명확해졌지만 선후 처리는 청일의 협조 속에서 진행되었다. 일본은 조선 정부와의 사이에, 과대한 배상금과 공사관 경비를 위한 '군사 약간'(하나부사 요시모토〔花房義質〕 공사의 요구는 '1개 대대')의 설치를 주요 내용으로 하는 제물포조약의 체결에 성공한다.

그 후 1884년의 갑신정변을 처리하기 위한 천진조약(1885년 4월 조인)이 청일 간에 체결되었다. 조약의 내용 중 특히 제3조는 재파병의 가능성과 조건을 정한 것으로, 조선 정부의 승인을 거치지 않은 부당한 것이었으나 효과는 컸다. 파병할 경우 사전에 공문으로 알린다(행문지조[行文知照])는 절차를 명문화함으로써, 한쪽의 파병은 반드시 다른 쪽의 대항 파병을 재촉하게 되는 까닭에, 서로의 리스크를 고려한다면 파병을 억제하는 효과가 있었다. 또 사태 수습 후에는 주둔을 금지한다는 조문도 조선 정부에 대한 군사적 압력을 배제하는 효과가 있었다. 전체적으로 조선 불가침·보전에 관해서 청일은 양해하고 있었던 것이며(大沢博明,「日清開戦論」), 이와 같은 '천진조약 체제'로 인해 1885년부터 10년간 조선을 둘러싼 청일 분쟁은 현재화하지 않았던 것이다.

지금까지의 경과를 고려하면 일본이 조선에 적극적으로 침투를 도모하지 않는 한, 청일 개전의 가능성은 낮았다(髙橋秀直,『日清戦争への道』).

일본평화회

1889년 8월 퀘이커(Quaker) 교도인 평화협회 소속의 윌리엄 존스(William Jones)가 일본을 방문하였다. 일본 최초의 '평화와 중재' 강연회에는 약 80명이 참가하였다. 11월에는 일본평화회가 평화협회의 지부로서 발족하였다. 다음 해 3월 가토 가즈하루(加藤万治)를 발행인으로 하는 기관지 『평화』 제1호가 발행되었다.

주필은 기타무라 몬타로(北村門太郞=透谷)로 자유민권운동에서 이탈하여 1888년 3월에 세례를 받고 신자가 된 청년이었다. 1892년 7월 도쿄에 거주 중인 일본평화회의 회원 30명이 모여 평화에 대해 이야기를 나누고, 이를 토대로 일본평화대회의 개최를 계획했지만 실현되지

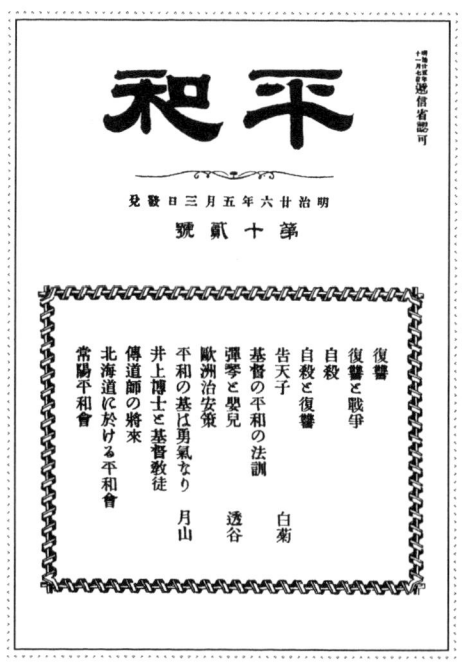

▶사진 3-1. 『平和』 제12호(1893년 5월 3일). 일본평화회의 기관지. 기타무라 도코쿠(北村透谷)가 편집에 참여하였다.

못하였다. 다음 해 4월경에는 미토(水戶)에도 평화회가 조직되었고 삿포로(札幌)에서도 조직화가 논의되었듯이 서서히 조직이 확대되었다. 이들은 기독교 정신에 따라 전쟁을 무조건 부정하는 사상을 갖고 있었다. 도코쿠(透谷)는 '구주에만 전쟁의 독기가 넘치는 것이 아니라 동양도 조만간에 아수라장이 되어 모두 멸망하는 때가 올 것'이라며, 아시아에서의 전쟁을 예감하였다. 이것은 청일전쟁이 일어나기 2년 전의 논설 「일종의 양이사상」(『平和』 제3호)에서 밝힌 내용이었다.

　청일전쟁이 일어나자 '일본평화회는 잠시도 버티지 못하고 날아가' 버렸다(『基督友会五十年史』). 문명을 위한 의전이라며 전쟁을 지지하는 회원이 나타나는 바람에 활동을 계속할 수 없게 되었던 것이다.

2. 조선과 일본의 민중

동학과 갑오농민전쟁

1884년 갑신정변 이후 조선 정부의 '근대화 정책'이 추진되었다. 그러나 지배층의 토지 소유 제도를 변혁하는 단계에는 이르지 못했다. 이 때문에 지방의 피폐함은 날로 격심해졌다. 이때 농민들이 마음의 지주로 삼았던 것이 민중 종교인 '동학'이었다. 1860년에 몰락 양반인 최제우가 창시한 것으로, 유교·불교·민간신앙을 도입하고 '인내천(人乃天)'과 사람을 하늘 같이 섬길 것(事人如天)을 가르쳤다. 아울러 '천인합일(天人合一)'의 인간 평등 사상을 강조함으로써 민중의 지지를 받았다. 최제우가 처형된 후 제2대 교조 최시형에 계승되어 발전하였다(『東学史』).

1894년 2월 전라도 고부에서 전봉준의 지도 아래 무장 봉기가 시작된다. 수백의 민중이 군아(郡衙)를 습격하여 무기를 입수하고 관창의 미곡을 나누어 가지면서 순식간에 1만 명의 봉기군이 형성되었다.

4월 20일에 '목숨을 걸고 보국안민을 맹세하는' 포고문을 발포하여 민중의 참가를 호소하였다. 점차 '전국이 한마음'이 된 농민전쟁의 양상을 보이기 시작하였다. 그들은 ①사람을 죽이지 말고 가축을 잡아먹지 말라, ②충효를 다하여 세상을 구하고 백성을 평안하게 하라, ③일본 오랑캐(일본군)를 몰아내고 나라의 정치를 깨끗이 한다, ④군대를 몰고 서울로 들어가 권세가와 귀족(민씨 정권)을 모두 없앤다는 4개조의 행동 강령을 결정하였다.

동학농민군은 5월 31일 전주에 입성하였다. 그러나 정부군의 반격을 받아 27개조로 된 내정 개혁에 관한 청원을 국왕에게 상주하는 것을 조건으로, 이른바 전주화약이 6월 11일에 성립하였다. 농민군은 농번기에 대비해야 하는 사정이 있었고, 청군과 일본군의 군사 개입을 저지한다는 목적도 있었다. 양호초토사 홍계훈으로부터 외국 군대의 파병에 관한 소식을 전해 들은 지도부가 이를 우려한 것으로 보인다. 이와 같은 대규모 민중 반란은 아래로부터의 최초의 변혁 운동이었으며, 조선 체제의 해체를 요구하였다.

▶그림 3-2. 동학당이 공미선을 습격하고(맨 위), 잡힌 관리 정방기를 말등에 태워 나른다(가운데). 단봉을 지닌 조선의 순사(맨 아래) (이상 久保田米僊, 『国民新聞』, 1894년 6월 11일, 6월 29일).

이토 내각의 파병 결정

오토리 게이스케(大鳥圭介) 주한 공사는 조선의 정치 정세에 개입하는 방법에 관해 협의하기 위해, 1894년 5월 휴가를 얻어 귀국하였다. 27, 8일경에 도착한 스기무라 후카시(杉村濬) 주한 대리공사의 기밀신에는 조선 정부가 '군대를 청에게 빌려서' 진압하려는 것 같다, 만일의 경우에 대비해서 일본도 파병 여부를 결정할 필요가 있다는 보고가 들어 있었다.

5월 31일 사태는 급격하게 움직였다. 조선 정부는 청국에 원병을 요청하기로 결의하고, 다음 날 영의정 명의로 원세개(袁世凱)에게 공문을 전달하려고 하였으나 연착한다.

일본 공사관의 움직임은 훨씬 신속했다. 같은 날 오후 스기무라는 '전주는 어제 적군(동학농민군)에게 점령되었다. 원세개가 말하길 조선 정부는 청국의 원병을 요청했다고 한다'고 타전하였다. 2일에 이 정보를 입수한 이토 내각은 대외 파병이라는 장애물을 가볍게 뛰어넘었다. 3일 전 도착한 스기무라의 전보는 전라도의 소동이 진정되고 있다는 내용이었음에도 불구하고, 이와의 모순을 확인해 보지도 않은 채 이날 각의가 소집되어 중의원의 해산과 조선 파병을 결의하였다.

국내 정치에 쫓기고 있던 이토 내각은 이를 타개할 방책 마련에 내몰리고 있는 형편이었다. 중의원에서는 제5의회의 해산을 '도리에 어긋나는 부당한 일'이라고 공격하는 내각 탄핵 상주안이 가결되어 있었다. 야마가타 추밀원 의장은 의회가 '망언과 폭언으로 더할 수 없는 분란을 일으켜서', 의회와 '국사를 논의하는 일은 도저히 바랄 수가 없다'고 이토에게 서간을 써 보냈다(『公爵山県有朋伝』). 이에 '천하의 인심'을 집중시키는 '국사(国事)'로서 조선 문제가 등장했던 것이다.

무쓰 외상은 5월 21일 자 이토에게 보내는 서간에서 일본군을 단독으로 파병할 것을 제안하였다. 31일 이노우에 고와시는 이토에게, 파병에 즈음해서 '행문지조(천진조약)' 하는 방법과 파병 목적을 확정하는 문제에 관해 서간을 보냈다. 이때 이토와 이노우에 사이에서는 이미 조선 파병은 기정사실이었다. 6월 1일의 스기무라 전보에 다소 확인되지 않은 정보가 포함되어 있건 말건, 그 길을 걸어가는 것 외에 이토 내각으로서는 묘안이 없었다.

2일의 각의는 야마가타의 찬성을 얻어 참모총장 등 2명을 참석시킨 가운데 협의에 들어갔다. 이토는 곧바로 조선 파병과 의회 해산을 천황에 상주하고 재가를 얻는다. 이날 메이지 천황은 오야마 이와오 육상 등에게 '조선에 거류 중인 우리 국민을 보호하기 위해 병대를 파견하고자 한다'는 칙어를 내렸다.

파병의 규모

거류민의 보호를 위해서라면 파병의 규모는 크지 않을 것이다. 그러나 2일 열린 각의에서는 참모총장 등을 포함해서, '혼성 1개 여단'의 병력을 파견하기로 결정하였다. 명목이라는 관점에서 보면, 제물포조약 제5조의 '일본 공사관은 병사 약간을 두어 호위할 것'을 근거로 하기 때문에, '대병'을 파견하는 문제에 주저할 수밖에 없다. 과거에 배치되었던 것은 최대 2개 중대(총 300명)에 지나지 않는다. 오토리 공사가 '많아도 1대대 이상의 병사를 두는 일은 전례에 비춰볼 때 타당하지 않다'(오시마 요시마사〔大島義昌〕혼성여단장에게 보내는 시간)고 말했 듯이, 5~6백 명 정도가 타당하였다. 그렇지만 각의에서 결정된 '혼성여단'은 평시 편성의 보병 2개 연대(총 3천 명)를 기간으로 하는 통상의 여단 수준까지도 넘어서는 규모였다. 전시 편성의 보병 1개 연대(총 6천 명)에 기병, 포병 1대대(산포), 공병, 수송대, 위생대, 야전병원, 병참부를 더한 총 8,035명에 달하는 '대병'으로, 독립적으로 전투를 수행할 수 있는 집단 구성이었다.

6월 3일 스기무라를 만난 원세개는, 조선 정부는 전주가 낙성된 후 곧바로 원병을 요청했지만 아직 공문이 도착하지 않았다, 공문을 수령하면 청국 정부에 원병 요청을 타전할 것이라고 말하였다(『日本外交文書』 27권 1). 청국은 조선 정부의 정식 요청문을 받을 때까지는 파병하지 않는다는 태도를 유지하고 있었다.

4일 이토 수상·오야마 육상 등이 참가한 수뇌부 회의가 열렸다. 이 자리에서 파병에 관한 최종 협의가 이루어져, 기민한 대응을 이유로 '대본영' 설치가 결정되었다. 가와카미 소로쿠(川上操六) 참모차장은 일본우선(日本郵船)에 대해, 회사 선박 10척의 용선계약과 1주일 이내의 히로시마 현 우지나(宇品)항으로의 회항을 지시하였다.

원병을 요청하는 조선 정부의 공문은 3일 밤에서야 원세개에게 전달되었고, 다음 날 원세개로부터 스기무라에게 전해졌다. 스기무라는 원세개의 발언을 듣고 '청국군은 대략 1,500명'을 파병할 것으로 보인다고 무쓰에게 전하였다. '대략 1,500명'에 대한 대항 파병으로서 8천 명이라는 인원은 '대병'이었다.

전시대본영 설치

5일에는 역사상 최초로 전시대본영(참모본부 내)이 설치되었고, 참모총장 아리스가와노미야 다루히토(有栖川宮熾仁) 친왕이 참모부 총책임자로 임명되었다. 천황 직할의 대본영 설치는 '전시'에만 이루어지는 것으로, 이날부터 일본은 전시 체제로 공식 이행하였다. 오토리 공사와 순사 21명, 해군 육전대 70명이 군함 편으로 요코스카(橫須賀)를 출항하였고, 노즈 미치쓰라(野津道貫) 제5사단장은 제9여단의 충원 소집을 명령하였다. 대상은 추고쿠(中國)·시코쿠(四國) 지방 일대로 하사관과 병사가 히로시마로 속속 모여들었다.

원병 요청에 관한 공문을 받은 직예(直隸) 총독 이홍장(李鴻章)은 6일 북양 육군 소속의 보병 2천 명, 산포 8문으로 구성된 부대를 전주에서 가까운 충청도 아산으로 해로를 이용하여 파병하였다. 25일에 약 500명을 증원한 것 외에는 병력을 이동시키거나 증파하지 않았다. 사태가 확대되는 것을 바라지 않던 이홍장은 영국과 러시아에 조정을 의뢰하였을 뿐 기민한 군사적 대처는 취하지 않았다.

6일 오후 대본영은 제5사단에 대해 보병 1개 대대를 선발로 출발시킬 것을 명령하였고, 이에 따라 공병 1개 소대가 부속된 총 1,024명이 우지나 항을 출발하였다. 공병은 가교와 도로 수복 등에 동원되는 만큼 사태에 대한 대응력의 강화를 의미하였다. 선발대는 12일 오후 인천에 도착하였다. 6일 밤 대본영은 혼성여단의 나머지 부대를 10일과 11일에 출발시킬 것을 결정하였다. 9척의 수송선에 나누어 탄 나머지 부대는 계획대로 인천으로 향하였다.

교섭과 정보 통제

파병에 관한 행문지조는 청일 양국 모두 7일에 이루어졌다. 청국 정부는 전쟁 회피의 메시지를 일본에 보내기 시작한다. 7일 이홍장은 '자신은 경성(한성, 현재의 서울)에 파병하지 않을 것이니, 일본군도 인천 밖으로 벗어나 전진하지 말 것' 등 6개조를 거론하면서, 전쟁과 충돌을 피하기 위해 이토 수상 등이 노력해 줄 것을 아라카와 미노지(荒川巳次) 천진 영사에게 요청하였다. 이러한 요청은 아라카와가 보낸 전보의 난외주기에서 확인되듯이 천황·각료·야마가타·가와카미 소로쿠 등에게 전달되었다.

행문지조 후에 나타난 일본 정부의 태도는 이홍장의 기대에 어긋나는 것이었다. 11일 무쓰는 고무라 주타로(小村寿太郎) 주청 임시대리 공사에게, 청국의 통지에 들어 있는 '속방을 보호하는 관례(旧例)'라는 표현에 대해, '일본 정부는 아직까지 조선을 청국의 속방으로 인정한 적이 없다'는 점을 항의하라고 지시하였다. 한편 일본 정부가 보낸 통지에서는 '중대한 변란 사건이 일어나 파병할 필요가 있기 때문에 제국 정부는 약간의 병을 파견할 생각'이라며, 어디까지나 '약간의 병'이라는 표현을 사용하였다(중국 문에는 「政府擬派一隊兵」). 일본 정부는 군사적 우위를 확보하기 위해 정보 통제에 들어간 상태였다.

10일 밤 한성에 귀임한 오토리 공사는 다음 날인 11일 오전 '경성은 평온하다. (중략) 나머지 대대의 파견은 보류하기 바란다'면서 열국의 의혹을 초래하지 않도록 요청했으나, 무쓰는 이미 출발한 부대를 되돌릴 수는 없다고 통지하였다. 4천 명 이상의 '대병'을 투입한 일본의 외교 정책이 시험대에 올랐다는 것은 의심할 여지가 없었다.

의용병 운동의 확산

6월 2일의 각의 결정과 파병 실시에 관한 정보는 은닉되었고, 도쿄 지역 신문들은 발행 정지 처분을 받았다. 8일 밤 발행 정지가 풀리자 다음 날인 9일, 각 신문은 일제히 조선에 파병한 사실을 보도하였다. 이날부터 의용병 신청이 줄을 잇는다. 일본적십자사의 지방 회원들 중에서도 '조선에 가겠다고 나서는 자가 이미 400여 명'에 달하였다(『国民新聞』, 6월 29일).

정부와 부·현청에는 의용병을 조직해서 도한하고 싶다는 신청서가 끊임없이 모이기 시작했다. 6월 19일 히로시마 시에서의 신청을 시작으로, 신문은 연일 의용병이 조직되는 상황을 보도하였다. 8월 18일까지 전국에서 52건, 홋카이도에서 나가사키 현까지 1도 3부 26현에 달하는 광범위한 지역에서 펼쳐진 운동이었다. 에도막부 시대의 가신이 옛 번주를 추대한 사례(旧仙台藩)나 사족층을 재결집하려 한 사례(旧水戸藩, 旧須坂藩, 旧明石藩, 旧黒羽藩, 旧諸隊) 등에 뒤이어 국권파와 협객 등도 신청하였다.

이러한 움직임은 정부의 파병 결정을 지지하는 운동이기는 했으나 징병제에 근거한 정규군을 혼란에 빠지게 할 가능성이 있었다. 8월 7일에 「의용병에 관한 조칙」이 내려지면서 의용단 운동은 자취를 감추었다. 그 에너지는 헌금 운동으로 전환되거나 군부로서의 종군을 지원하는 운동으로 바뀌어 갔다. 군사 헌금은 후쿠자와 유키치가 『시사신보』 사설 「보국회의 목적을 어떻게 할 것인가」(1894년 9월 16일) 등을 통해 적극적으로 권고하였고, 그 중심에는 이와 같이 전국에 걸쳐 존재하며 활동하는 과열된 집단이 있었다. 자유민권운동의 저류에 있던 아시아주의가, 전쟁을 계기로 아시아에 대해 직접 그리고 밀접하게 관여하는 큰 기회를 갖게 된 것이 청일전쟁이었다.

3. 개전

'무슨 일'인가 할 것

농민군은 전주화약이 성립되어 해산했기 때문에 일본은 군사 4천 명을 계속 주둔시킬 합리적인 이유가 없어졌다. 오토리 공사는 구미 제국 공사의 의혹과 압박 속에서 청국과 조선의 철병 요구를 받았다. 오토리 공사가 계속 파병 중지를 요청하자, 6월 13일 무쓰 외상은 '만약 무슨 일도 하지 않은 채 또는 아무 곳으로도 가지 못한 채 끝내 그곳에서 허무하게 귀국하게 된다면, 몹시 체면이 서지 않을 뿐만 아니라 정책이 달성되지 못한 것'이라면서, 한성에 진출한 군대가 '무슨 일'인가를 해줄 것을 강하게 요구하였다.

내정개혁의 제의

6월 15일 각의는 「조선의 변란에 대한 우리의 태도 및 장래의 행동에 관한 건」을 결정하였다. 그 내용은 ① 조선의 내정을 청일이 공동으로 개량하기 위해 양국에서 상설위원을 파견하여 지도한다, ② 청국이 거부한다면 일본이 단독으로 개혁을 지원한다는 것이었다. 일본 정부는 공사관 및 거류민의 보호라는 당초의 파병 목적을 변경하여, 청일 간의 교섭에 새로운 과제를 끼워 넣는 작전으로 전환한 것이다.

무쓰의 제안에 대해 21일 청국 정부는 ① 내란은 이미 진정되었다, ② 내정개혁은 조선 정부가 자주적으로 행해야 한다, ③ 천진조약의 제3조에 따라 일본은 철병해야 한다면서 전면적으로 거부하였다. 같은 날 내각과 참모본부·해군군령부의 합동 회의는, 중지되었던 혼성여단 나머지 인원의 수송을 재개하기로 결정하였다. 다음 날 어전회의는 ① 내정개혁에 관한 협정이 실현될 때까지 철병하지 않는다, ② 혼성여단의 나머지를 파병한다고 결정함으로써 청국과의 개전에 한 발 성큼 다가섰다. 동시에 이날 무쓰 외상은 오토리 공사에게, 인천에 체류 중인 부대를 한성으로 전진시키라고 타전하였다. 부대는 25일 한성 남쪽 교외의 용산에 진을 쳤다. 한편 23일 아침, 왕봉조(王鳳藻) 주일 청국 공사에게 내정개혁에 관한 협정 제안이 송부되었다(「제1차 절교서」). 6월의 단계에서 전쟁의 위기가 가장 높아진 시점이었다.

개전 임박

같은 날 무쓰 외상은 오토리 공사에게 세 통의 전보를 치고, 사태에 대한 신속한 대처를 요구했다. 일본이 내정개혁을 단독으로 실시하되, 군사적으로 충돌할 가능성이 높아졌으니 서둘러 준비하라는 개전 준비에 관한 구체적인 명령이었다. 오토리는 28일 조선 정부에 청국의 속국인지 아닌지를 조회하고 다음 날인 29일까지 회답할 것을 요구하였다. 회답이 없자 30일 스기무라 서기관이 재차 회답을 독촉하였다. 그러자 조선 정부는, 조선은 자주국이며 청군은 조선의 요청으로 온 원병이므로 퇴거를 요구할 수 없다는 회답을 보내왔다. 실은 오토리와 스기무라는 이미 27일의 단계에서, 조선 정부로부터 이와 같은 회답이 올 경우에는 개전한다는 계획을 세워두었다. 즉 자주국에 청군이 주병하여 간섭하는 것은 속국의 실을 거두려는 행동이라는 점을 구실로 개전한다는 계획이었다. 드디어 개전이 임박한 것이다.

그러나 급박하게 전개되는 상황 속에 개전은 불가하다는 지시가 오토리 공사에게 도착하였다. 개전 준비를 진행하고 있던 일본 정부에게 강적이 나타난 것이다. 구미 열강이 개입하기 시작했고, 영국은 청일 양국에 조정안을 제시하였다. 청국 정부(총리아문)가 이 조정안을 거절했기 때문에 다시금 사태는 개전 쪽으로 움직인다. 일본 정부는 청국이 영국의 조정을 거부한 것을 비난하고 청일 교섭을 중단했다. 청국과의 관계 단절을 표명한 '제2차 절교서'가 7월 11일 각의에서 결정되었다.

청국군의 증파

'제2차 절교서'로 인해 개전할 가능성이 높아졌다고 판단한 이홍장은 7월 15일 아산에 주둔 중이던 섭지초(葉志超) 군에게, 해로를 이용해 평양으로 철수할 것을 명령하였다. 16일에는 ① 평양과 의주에 증원군을 보내고 여기에 섭지초 군을 가세시켜 일본군과 맞서 싸운다, ② 섭지초 군이 아산에서 철수한 후에는 북양해군의 주력을 조선 연해로 파견한다는 제1차 작전 계획을 군기처에 보고하였다. 18일 섭 제독은 해로가 위험해서 이동하지 않겠다, 증파 부대를 요구한다는 내용의 청훈을 보내왔다. 이 때문에 이홍장은 병력 2,300명을 아산에 급파하기로 하지만, 수송선이 부족하여 상해의 자딘 매디슨(Jardine Matheson) 상회에서 영국선 3척을 용선하였다. 2척이 양륙한 후, 3번째 고승호(高陞号)는 군사 1천 명, 포 12문을 싣고 23일 오후 대고(大沽)를 출항하였다. 19일 일본 정부는 영국이 제2차 조정에서 제시한 조건에 대해 수정안을 마련하고 회답 기한을 24일로 정하였다. 그리고 지난 5일간에 걸쳐 청국 정부가 병력을 증파한 것에 대해서는 이를 '위협 조치로 간주하겠다'고 경고하였다. 이 경고의 의미는 25일 풍도 앞바다에서 해전이 일어났을 때 유효하게 작용하였다.

7월 23일 전쟁

7월 20일 오후 오토리 공사는 오시마 요시마사(大島義昌) 제5혼성여단장에게 전투를 통한 왕궁 점령, 국왕의 생포, 현 정부의 타도, 대

▶그림 3-3. 「조선 경성, 오토리 공사 대원군을 호위하다」(楊斎延一 画, 1894년). 7월 23일 일본군이 경복궁을 공격하는 모습을 그린 상상화.

원군 신정부의 수립을 제안하였다. 당연히 전쟁으로 간주해야만 할 내용들이었다. 같은 날 오후 오토리 공사는 2건의 조회를 조선 정부에 발송했다. 조선에 주류 중인 청군을 퇴거시키고, 조선과 청국 사이의 조약 및 규칙을 폐기할 것을 요구하는 내용이었다. 조선 정부가 이를 수용할 것으로는 생각하지 않았다. 청군과의 개전 이유를 찾기 위한 교섭에 지나지 않았다.

회답 시한인 7월 22일 밤중에 도착한 조선 정부의 회답은 ① 개혁은 자주적으로 실시한다, ② 난이 진정되었으므로 청일 양군은 철병해야 한다는 2개조였다. 이에 따라 결국 앞서 설명했던 사전 계획이 실행에 옮겨졌다.

7월 23일 오전 2시, 용산에서 출발한 2개 대대는 한성전신국의 전선을 절단함으로써 '이 일이 신속하게 청국에 전달되는 것을 예방하고'(『日清戦史草案』), 국왕이 거주하는 경복궁을 공격하였다. 문을 열어

젖힌 것은 오전 5시였다. 건춘문과 춘생문 부근에서 몇 차례 총격전이 벌어져 조선병 77명의 사상자를 냈으며, 마지막으로 총성이 멎은 시각은 오전 7시 반이었다. 최초의 총격전이 벌어진 오전 4시 20분부터 약 3시간 동안 충돌이 계속되었으며, 계획의 중심이었던 '국왕을 생포'(「제3초안」)하였다.

한성에서 연락을 받은 『호쿠리쿠정론(北陸政論)』(金沢市)은 '경성의 소전(小戰)'으로 보도했고, 『국민신문』(도쿄 시)은 25일 자 기사에서 '23일 사변' '한일 병의 소충돌' '경성 소전쟁' 등으로 보도했다. 한성에 특파원을 파견 중이던 『규슈일일신문(九州日日新聞)』은 7월 28일 「경성의 전보(戰報)(23일 경성 발)」라는 제목하에 상세한 기사를 게재하고 '23일 전쟁에서 돌아와 서둘러 이를 작성한다(相部直熊 佐々木正)'고 보고하는 등, 신문들은 명확히 '전쟁'이라는 용어로 이 사태를 파악하여 보도하였다.

일본 정부의 '선전 조칙' 초안은 문안이 자주 바뀌었다. '조선'을 적국으로 취급하는 초안이 있었다는 것은, 일본 정부가 이번 사태를 조선과 일본의 '전쟁'으로 파악하고 있었음을 말해준다(檜山幸夫, 「日淸戰爭宣戰詔勅草案의 檢討」). 이 점이 배제된 것은 일본의 대의명분인 조선의 독립 유지에 반한다는 판단 때문이었다.

아산의 전투

국왕을 포로로 잡고 대원군 신정권을 수립시킨 일은 '아산에 있는 청군의 격퇴를 우리에게 위탁시킨다'(오토리의 제안)는 점에서 의의가 있었다. 즉 7월 23일의 전쟁이 있고 나서 비로소 조선 정부가 일본에 청군 철퇴에 관한 원조를 의뢰해 왔기 때문에 이에 따랐다는 개전의 이유가 성립한다. 공사관 서기관 스기무라 후카시가 '공사관으로서는 정당한 명분하에 토벌이 이루어지기를 바랐고' 드디어 25일 오전 오토리 공사는 '대원군이 지켜보는 가운데 조 외무독판과 논의를 마치고 간신히 한 통의 위임장체로 된 서면을 수령했다'(杉村濬,『明治二十七八年在韓苦心錄』)고 했듯이, '위임장체로 된 서면'을 수령하였다.

제5혼성여단은 25일 한성을 출발하여 26일 오후 10시경, 청군 철퇴 의뢰에 관한 외무독판의 공문서를 접수했다는 오토리 공사의 통지를 받았다. 이후 29일과 30일에 성환과 아산에서 벌이질 첫 전투에 다가선다.

풍도 앞바다 해전과 고승호 사건

한편 일본 해군의 연합함대도 23일 오전 11시, 나가사키 현의 사세보(佐世保) 군항을 속속 출항하여 조선의 군산 앞바다로 향하였다. 25일 오전, 아산 양륙을 위해 풍도 앞바다에 나타난 청국의 고승호와 순양함 제원(濟遠), 포함 조강(操江), 포함 광을(広乙)은 연합함대와 맞닥뜨렸다. 해전의 결과 제원은 전장을 이탈하였고 조강은 항복했으며, 광을은 대파된 채 좌초하자 자폭하였다.

국제 문제가 된 것은 순양함 나니와(浪速)가 영국 선적인 고승호를 격침시킨 사건이었다. 28일 이 소식을 접한 무쓰 외상은 당황하여

▶그림 3-4. 청일전쟁 경과도.

'그 영향이 실로 지대하다'면서 육군의 증파를 연기하고 싶다고 이토 수상에게 전하였다. 8월 3일 『타임즈』는 일본 해군의 격침이 국제법상 합법일 가능성을 시사하는, 국제법의 권위자 존 웨스트레이크(John Westlake) 캠브리지 대학 교수의 투고 「고승호의 격침」을 게재하였고, 6일에도 홀랜드(Sir Thomas Erskine Holland) 박사의 같은 취지의 의견을 게재했다. 이 때문에 한때 격앙했던 영국의 여론도 진정되었다. 전시 중의 적대적 행위로 간주되었기 때문에 이 격침은 국제법상 타당한 일이 되었던 것이다.

문명과 야만의 전쟁

청일전쟁은 시작되었다. 양국이 선전포고의 조서를 발표한 것은 8월 1일로 같았다. 『시사신보』는 7월 29일 「청일의 전쟁은 문명과 야만의 전쟁이다」는 제목의 사설을 게재하였다. '수많은 청군은 모두 무고한 인민으로 그들을 몰살하는 것은 가여운 일인 것 같다. 그러나 세계의 문명 진보를 위해서 그 방해물을 배제하고자 한다면 다소의 살풍경을 연출하는 일은 아무래도 피할 수 없는 기세라 하겠다. 따라서 그들도 불행히 청국과 같은 부패한 정부하에서 태어난 불운한 운명을 스스로 체념하는 것 외에 방법이 없다'면서 '어쩔 수 없는' 전쟁이지만 문명의 기치 아래 철저히 싸워야 한다고 강하게 주장하였다.

『시사신보』의 사주 후쿠자와 유키치도 8월 8일 친구에게 보내는 서간에서 '이미 이렇게 된 바에는 오직 전진하는 길이 있을 뿐이다. 국민 모두 자신을 버리고 나라에 보답할 때라고 생각한다. 세상사에 욕심이 없는 늙은이로서도 이번만큼은 묵묵히 참을 수가 없다. 내가 할 수 있는 최선의 노력을 다할 각오'라면서, 국민은 일치단결해서 정부를 지지하여 전쟁 수행에 진력해야 한다고 말하였다. 후쿠자와는 미쓰이 하치로우에몬(三井八郞右衛門), 이와사키 히사야(岩崎久弥), 시부사와 에이이치 등 재계의 최고 유력자와 히가시쿠제 미치토미(東久世通禧) 등의 화족과 연명하여 '군자금의 모집 준비'를 위한 상담회를 열자고 호소하였다. 또 군자금 헌납을 국민에게 호소하기 위해 보국회를 결성하기로 하였고, 자신도 1만 엔의 헌납을 발표하였다. 8월 중순에 군사 공채(제1차) 3천만 엔, 제2차 5천만 엔의 모집이 개시되자 이에 협력하기 위해 보국회는 해산하였다. 군사 공채에 응모한 금액은 제1

차가 7,694엔, 제2차가 9,027만 엔으로, 거국일치의 분위기가 조성되어 갔다.

청국의 전쟁 지도

일본은 청일전쟁 전 시기에 걸쳐서 거의 주전론을 중심으로 뭉치고 또 정치와 군사의 통일이 이루어져 있었다. 이에 비해 청국은 의견이 통일되지 않은 채 전쟁으로 빠져들었다. 광서제(光緖帝)가 친정을 펴는 가운데, 군무를 담당하는 군기처(예친왕(禮親王) 등)와 정무의 중심인 총리아문(경친왕(慶親王) 등)은 분리된 상태에서 벗어나지 못하였다. 한편 북양대신 이홍장은 북양육군과 북양해군을 관할하였고, 파병과 병기의 해외 발주에 관한 권한을 장악하였다. 또 주차조선총리교섭통상사의(駐箚朝鮮總理交涉通商事宜) 원세개와 긴밀하게 연락하면서 조선의 동향을 파악하였고 이와 함께 원세개의 외교를 지도하였다. 총리아문과는 대립하는 자세를 나타냈다.

이홍장과 일부 중앙 관료, 서태후(西太后) 등은 전쟁회피론 쪽이었다. 7월 16일 군기처와 총리아문 등이 참석한 합동 회의는 개전에 신중하자는 쪽으로 결론을 내렸고 18일 이를 상주하였다. 이홍장은 가장 유력한 전쟁회피론자이기도 했지만 상주 때문에 조선 파견군의 원병 증파 요청에 대해 좀처럼 결단을 내리지 못하였다. 19일에 들어와서야 2,300명의 병력을 아산으로 증파하라고 명령하였다. 확고하지 못한 자세로 조금씩 군사를 증원하는 것은 전술상 불리할 수밖에 없다. 그런 점에서 이홍장은 전략상으로나 전술상으로 실패하였던 것이다.

일본의 작전 방침

대본영이 결정한 「작전 대방침」의 전쟁 전략은 '발해만 부근'에서 청국에 싸움을 걸어 '청국과 승패를 가리는' 것이었다. 작전은 2기로 나누되 제1기는 ① 제5사단을 조선에 파병하여 청국군과 대치한다, ② 다른 육해군은 국내 수비와 출정을 준비한다, ③ 해군은 북양해군의 소탕과 제해권을 장악한다는 것이었다. 제2기는 세 가지 경우를 상정하였다. ① 제해권을 장악할 경우, 발해만 북안으로 상륙해서 서진하여 직예평야(수도의 주위)에서 대결전을 수행한다, ② 해전이 우열을 가리지 못하여 양자가 서로 간에 제해권을 장악하지 못하는 경우, 육군을 조선에 증파해서 청국군을 격퇴하고 조선국의 독립을 확보하기 위한 노력을 계속한다, ③ 해전에서 패배하여 청국이 제해권을 장악할 경우, 조선의 제5사단을 원조하면서 국내 방위에 주력한다는 것이었다.

8월 5일 대본영은 궁중으로 옮겨졌고 참모총장은 「작전 대방침」을 상주하였다. 대본영은 제2기 ②의 경우를 상정하여 한반도의 군사적 확보를 '올해의 작전'으로 할 것을, 14일 각 사단장에게 훈시하였다(『明治二十七八年日淸戰史』). 이날부터 본격적인 공세 작전이 시작되었다. 제3사단의 증파와 함께 제3·5·6사단으로 제1군을 편성하였고, 31일에는 동계 작전에 대해서도 각 사단장에게 지시하였다. 대본영을 히로시마로 진출시키고, 천황도 9월 15일 히로시마에 도착하였다. 외교관과 연락하는 데 불편한 부분이 있었지만 천황 친정(親征)의 모습을 명확히 하기 위한 대연출이었다.

지구전으로 전환

9월 16일 평양이 함락되었다. 이 시점에서 청국군은 작전을 바꾸었다. 이홍장은 9월 19일 황제에게 제출한 상주문에서 패인을 솔직하게 설명하였다. 그리고 북양육군, 북양해군만의 전투에서 청국의 국가 전쟁으로 재설정한 다음 지구전으로 돌입할 것을 제안하였다. 지구전을 통해 구미 열강의 개입을 기다리고 이를 이용하여 강화를 맺는다는 이홍장의 전략이 보이기 시작하였다.

29일 공친왕(恭親王)에게 외교와 군사 모두를 통합하는 가장 중요한 권한이 부여되었고, 11월 3일에는 황제 측근인 옹동화(翁同龢)와 이홍조(李鴻藻)가 군기대신으로 복귀하였다. 이로써 국가 규모의 전투 체제가 정비되었다. 12월 2일에는 양강총독 유곤일(劉坤一)이 흠차대신에 임명되어 산해관(山海關) 이동의 군대 지휘권을 부여받았다. 청국 영토에 침투한 일본군을 요녕성(遼寧省) 해역과 홍와새(紅瓦塞) 등에서 맞서 싸우는 등 격전을 계속하였다. 요녕성 등 이른바 동삼성(東三省)에서는 송경(宋慶)과 의극당아(依克唐阿) 등이 인솔하는 군대가 일본군을 기다리고 있었다.

지구전이 되면 상비 7개 사단 15만 명 체제의 일본군은 언제까지 싸울 수 있을 것인가? 일본의 공세 전략은 단기 결전을 통해 수도 공략을 노리는 것으로, 개전 반년 후인 11월부터 12월에 걸친 시기에 대본영은 지구전을 염두에 두지 않은 채, 수도 결전에 대비한 논의를 진행하고 있었다.

농민군의 재기

전쟁 협력을 거부하자는 동학의 호소가 7월 하순에 접어들면서 퍼져 나갔다. 군용 전신을 파괴하고 병참선과 병참부를 습격하는 동학농민군을 '토벌'하는 일은 청일전쟁의 승패를 결정짓는 중요한 문제였다. 더구나 동학 '토벌'의 귀추는 러시아군이 개입하느냐의 여부에 따라 달라질 수 있기 때문에 일본의 승리가 위태로워질 수 있었다. 10월 무쓰 외상은 이노우에 가오루 조선 주재 공사에게 전보를 보내, 동학 세력이 조선 북부로 향하지 못하도록 하라고 엄중한 주의를 촉구하였다.

'녹두장군' 전봉준을 맹주로 한 동학 주력의 2차 무장 봉기는 10월 9일에 들어와서야 일어났다. 11월부터 다음 해 95년 4월 초순까지 동학농민군을 본격적으로 탄압했다. 탄압 부대의 주력은 11월 초순에 도착한 후비 보병 독립 제19대대 등 2,700명의 일본군이었다. 여기에 2,800명의 조선 정부군과 각지의 양반 사족 및 토호 등이 조직한 반동적인 민보군이 가담하였다. 촌 구석구석까지 수색하는 '토벌' 작전을 계속하여 서남단인 해남, 진도까지 몰아붙였다. 문자 그대로 섬멸이었다. 5개월 동안 농민군이 치룬 전투는 46차례, 농민군 참가 인원은 연 13만 4,750명으로 추정된다. 또 하나의 청일전쟁이었다.

4. 전쟁의 실상

불결과 악취

병사들이 상륙해서 느낀 점은 우선 '불결'과 '악취'였다. '악취'를 맡는 것은 생활 문화를 배경으로 이질감을 느끼는 것으로, 시대를 막론하고 다른 문화와 조우할 때 느끼게 되는 공통된 체험이라 할 수 있다. '악취'나 '불결'이라는 첫인상에 대한 기록은 러일전쟁이나 아시아태평양전쟁 등 수많은 종군 일기에서 자주 목격할 수 있다. 마쓰야마(松山) 시에 주둔하는 보병 제22연대의 하마모토(濱本) 소위도 8월 5일 조선의 원산항에 상륙했을 당시의 인상에 대해 다음과 같이 기록하였다.

더욱 놀란 것은 듣던 것보다 훨씬 더 불결하다는 것이다. 도로는 쓰레기와 인분으로 넘쳐나고, 불결함의 극치인 돼지는 기세가 올라 곁눈질로 사람들을 노려보면서 도로를 활보한다. 악취가 코를 찔러 구토가 나올

지경이다. (濱本利三郎, 『日淸戰爭從軍秘錄』)

라고 썼듯이, '쓰레기와 인분'으로 뒤덮이고 가축이 우왕좌왕하는 거리의 모습에 놀랐다.

청일전쟁에 참가한 병사들은 1872년의 학제 발포 후에 태어났다. 그들은 학교와 군대라는 두 가지 교육을 통해서 '위생'과 '청결'을 철저히 익히는 경험을 이념적으로나(위생적인 것이 근대인이다) 신체적으로(우선 손을 씻고 식사를 하자) 거친 제1세대이다. 병사들은 극복해야 할 대상의 결함에 대해 누구보다 민감해서, '불결'과 '악취'의 이면에는 반드시 '뒤떨어진 문화'가 있다고 보았다. 평양을 점령한 후비 보병 연대의 한 중사는 고향에 보내는 서간의 첫머리에, '조선이라는 곳은 알고 계신 것처럼 야만도 이만저만이 아닙니다'라고 썼다(『東北新聞』, 1895년 1월 9일).

'문명의 의전(義戰)'이라는 이데올로기는 그 자체로는 침투할 수 없지만 자신의 생활 문화와 다른 점을 자각했을 때, 우열을 나누고 전투와 살육을 정당화하는 의식 조작을 시작한다. 이 점이 상업이나 관광을 목적으로 외국에 나가는 일반인과 병사들의 큰 차이다. 청일전쟁은 이문화 충돌을 대량으로 발생시킨 최초의 국민적 체험이었다. '불결'을 첫인상으로 느낀 병사조차도 위생에 대한 지식을 완전히 갖추고 있지 못한 상태였다. 청일·러일전쟁을 통해서 다수의 전사자와 병사자가 발생하지만 대부분의 병은 이질이나 콜레라 등과 같은 소화기 계통의 질병이었다. 보급이 원활치 못했기 때문에 부패한 음식이나 물을 먹고 있었던 것이다.

혹서에서 혹한까지

또 하나의 적은 여름이었다. 최초의 혼성 제9여단을 제외하고 대부분의 부대가 7월에서 8월에 출동하였다. 동원 과정에서도 사망자가 나왔다.

8월 4일 충원 소집을 명령 받은 보병 제7연대는 가나자와(金沢)시에서 관영철도역인 후쿠이(福井) 현의 쓰루가(敦賀)까지 160킬로미터를 육로로 이동하라는 여단의 명령을 받고, 28일 오전 6시 30분에 가나자와 성(金沢城)을 출발한다. 9월 1일 쓰루가에 도착할 때까지 일사병 환자 1,259명, 사망자 5명(다음 날인 2일에는 1명)이라는 참사가 일어났다. 이즈미 교카(泉鏡花)는 이를 소재로 '예비병'이라는 최초의 본격적인 현대소설을 동년 10월 『요미우리신문』에 연재하였다.

그해 여름은 조선도 더웠다. 하마모토 소위는 '이 불결함보다도 더욱 놀란 것은 우리들이 아직까지 체험해 보지 못한 더위이다. 한낮에는 화씨 125도 내지 130도에 달한다. 군인들이 동의하고(冬衣夏袴)의 가을 복장으로 이 더위를 지내는 것은 실로 가마 속에 앉거나 불 속을 걸어가는 것과 같다'고 혹서를 기록하였다. 화씨 125도는 섭씨 51.7도에 해당한다. 하마모토 소위는 다른 곳에서도 '화씨 125도 내지 130도라는 엄청난 더위 속'이라고 표현하였다. 화씨 130도는 섭씨 54.4도로 체감온도로도 상당한 더위의 온도이다. 병사들은 5관(18킬로그램)이나 되는 배낭을 어깨에 짊어지고, 소총과 탄대 등 상당한 무게를 감내하면서 혹독한 더위 속에서 행군하였다. 일본의 군대는 청일전쟁부터 아시아태평양전쟁이 종료될 때까지 50년간 아시아를 계속해서 걸어다닌 셈이다. 청일전쟁은 그 시작을 알리는 전쟁이었다. 아시아를 걸어 다니면서 우리는 무엇을 보았던 것일까? 역사를 묻는 의미가 여기에도 있다.

7월의 첫 전투에서 아산에 진주 중이던 청국군을 패주시킨 후에는 평양에 집결한 북양육군을 궤멸시키는 것이 다음 목표가 되었다. 제1군이 평양 공략전(9월 15일)을 끝내자 다음의 전략 목표는 수도 북경(北京)을 타깃으로 하는 직예(直隸) 결전이었다. 10월 25일 압록강을 건너 청국에 들어간 보병 제22연대는 요양(遼陽) 방면을 향해 진군하였다. 11월 25일 초가령(草家嶺)에서 한창 전투가 벌어지던 중에 첫눈이 내렸는데 1시간에 3센티미터나 쌓였다. 하마모토 소위에 따르면, 29일 퇴각 중에는 '3시간여 동안 눈 속에 양발을 묻은 상태였기' 때문에 '서둘러 모닥불을 피워서 녹였지만 발은 팽팽하게 부풀어 벌겋게 변했다. 그 무서운 동상의 발생이었다', 부대에서 '동상에 걸리지 않은 자는 10명 중 2, 3명에 불과했다'고 한다.

여순(旅順) 학살 사건

1894년 9월 대본영은 여순반도를 공략하기 위해 제2군을 편성하였다. 제1사단과 혼성 제12여단(제6사단 소속)으로 편성하고 11월 21일 미명에 여순 공격을 개시하여 정오경에는 주위의 포대 등을 점령하였다. 오후에 들어서는 시가와 부근 지역에 대한 소탕 작전을 시작한다.

그 과정에서 포로는 물론 부녀자와 노인을 포함한 시민들을 학살한 사건이 발생했다. 25일경까지 시가지에 대한 소탕을 계속하였고 동시에 여순에서 금주(金州) 방면으로 탈출하려는 패잔병에 대한 소탕도 진행했다. 이를 '여순 학살 사건'으로 규정하는 것은 여기에 참가했던 병사나 국내외 저널리스트, 관전 무관 등에 의해, 가차 없이 전개되었던 잔혹한 전투의 참상이 명확히 드러났기 때문이다. 일본군은 전투와 소탕전을 전개하는 과정에서 포로로 잡을 의사가 거의 없이(총 232명뿐, 『戰役統計』) 군인과 민간인을 무차별적으로 살해하였고, 포로나 부상자를 살해하기도 했으며 패잔병을 수색하기 위해 촌락을 불로 공격하기도 하였다.

사건이 퍼져 나간 것은 11월 28일 자 영자 신문 『타임즈』의 보도가 계기였다. 그것은 '[여순에서의] 전투가 끝난 후 200명의 중국인이 일본인 포로에게 잔혹한 폭행을 가했다는 이유로 보복 학살되었다는 소문이 있으니 확인을 해야 한다'는 내용이었다. 다음 날에도 '양군이 잔혹한 행위를 했다는 보고가 확인되었다. 많은 일본인 포로가 목이 잘리고 손발이 절단된 채 발견되었다. 그 때문에 일본군은 주민을 모조리 쓸어버렸다. 무차별 학살'이라는, 여순에 상륙한 영국인 장교의 정보를 게재하였다. 12월에는 미국 신문 『월드』에 「일본군의 대학살」이라는 제목으로, '3일간에 걸친 살인' '무방비에 비무장 상태인 주민은 집 안에서 살해되었다'는 등의 기사가 게재되었고, 이는 다시 구미 각지의 신문에 전재되었다.

구미 신문의 보도를 접한 참모총장 다루히토 친왕은 학살과 약탈에 관한 풍설에 대해 설명하라는 내용의 친서를 작성하였다. 그리고 이를 사자에게 휴대시켜 서둘러 오야마 제2군 사령관에게 파견하였다. 2주 후 오야마는 '여순 시가에서 병사와 인민을 구별하지 않고 살육한 것은 피하기 어려운 상황'이었다고 풍설을 명확히 인정하면서도, 시가전이 황혼에 벌어진 점 등을 들어 변명하였다.

사건은 영국에 이은 조약개정의 실현을 방해할 가능성도 있었다. 구리노 신이치로(栗野慎一郎) 주미 공사는 미국의 국무장관으로부터 사건이 사실이라면 조약개정이 곤란하다는 경고를 받고 무쓰에게 대응책을 물었다. 무쓰는 구리노에게 '여순에서 벌어진 사건은 풍설만큼 과대하지는 않지만 다소 무익한 살육이 있었을 것'이라고 인정한 후, 전투의 혼란 중에 벌어진 지나친 행위라는 논법으로 돌파하려고 하였다. 무쓰는 '피살자의 다수는 무고한 평민이 아니라 청국 병사의 군복을 벗긴 것이라고 한다'는 새로운 정보를 전달하는 한편 '뜬소문이 퍼지기 전에' 신조약이 상원을 통과할 수 있도록 '기민한 수단을 취하라'고 엄중히 명령하였다(『蹇蹇錄』). 사건은 흐지부지 끝나 버렸지만 여순에는 지금도 학살당한 피해자들의 집단 묘지가 100년간 수복, 재건, 신설되며 유지되고 있다.

병사와 군부

참모본부가 편찬한 『메이지 27·8년 일청전사(明治二十七八年日淸戰史)』에 따르면, 총동원 병력은 24만 616명이었으며 이 가운데 17만 4,017명이 전장에 파견되었다. 그 외에 일본인 군부는 15만 4천 명이 동원되었는데, 이 중 국내 사역에 종사한 수천 명을 제외한 나머지 인원은 전장에 파견되었다. 일본인 군부는 사실상 무장 상태였으며, 러일전쟁에서 수송군의 기능을 맡았던 점을 고려한다면, 총 39만 5천 명의 병력이 청일전쟁에 동원되었다고 보아야 할 것이다. 100만 명이 동원되는 러일전쟁의 40%에 해당하는 전쟁 동원이 이루어졌던 것이다.

대행장(식량, 의복 등)이나 소행장(탄약 등)을 운반하는 것은 수송군의 임무였으나 청일전쟁 때에는 수송군이 충분히 정비되지 못해 필요한 만큼 인원이 동원되지 못하였다. 육군은 각지의 중개인들에게 의뢰해서 인부를 대량으로 모아 들였다. 1894년 12월 초순, 도쿄에서는 불황에 허덕이는 인력거꾼들이 '군부 모집이 있자 내가 먼저라며 앞다투어 모집에 응하였고', 그 결과 도쿄 시내에서 군부가 된 차부는 4만 명을 넘었다고 한다(『国民新聞』, 12월 9일). 일당은 인부 1인 1일 40전, 20인 우두머리 50전, 100인 우두머리 70전, 1천 인 우두머리 1엔 50전이었으며, 출정 중에는 10전이 추가되었기 때문에 저금이 가능하였다. 군부의 송금 실태를 근거로 시산해 보면, 1년간 50엔에서 140엔을 고향으로 송금하거나 저금하고 있었던 것으로 판단된다.

▶표 3-1. 청일전쟁 당시 출정 야전사단 및 병참부의 구성

야전사단

사단	각 병과 (수송 병력 수)	위생부 등 (군부 수)	수레 끄는 말	짐 나르는 말	도보차량
고노에	13,1118(2,217)	762(-)	1,586	805	-
제1	15,559(1,846)	4,527(3,768)	384	1,142	1,405
제2	15,957(2,452)	4,095(3,351)	384	1,142	1,405
제3	14,982(1,231)	3,105(2,354)	-	4,154	-
제4	19,198(2,213)	774(-)	1,970	1,190	-
제5	15,928(2,136)	4,950(4,169)	-	785	-
제6	16,982(2,438)	826(90)	497	3,581	-
임시제7	5,551(1,011)	324(4)	-	1,041	-
계	117,275(15,544)	19,363(13,736)	4,821	13,840	2,810

병참부

사단	각 병과 (수송 병력 수)	위생부 등 (군부 수)	수레 끄는 말	짐 나르는 말	도보차량
고노에	436(-)	3,715(3,492)	-	-	989
제1	370(11)	4,434(4,256)	-	11	1,216
제2	356(25)	4,427(4,256)	-	9	1,216
제3	363(13)	4,530(4,346)	-	733	1,000
제4	361(9)	4,439(4,264)	-	9	1,216
제5	287(18)	1,416(1,022)	-	-	-
제6	634(369)	3,207(3,053)	-	360	870
임시제7	4(-)	41(-)	-	-	-
계	2,811(445)	26,209(24,689)	-	1,122	6,507

大谷正,「「文明戦争」と軍夫」(大谷·原田編,「日清戦争の社会史」)에 의함. 원 사료는 「明治二十七八年戦役統計」 上巻,「動員人馬総員」.

군부의 비중은 높았다. 야전사단 2만 명에 대해 군부는 2~4천 명을 동반하였으므로 전체의 10~20%를 차지하였다. 병참부에서는 그 비율이 압도적이어서 군인 800명 정도에 군부 3~400명 수준이었다. 이들이 없으면 움직일 수 없는 구조였다(표 3-1). 군부는 갓을 쓰고 연노랑 무명의 소맷자락 없는 옷을 입었다. 여기에 ○○조라고 염색된 겉옷과 작업용 타이츠 바지를 입고 짚신을 신은 특이한 모습으로 진지를 왕래하였다. 이들은 물자를 자신의 어깨에 짊어지고 운반하든가 (지게), '도보차량'이라 불리는 바퀴 하나 달린 수레(외바퀴 손수레) 또는 두세 사람이 끄는 짐수레로 운반하

▶그림 3-5.「재한 일본군 병참부 그림(在韓我軍兵站部の図)」. 짐수레로 대행장(식량, 의류 등), 소행장(탄약), 환자를 운반하는 군부(「風俗画報·日清戦争図絵」, 1894년 10월 28일).

였다. 병사와 달리 방한구는 자신이 직접 조달해야 했기 때문에 병 치료를 포함해서 곤란한 상황에 빠지는 군부도 많았다.

군부는 역사에 거의 기록되어 있지 않다. 전쟁에서 병으로 죽은 군부도 정부의 『관보』에 게재되지 않았다. 또 참모본부가 전사를 편찬할 때 군부에 대한 조사를 실시한 흔적은 있으나 전쟁 중 병으로 사망한 수는 명확하지 않다. 군부 마루키 리키조(丸木力蔵)의 『메이지 27·8년 전역일지(明治二十七八年戰役日誌)』에는, 『관보』에 게재된 일본군 사망자 수에 '만약 군부를 더하면 그 수는 수천 명 늘어날 것'이라고 쓰여 있다. 아마도 7천 명 이상의 군부가 전사하거나 전쟁 중 병사한 것으로 추정된다.

황해 해전의 '완승'

평양이 함락된 다음 날 17일, 황해에서 청일 양국 함대 간의 황해 해전이 벌어졌다(중국에서는 대동구 해전(大東溝海戰)으로 불린다). 해전이 벌어지기 전 예상으로는 양국 해군의 전력은 동등하든가 정원(定遠)과 진원(鎭遠)이라는 거대 전함 2척을 보유한 청국이 유리할 것으로 보였다. 오후 12시 50분 청국 12척, 일본 12척이 맞선 가운데 해전이 시작되었다. 전투가 시작되자 북양해군은 횡 사다리꼴 진형을 갖추고, 앞쪽 정면에서의 포격과 함께 함수의 수뢰를 계속 발사하면서 접근한 다음, 흘수선 아래에 장착된 충각(ram)을 충돌시켜 상대를 침몰시키는 범선 시대의 전법을 사용하였다. 이에 대해서 일본의 연합함대는 세로로 일직선이 되도록 늘어서는 단종진을 갖추고, 고속으로 이동해 가면서 포격전을 통해 함상 등에 타격을 가하여 전투 능력을 빼앗는 새로운 전술을 구사하였다. 구미 해전의 주류가 아직 범선 시대의 전법인 상황에서 일본 해군은 새로운 전술을 어디에서 배운 것일까? 그것은 존·잉글스(Ingles, John) 해군 대좌를 통해서였다. 잉글스는 해군대신 직속의 월급 1,063엔이라는 파격적인 조건으로 고용되어 1889년에서 1892년에 걸쳐 총 4기의 해군 대학생(현역 장교 중에서 선발된 제독·참모 후보자)에게 증기선 시대의 함대 전술을 가르쳤다. 그것은 아무런 신호도 필요 없는 '앞의 리더를 따르라' 주의를 채택하여 고속으로 전함 운동을 전개하는 것이었다.

5시간 후인 오후 5시 45분에 전투가 끝났을 때, 청국 순양함 4척이 포격으로 격침되었고 1척은 전장에서 이탈한 후 좌초되어 파괴되었다. 청국은 군함 12척 중 5척을 잃은 끝에 패배하였다. 그밖에 정원, 진원, 순양함 1척도 대파되었다. 일본은 2척이 대파(기함 마쓰시마(松島), 포함 1척) 되고 1척이 손상되었으나 격침된 함정은 없었다. 황해 해전이 끝난 직후 야마가타는 이노우에 가오루에게 보낸 서간에서 '평양 함락은 실로 의외의 결과'이며 '이어진 황해 대첩 또한 뜻밖'이라며, 예상 외의 승리였음을 솔직하게 인정하였다.

주력을 놓친 실패

황해 해전에서 청국은 순양함 5척이 격침되었지만 아직 장갑포를 탑재한 주력함 정원(定遠)과 진원을 비롯하여 순양함 정원(靖遠), 내원(来遠), 평원(平遠), 위원(威遠) 등이 남아 있었다. 이들은 근거지인 여순항이나 혹은 위해위(威海衛)를 거점으로 두 번이고 세 번이고 황해 해상에 나타날 가능성이 있었다. 북양해군도 방어 작전을 펴서 위해위에서 움직이지 않았다. 겨울에는 항만을 봉쇄하기가 곤란한데 다가 북양해군의 수뢰정 등이 황해와 발해만에 출몰하여 수송선을 공격하는 일도 충분히 예상할 수 있었기 때문에, 육군은 새로운 작전에 나설 수밖에 없었다. 12월 14일 대본영은 여순 공략을 끝낸 제2군에 대해, 대안 지역인 산동성(山東省)과 위해위 공략을 명령하였다. 제2군에는 일본 국내에서 머무르던 제2사단과 제6사단의 나머지 부대가 가담하였고, 이들 부대는 1895년 2월 2일 위해위 요새를 점령하였으나, 이 전투에서 오데라 야스즈미(大寺安純) 육군 소장이 전사한다. 청일전쟁에서 전사한 유일한 장관이었다. 북양해군은 12일 끝내 항복함으로써 궤멸되었다.

▶표 3-2. 황해 해전 당시 청일 양국의 해군

일본

함명	함종	배수량(톤)	준공년	조선소
히에이(比叡)	장갑함(裝甲艦)	2,200	1878	영국
후소(扶桑)	장갑함(裝甲艦)	3,717	1878	영국
나니와(浪速)	순양함(巡洋艦)	3,650	1886	영국
다카치호(高千穗)	순양함(巡洋艦)	3,650	1886	영국
사이쿄마루(西京丸)	통보함(通報艦)	2,913	1888	영국
아카기(赤城)	포함(砲艦)	614	1890	오노하마(小野浜, 고베(神戸))
이쓰쿠시마(厳島)	해방함(海防艦)	4,278	1891	프랑스
치요다(千代田)	순양함(巡洋艦)	2,439	1891	프랑스
마쓰시마(松島)	해방함(海防艦)	4,278	1892	프랑스
요시노(吉野)	순양함(巡洋艦)	4,160	1893	영국
하시다테(橋立)	해방함(海防艦)	4,278	1894	요코스카(橫須賀)
아키쓰시마(秋津洲)	순양함(巡洋艦)	3,172	1894	요코스카(橫須賀)

청국

함명	함종	배수량(톤)	준공년	조선소
양위(揚威)	순양함(巡洋艦)	1,350	1881	영국
초용(超勇)	순양함(巡洋艦)	1,350	1881	영국
정원(定遠)	장갑포탑함(裝甲砲塔艦)	7,314	1884	독일
진원(鎭遠)	장갑포탑함(裝甲砲塔艦)	7,310	1884	독일
제원(濟遠)	순양함(巡洋艦)	2,300	1885	독일
정원(靖遠)	순양함(巡洋艦)	2,300	1888	영국
치원(致遠)	순양함(巡洋艦)	2,300	1887	영국
내원(來遠)	장갑포탑함(裝甲砲塔艦)	2,900	1887	독일
경원(経遠)	장갑포탑함(裝甲砲塔艦)	2,900	1887	독일
광갑(廣甲)	순양함(巡洋艦)	1,296	1889	청국(복주(福州))
평원(平遠)	순양함(巡洋艦)	2,100	1890	청국(복주(福州))
광병(廣丙)	순양함(巡洋艦)	1,000	1892	청국(복주(福州))

外山三郎 「日本海軍史」 52~53, 68페이지.

▶사진 3-6. 순양함 요시노(吉野). 영국제 고속함(22.5노트)으로, 암스트롱사(영국)제 15센티미터 속사포(매분 3발) 등을 발포하여 청국 해군을 압도하였다.

황해 해전의 또 하나의 의미

황해 해전은 구미 제국도 크게 주목하였다. 표 3-2에서 명확하듯이, 해전에 참가한 양국 해군의 군함 총 24척 가운데 75%는 유럽에서 구입한 함정이었다. 국산화율은 25%(6척)로 대등했으며 전체적으로 영프(일본) 대 영독(청국)의 대전이었다. 양국은 모두 소형함을 건함할 수 있는 능력밖에 없었다(청일전쟁 직전에 3천 톤급 순양함 아키쓰시마(秋津洲)를 요코스카(橫須賀) 조선소에서 건조).

영국 암스트롱사의 해외 파견 대리인이었던 발타사·뮨타(덴마크 해군사관 출신)는 청일 양국의 연안 요새에 자사의 대포를 설치하는 등, 적과 아군에 관계없이 무기를 판매하여 영리를 취하는 '죽음의 상인'으로서의 역할을 다하고 있었다. 뮨타는 황해 해전을 상인의 눈으로 냉철히 지켜보고 또 해전 결과를 보도한 신문 기사를 섭렵한 끝에 암스트롱사의 대승리로 확신하였다. 프랑스인 베르탄(Bertin)이 설계하고 2척이나 프랑스에서 건조된 산케이함(三景艦, 마쓰시마〔松島〕·이쓰쿠시마〔厳島〕·하시다테〔橋立〕를 말함)은 거의 아무런 역할도 하지 못하였다. 청국 해군의 정원과 진원 등 5척은 독일의 슈체친(Szczecin)에서 건조되었고 대포는 크룹사제였다.

사람들의 눈에는 건함에서나 속사포에서나 암스트롱사가 완전히 우위에 있음을 보여주는 둘도 없는 대규모 군사 실험으로 비쳤다. 청일전쟁 후 1896년에 일본은 전후의 국제 관계를 배려하여 독일, 프랑스, 영국(암스트롱사)에 1척씩과 미국의 동서 양 해안에 1척씩 군함의 건조를 발주하였는데, 이들 모든 신규 건조함에는 암스트롱사제 대포가 장착되었다. 예비 포탄의 주문을 포함하여 실로 방대한 거래가 성립한 것이다. 1897년에도 총톤 수 4만 톤 이상과 대포 장비의 일체가 암스트롱사에 발주되었다.

황해 해전 이후 아시아는, 구미의 무기 상인들에게 막부 말기 때와는 비교할 수 없는 규모의 무기 시장으로서, 100년 이상 동안 손쉽게 평균 이상의 이익을 남길 수 있는 곳으로 남아 있었다.

5. 종전에서 전후로

시모노세키(下関) 강화조약

　1894년 9월의 황해 해전과 평양 함락으로 한반도를 확보하기 위한 제1기 작전은 종료되었다. 제2군의 요동반도 공략도 10월 24일에 시작되어 11월 6일 금주성(金州城)을 점령하였다. 제1군은 압록강을 건너 청국 영내로 침입하여 10월 26일 구련성(九連城)을 점령하였다. 제2군은 계속해서 여순 요새를 공략하는 작전을 전개하였다. 제1군은 구련성에서 봉황성(鳳凰城)으로 깊숙이 침입해서, 제2기 작전①(직예 평야에서의 결전)을 목표로 행동할 계획이었다.

　11월 상순에는 미국, 영국, 러시아가 청일 양국에 대해서 거중조정(居中調停)의 의지를 나타내는 등 개입을 하기 시작한다. 청국과의 분쟁에 종지부를 찍으려던 일본 정부는 현 단계에서 강화가 성립되는 것은 아무런 의미가 없다고 생각하였다.

　이토 수상은 12월 4일 의견서「위해위를 무찌르고 대만을 공략하기 위한 방책」을 대본영에 제출했다(「秘書類纂 機密日淸戰爭」). 지금 상태에서 직예 결전을 목표로 청국 영내에 침입하는 것은 득책이 아니다. 청국 정부가 붕괴될 가능성이 있으며, 그렇게 되면 열강이 전쟁에 개입하게 되어 일본은 갑자기 불리한 입장에 놓이게 될 것이라는 내용이었다. 이러한 관측은 특별한 것이 아니었다. 민간에서도 논의되던 내용이었다. 예를 들면 『도쿄경제잡지(東京經濟雜誌)』(1895년 1월 12일)는 논설에서, 북경성이 함락된 후에도 청제가 항복하지 않은 채 퇴각하여 항전하는 경우를 상정하였다.

이토는 '다음의 한 가지 방책밖에 없다'고 하였다. 제1군과 제2군의 양군은 '한쪽은 발해를 건너 위해위를 섬멸하고' '다른 한쪽은 동시에 대만을 약취한다'는 두 가지 안이었다. 특히 대만 약취는 여론이 요구하는 사항이며, '만약 대만 양여를 화평조약의 한 가지 요건으로 삼으려 한다면 우선 우리가 병력을 동원해서 이를 점령해야 한다. 그렇지 않으면 저들에게 이를 할양하도록 할 근거가 없는데 어쩌겠는가'라며, 대만 점령 작전의 성공이 할양의 '근거'라고 단언하였다.

대만 점령 작전은 이를 예정하던 제1군이 요하평원(遼河平原)에서 벌어진 전투에서 고전하면서, 위해위 공략 명령보다 훨씬 늦어진다. 3월 23일 보병 1개 여단을 대만 서방의 팽호제도(澎湖諸島)에 상륙시켜 대만 공략을 위한 전진 기지로 확보시켰다. 이미 이홍장이 강화 담판을 위한 청국 전권으로 임명되었다는 사실이 미국을 통해 일본에 통지된 상태였다. 대만 양여를 강화 조건에 넣기 위해서는 정식 교섭이 시작되기 전까지 점령할 필요가 있었다. 따라서 대만 섬에 부속된 팽호제도를 점령하는 일은 그 조건을 충족시키기 위한 것이었다.

강화조약의 조인

청국 전권 이홍장, 이경방(李経方), 오정방(伍廷芳)이 3월 19일 모지(門司)에 도착, 다음 날부터 대안에 있는 시모노세키의 춘범루(春帆楼)에서 일본 측 전권 이토 히로부미, 무쓰 무네미쓰와 강화 협의에 들어갔다. 일본은 이홍장이 우선 요구한 휴전조약을 당초에는 인정하지 않았다. 그러나 이홍장 저격 사건이 일어나고 세계가 이를 동정하면서 타협에 임하지 않을 수 없었고, 결국 30일 휴전조약을 성립시켰다. 그 후 열강의 간섭과 일본의 군사적 압력이 강화되는 가운데, 청국 총리아문은 일본 측 수정안을 승낙하였다. 조약은 ① 조선의 독립 승인, ② 요동반도 및 대만의 할양, ③ 고평은(庫平銀) 2억량의 배상금이라는 가혹한 내용이었다.

강화조약은 4월 17일 오전에 조인되었다. 오후에는 이홍장을 비롯한 청국 사절단이 귀국하였다. 천황의 재가를 거쳐 이토 미요지 내각서기관장이 전권대신에 임명되어 청국의 외교 도시 지부(芝罘)로 향하였다. 5월 8일 예정대로 비준서가 교환되면서 강화조약은 발효되었다.

'청일전쟁'이란 무엇인가?

도대체 '청일전쟁'이란 무엇을 가리키는 것일까? 실은 참모본부도 대본영도 청일전쟁을 1895년 4월의 시모노세키 강화조약으로 끝났다고는 인식하지 않았다. 같은 해 11월 18일 가바야마 스케노리 대만

총독이 '전도는 완전히 평정 상태로 돌아왔다'고 대본영에 보고한 것을 계기로, 1894년 7월 25일부터 1895년 11월 30일이 전쟁 기간으로 결정되었다(参謀本部編, 『明治二十七八年日清戦史』).

이 책에서는 개시 시점에 조선과의 '7월 23일 전쟁'도 고려하여, 광의의 '청일전쟁'을 ① 7월 23일의 조일전쟁, ② 협의의 청일전쟁 (1894년 7월 25일~1895년 4월 17일), ③ 대만 정복 전쟁(1895년 5월 10일~동년 11월 30일)의 세 기간을 합한 것으로 규정하였다.

참모본부나 해군 군령부는 『전사』를 공개적으로 간행한다. 그것은 당연히 다음 전쟁에서 이기기 위해서이다. 참모본부가 편찬한 『메이지 27·8년 일청전사』는 7월 23일 전쟁을 부정하였다. 조일 두 나라 군사의 우발적 충돌에서 비롯된 부득이한 왕궁(경복궁) 점령 사건이라는 문장이 공식적으로 유포되었다. 정부는 7월 23일 전쟁을 은폐하였고, 이로써 공식 전사에는 존재하지 않게 되었다. 일본의 각 신문은 실시간으로 이 전쟁을 보도하였으나 청일전쟁이 끝났을 때에는 7월 23일 전쟁을 잊어버렸다.

청일전쟁과 아시아

1884년부터 시작된 청프전쟁은 끈기 있게 버텨낸 청의 승리였지 청의 패배는 아니었다. 그 후 청일전쟁이 벌어지기까지의 10년간은 아시아에 있어 평화로운 시기였다. 1850년 전후의 청의 혼란을 이용한 열강의 압박은 일단 가라앉았고, 열강의 새로운 공세로 인한 아시아 분할의 위기는 아직 시작되지 않은 상태였다.

그러나 청일전쟁은 청의 군사력이 약체라는 사실을 세계에 폭로하는 계기가 되었고, 동시에 열강에 대항할 수 있는 군사력이 아시아에 존재하지 않는다는 것을 확인시켜 주고 말았다. 이후 열강은 아시아에 대한 침략을 재개한다. 식민지 대만을 확보함으로써 '대일본제국'으로서 아시아에 등장한 일본도 이들과 연동하면서 제국주의의 아시아 침략을 확대해 간다. 19세기 말 이후에 찾아온 아시아의 위기는 청일전쟁에 의해 생겨난 것이었다.

전쟁과 국민 생활

전쟁에 따른 호황화라는 말이 등장한 것은 청일전쟁 때부터이다. 신문들은 개전 초기에 내셔널리즘을 선동하고 전쟁 협력을 요청했지만, 시장은 경계감 때문에 급속하게 냉각되었다. '조선 사건으로 인한 갈등이 발생한 이후 금융계의 불황은 더욱 심해졌고 (중략) 신규 사업은 모두 주저하고 포기하는 기색'(『国民新聞』, 8월 5일)이 역력해, 대형 투자가 필요한 철도 사업의 경우에는 게이카쿠철도(京鶴鉄道)처럼 중지되는 일도 발생하였다. 생활필수품을 구입하는 것까지 미루었기 때문에, 8월 28일 자 『국민신문』의 사설 「불경기란 무엇인가」에서는 '국민이 평상을 잃은 데 기인한다'며, 경직되어 버린 경제 상황을 질책하는 목소리까지 나왔다.

구니키다 돗포(国木田独歩)의 「오키미야게(置土産)」(『太陽』 1900년 12월호)에 등장하는 청년(吉次)은 군부가 되어 '그곳에서 병사하였다'. 중개업자가 모집하는 군부는 외지 수당을 포함한 일당을 수입으로 기대하였다. 외정(外征)에 동원된 총 32만 8천 명이 자신의 눈으로 난생 처음 '외국'을 보고 자극 받은 것이다.

그들은 청년(吉次)의 소망과 같이, 전후에 개선해서 일본인 사회에 복귀하기만 한 것은 아니었다. 조선이나 대만, 청국에서 새로운 실업에 관여할 수 있는 기회를 발견하고 다시 바다를 건넜다. 1907년 간행된 『만주신사록(滿州紳士錄)』의 전편(前編)에 해당하는 인명록에는 245명의 경력이 실려 있는데, 이를 살펴보면 청일전쟁 종군 군인 10명, 통역 종군자 10명, 어용상인(부대 안의 매점, 운송 등) 8명으로, 전체의 10%를 조금 넘는 수가 제대한 후 실업 세계에 참여할 기회의 장소로 청국을 선택하였다는 것을 알 수 있다.

무역과 산업의 발전으로 사람들의 생활 수준은 높아졌다. 청일전쟁 당시부터 전후에 걸쳐서 도시 하층의 수입은 실질적으로 20% 정도 상승하였고, 주요 음식도 병영이나 학교의 잔반에서 벗어나 미식 쪽으로 변화해 갔다. 다만 값싼 외국 쌀인 남경미(南京米, 베트남에서 수입한 쌀)나 개발이 진전된 이후의 대만 쌀밖에는 구입할 수 없었다. 그들의 생활에는 식민지의 경제 구조가 편입되어 있었다. 지조 개정, 마쓰카타 디플레이션, 지주제의 진전이라는 삼중고 속에서 일가가 전부 촌락을 떠나 도시 슬럼으로 이주해 온 사람들은 청일전쟁 후부터 러일전쟁 후에 걸친 십수 년 동안의 변화를 거치면서, 생활을 차분하게 상승시켜 갔다. 뛰어난 생활 관찰자 요코야마 겐노스케(橫山源之助)는 1912년에 '청일전쟁 전후와 현재를 비교하면 도쿄 시의 빈민 상태는 상당한 변화를 보이고 있다'(「貧街十五年間の移動」, 『太陽』 2월호)고 기록하였다. 또 숙련 노동자까지는 될 수 없지만 공장에 상근 노무자로 고용되어 일하는 도시 슬럼 주민이 늘어났으며 '빈민가 직업의 이동', 즉 고정

수입을 획득하면서 슬럼에서 탈출하는 일이 진행되었다고 보고하였다. 그 시작은 청일전쟁과 이를 계기로 한 산업화의 진전이었다.

전쟁 저널리즘

청일전쟁은 국민의 대외관을 바꾸는 커다란 계기가 되었다. 1894년 4월 5일, 시사신보사 등 도쿄의 15개 신문사는 연명으로 '김씨 추도 의금'의 응모를 호소하였다. 민씨 정권의 자객에게 상해에서 암살된 후, 한성에 반송된 김옥균의 유해가 효수된 삽화나 한성의 상황 등을 일제히 게재하여 동정을 불러일으켰다. 그러나 청국과의 전쟁이 가까워지고 조선이나 청과 무력 충돌하는 단계가 되자 신문의 논조는 양분되어 간다.

하나는 조선의 독립을 유지하기 위한 전쟁이라는 대의명분을 전개한 것이다. 『국민신문』 7월 17일 자 사설도 만약 조선 궁정이 원세개의 간계에 빠져 친청파가 세력을 잡는다면 일본군은 조선의 독립을 유지하기 위해 싸워야 한다고 주장하였다.

또 하나는 청과의 전쟁을 활용하여 '역사'를 상기시킨 것이다. 『국민신문』은 도요토미 히데요시(豊臣秀吉)의 조선 침략 전쟁인 「분로쿠(文禄) 평양의 전쟁」 2회(8월), 왜구를 그린 「해적 대장군」 3회(8월)를 게재한 후, 29회에 걸쳐 후쿠치 오우치(福地桜痴)의 「지나(支那) 문죄/요시쓰네(義経) 칭기즈칸」을 연재한다. 미나모토노 요시쓰네(源義経)가 고로모가와(衣川)에서 죽지 않고 시베리아로 건너가 칭기즈칸으로 즉위했다는 황당무계한 '미나모토노 요시쓰네=칭기즈칸'설을 주장하였다. 청 왕조에 앞선 원=몽골의 역사를 명백히 찬탈한 것이다. 국내에 평화가 유지되던 에도시대의 쇄국이나 나가사키(長崎)에서의 명일, 청일 무역의 역사는 아무런 관심도 끌지 못하였다.

전쟁 현장을 보도하는 주역도 신문이었다. 각 신문사는 특파 기자가 보내온 정보나 종군 장교, 병사, 군부가 고향으로 보내온 편지 등을 게재하여, 전장의 모습을 상상케 하고 이와 함께 가족과 친우의 무사를 기원해 줄 것을 호소하였다(제6장 참조). 전쟁을 시각적으로 보여 주는 것은 여전히 회화가 담당하였다. 동양당(東陽堂)이 1889년에 창간한 『풍속화보』의 역할은 지속되었다. 1894년 9월 임시 증간호로 「일청전쟁 도회(図絵)」 제1편을 발행하였는데, 여기에는 종군 경험이 없는 화가들, 예컨대 나와 나가토시(名和長年), 엔도 고케이(遠藤耕渓), 이시즈카 구스이(石塚空翠), 야마모토 쇼코쿠(山本松谷) 등의 그림 20개 장면이 실렸다. 이후 「일청전쟁 도회」는 매월 1호씩, 다음 해 5월의 제9편까지 계속 발행되는 동안 약 120장면을 게재하였고, 여기에는 구보타 베이센(久保田米僊)이나 오가타 겟코(尾形月耕) 등이 추가로 동원되었다. 이에 자극 받아 『일청교전록』이나 『일청전쟁실기』 등 6종류의 전쟁 보도 전문 잡지가 창간되었다.

아라하타 간손(荒畑寒村)은 7살 소년으로 '전쟁 그 자체에 관한 기억은 매우 막연'한 것이었으나 '예의 그림책(絵双紙)을 통해, 하라다 시게키치(原田重吉)의 현무문 격파나, 안성도(安城渡)에서 전사한 나팔수 시라카미 겐지로(白神源次郎), 우장(牛荘)의 시가전에서 왼손에는 버림받은 지나인(支那人, 중국인) 아이를 안고 오른손으로는 검을 휘두르며 눈 속에서 분전하는 오테라(大寺) 소장의 광경을 상상해 보았다'고 회상하였다(『寒村自伝』). 도쿄에서는 오가와마치(小川町)의 그

림책 가게 앞에 매물로 걸어 놓은 청일전쟁 니시키에(錦絵, 풍속화의 다색도 판화)를 보던 민중이 '무섭구먼, 적국은 저렇게나 심한 일을 하는가, 어머니'라든가 '이홍장 이 녀석, 건방진 얼굴에 기분 나쁜 놈'이라는 식으로 기염을 토하면서 전쟁 생각을 하였다(天涯茫々生, 「社會の觀察-繪草紙屋の前」, 1895년 5월 26일). 그림이 아직까지 보도성을 띠던 시대였다.

동양당 『풍속화보』의 특집판 「도회」에 게재된 그림이 인기를 모은 이유는 '나팔수 전사도'처럼 사진사도 찍을 수 없는 장면을 신문 보도를 참고로 상상해 그려내어 독자에게 전달한 점에 있었다. '상상'에 의한 '전사 장면'은 그 도안이나 구도가 독자의 상상이나 기대에 맞아떨어져 공감을 불러일으켰고, 이것은 다시 기억의 공유 재산이 되어 갔다. '국민' 형성의 노정이었다.

이러한 전쟁 보도는 효과를 발휘하였다. 기자 요코야마 겐노스케는 대중목욕탕 탈의실이 사교 클럽으로 변해서, 정확한 신문 정보가 '기억력 좋은 그들의 주의를 끌어들이고, 듣는 사람이 깜짝 놀랄 정도로 전쟁 이야기가 퍼져 나가는 것을 보면서, 언제나 우리들은 경악하고 감탄한다'(『每日新聞』, 1895년 1월 17일)고 보고하였다.

제1군 기념비

어떻게 싸웠는지는 전후에 건립된 전쟁 기념비와 추도비에 표현된다. 서양의 석조 기념비 문화가 알려져 있던 청일전쟁 후에는 전국에서 전쟁 기념비가 속속 세워졌다. 가장 크고 대표적인 기념비는 제

1군 장교단이 건설을 호소했던 '제1군 전사자 기념비'일 것이다. 모금 예정액은 3만 엔이었으며, 전리품인 청국 병기를 녹여 도쿄포병공창에서 주조되었다. 포탄형의 높이 21.96미터짜리 기념비는 석조로 된 팔각형 기대 위에 놓여 있다. 기대 주위는 대소 24문의 청동포 포신이 울타리를 이루고 있다. 포신에는 '오사카(大阪) 포병공창 메이지 16년(~23년)제'라고 쓰여 있다. 청일전쟁을 치른 일본 군사 기술의 정수를 표현하는 자리로도 활용된 셈이다. 2기가 주조된 이 거대한 기념비는 제1군을 편성한 제3사단과 제5사단에 의해 1903년에 건립되었다. 장소는 나고야(名古屋) 시 미나미부헤이초(南武平町) 교차점과 히로시마(広島) 시 니시렌페이조(西練兵場) 오테마치(大手町) 쪽 입구이며, 전자는 관청가의 중심에 해당한다. 구마모토(熊本) 시에서도 제6사단의 기념비가 설치되었는데, 사람들이 늘 청일전쟁의 승리를 의식하는 시내 중심지가 선정되었다.

이것들은 전쟁의 승리 기념비이자 서구의 개선문에 해당하는 시설이었다. 그 성격은 '제1군 전사자 기념비'에 새겨진 명부에도 나타나 있다. 나고야의 기념비에는 제3사단 전사자 351명, 히로시마에서도 전사자 372명의 이름이 새겨져 있다. 실은 그밖에도 전자에는 병사자 1,043명과 변사자 34명, 후자에도 병사자 1,612명과 변사자 66명 등 전사자의 3배 및 4.5배에 해당하는 사자가 있었으나 모두 명부에서 제외되었다. 이 기념비는 '적'과 싸워 전사 또는 전상사한 군인을 기리는 것이기는 해도 병에 걸려 사망한 사람들을 추도하는 것은 아니었다.

야스쿠니신사(靖国神社)의 합사

야스쿠니신사에서는 우선 1895년 12월 17일에 전사자와 전상사자를 합사하는 임시 대제가 거행되어 천황이 친히 참배하였다. 그러나 전병사자는 방치되었다. 이 시점에서는 1878년 6월 27일 태정관에의 문의를 거쳐 결정된 합사 기준이 적용되었다. 이 때문에 전투사자, 전상사자, 전투 중의 사고사자, 포로가 된 사망자는 합사하지만 전병사자는 합사하지 않았던 것이다.

1898년 9월 30일에 육군대신, 10월 6일에 해군대신이 전지에서의 전병사자도 천황의 특지에 따라 합사한다고 고시하였다. 이에 따라 같은 해 11월 5일 청일전쟁 전병사자의 합사를 위한 임시 대제가 집행되었다(大江志乃夫, 『靖国神社』). 육군대신의 고시가 있은 다음 날인 10월 1일은 증설된 제8사단부터 제12사단까지의 편제가 발령되는 날이었다. 새로운 전쟁 사자를 상상시키는 러일전쟁을 향한 준비가 사람들의 눈에도 명확해져 가던 때였다. 러일전쟁 당시에도 전사자와 병사자라는 두 종류의 사자로 구별되어 합사를 위한 임시 대제가 거행되었다.

지역의 전쟁 기념비

아이치(愛知) 현의 조사에 따르면 1895년부터 1923년까지 청일전쟁 기념비가 111기 건립되었다고 한다. 그 가운데 '종군' 11기, '전첩' 8기, '개선' 3기를 합한 총 22기(20%)가 생환한 종군자도 칭송하는 내용이었다. 전몰 군인만을 제사지내자는 것이 아니었다. 종군했다는 사

▶사진 3-7. 「정청 기념비」(오른쪽 위 시바타(新発田) 시, 왼쪽 위 고후(甲府) 시, 오른쪽 아래 와카야마(和歌山) 시, 왼쪽 아래 이즈모(出雲) 시). 전쟁은 근대 병기로 치러졌지만 무사도 이데올로기는 창 모양의 전쟁 기념비의 형태로 민중 세계에 자리잡았다.

실만으로도, 국가와의 관계나 거리가 중요했기 때문에, 자신의 의무를 다한 지역의 대표로 인정받은 것이다. '충혼비' '표충비' 각 12기, 계 24기가 '충'을 포함한 비명을 갖고 있었지만 아직 22% 정도로 적은 편이었다. 그러나 러일전쟁 후에는 이런 종류의 비명군이 증가한다. 국가와의 거리가 아니라 천황과의 거리를 중시하는 경향이 강해졌기 때문이다.

니시키에 등에서 강조된 구도는 무사 이데올로기에 근거한 것이었다. 군함의 포격 장면을 묘사하는 과정에서, 지휘관인 장교가 칼로 포격을 신호하는 니시키에, 대포 옆에서 말을 탄 채 칼을 뽑아 들고 지휘하는 장교를 묘사한 니시키에 등, 칼과 말이 키워드가 되었고 상징이 되었다. 기마 민족인 여진족으로 이루어진 청국군을 상대한다는 화가들의 상상력이 나타나 있다. 각지에서 청일전쟁 기념비가 건립될 때 '창'을 형상한 것도 있었는데, 그중 적어도 4기가 남아 있다(사진 3-7). 무사 이데올로기의 고무는 다음 전쟁을 불러온다.

제4장 대만 정복 전쟁

「대만 풍속 쌍륙(台湾風俗双六)」. 말이 '도쿄 성'을 출발하여, 거점 지역을 돌아 '총독부'에 들어오면 난다. 왼쪽 아래에는 '생번 토인(生蕃土人, 대만 선주민)'도 있다(1897년, 도쿄도립 중앙도서관 소장).

1. 가혹한 정복

북수남진책의 대만

좁은 의미에서의 청일전쟁은 끝났지만 전쟁 그 자체는 계속되었다. 청국이 양도한 대만에서 중국인의 저항이 이어졌던 것이다.

대만에 주목해서 이를 점령하고 청국의 할양을 요구하는 것은 정부와 군부의 양해 사항이었다. 마쓰카타 마사요시는 북수남진론(北守南進論)의 구상 아래 1894(메이지27)년 겨울, 한 장의 의견서를 자신과 같은 사쓰마벌 출신의 가와카미 소로쿠 참모차장에게 보냈다(『公爵松方正義伝』). 마쓰카타 마사요시는 천진을 거쳐 북경을 점령하는 것보다 대만을 점령하는 일이 급선무라고 제안하면서, 이를 점령하지 않은 채 종전을 맞이하는 것은 '백 년의 유감이자 천추의 실경이라 생각한다'고 말할 정도로 대만의 중요성을 강조하였다. '우리나라는 앞으로 북쪽을 지키고 남쪽을 공략하는 방침'을 취해야 하며, 대만은 말레이반도와 남양제도로 진출할 수 있는 근거지라고 평가하였다. 청일전쟁 후의 정세를 예상한다는 관점에서 볼 때, 일본이 남진론의 거점으로 대만을 확보하지 않는다면 열강이 탈취할 가능성이 있다는 위기감이 있었다. 이러한 견해는 마쓰카타 한 개인만의 것이 아니었다. 마쓰카타는 이 의견서를 '천하 유식자의 공론'이라 하였고, 이토 히로부미도 '동감 동정'의 뜻을 전하였다.

또 무쓰 무네미쓰 외상도 동일한 의견이었다. 의견서「대만섬 진무책에 관하여」(작성 연월 불명. 무쓰는 1897년 8월 24일 사망)는 대만 영유의 목적으로 ①중국 대륙과 남양군도로 장차 판도를 전개할 때의 근거지로 한다, ②자원을 개발하여 공업을 육성하고 통상 이권을 장악한다는 두 가지를 들었다. 그리고 이를 위해 무쓰는 진무 통치의 핵심을 '첫째, 도민을 위압할 필요가 있다 / 둘째, 지나 민속을 대만에서 몰아내고 감소시킬 필요가 있다 / 셋째, 우리 국민의 이주를 장려한다'는 3개 조로 설정하였다. 그러나 이러한 견해는 이미 국가 기밀에 해당하는 사항이 아니었다. 1897년에 출판된『대만 사정』(春陽堂)에서 지리학자 마쓰시마 코(松島剛)와 사토 히로시(佐藤宏)가

> 만약 새로운 영지에 대한 통치가 진행되어 척식의 공을 거두게 된다면 이 지역(대만)은 자연히 우리의 날개를 펴는 근거가 될 것이다. 남쪽을 바라보면 필리핀은 어느새 지척(근거리)에 있다. 남양제도는 징검돌처럼 늘어서 홍콩, 베트남, 싱가포르도 멀지 않다. 모두가 우리의 웅비를 시험할 수 있는 땅이다. 그렇지만 이러한 일들은 앞으로 일어날 일들로 하여금 스스로 증명하게 할 뿐이다.

라 해설했듯이, 제국으로서 일본이 팽창해갈 것이라는 인식은 널리 확산되어 있었다. 대만 통치를 남진의 거점으로 여기는 생각은 나중에

고다마 겐타로(兒玉源太郞) 대만 총독과 고토 신페이(後藤新平) 민정 장관의 지지도 얻는다.

대만의 자생적 발전

1895년 6월 2일 대북(台北) 북쪽 해상에서 이경방과 대만 할양 수속을 마친 가바야마 스케노리 대만 총독은 점령한 대북에서 대만총독부 시무식을 집행하였다. 가바야마 총독과 동행한 미즈노 준(水野遵) 민정국장이 '극히 평화적이고 문명적인 형식을 통해 수리가 끝날 것으로 생각'(『大路水野遵先生』)했듯이, 대만 평정은 순조롭게 진행될 것처럼 보였다. 그러나 상해 거류지에서 발행되던 영국계 신문 『노쓰 차이나 헤럴드(The North China Herald)』의 기사 「대만의 일본군」(1895년 9월 6일)은 대만 점령과 관련하여, 작전이 서툴렀음을 지적했을 뿐만 아니라 '일본이 범한 큰 잘못은 섬에 사는 핫가(客家, 화북에서 이주해 온 한족의 자손)와 기타 중국계 농민의 기질과 힘을 과소평가한 일'이라며 저항운동의 에너지를 주목하였다.

이 기사가 말해주듯 대만은 19세기에 들어와 차와 제당업을 중심으로 개발이 진전되어 구미와의 무역이 증가했으며, 이 때문에 본토에서의 이주도 증가하였다. 19세기 전반에는 '일부 이록 삼맹갑(一府二鹿三艋舺)'이라 불렸듯이 대남부(台南府), 녹항(鹿港, 대중〔台中〕의 남쪽, 창화〔彰化〕의 항구도시), 맹갑(대북의 서부)의 3대 항을 중심으로 한 번영이 두드러졌다. 임본원(林本源) 일족과 진중화(陳中和) 일족은 토착한 상인 자본의 대표였다. 1885년에는 대만성을 두고, 3부 1직예주(直隸州)

6청 11현을 설치하였다. 아편전쟁을 계기로 무역항으로 지정된 기륭(基隆), 타구(打狗, 일본 영유 후에 고웅(高雄)으로 개칭) 항을 중심으로 성벽 도시 대북부(台北府, 1875년 설치)와 대남부(台南府)가 설치되면서 도시화가 진전되었다.

청국의 개화파인 양무파의 유명전(劉銘伝)이 순무(巡撫)가 되자 지조 개정을 의미하는 청부사업(淸賦事業)에 착수하였고, 성도(省都)인 대북부의 근대 도시화도 대규모로 계획하였다. 전기와 전등, 전신, 철도 등 근대적 사회기반을 정비하였고, 본토로부터 상인 자본을 불러들여 흥시공사(興市公司)를 설립하는 등, 적극적인 정책을 전개하였다. 유 순무가 1887년에 건의한 기륭―창화 간 철도 건설 계획이 수용됨에 따라 1891년에는 기륭―대북, 1893년에는 대북―신죽(新竹) 간 철도가 각각 준공되었다. 전 구간 75마일(120.7킬로미터)은 승객 중심이어서 화물 수송력은 미약했지만 중국 최초의 철도 중 하나라는 점에서 획기적이었다.

이러한 자생적 발전을 멈추게 한 것이 1895년의 대만 할양이었다. 본토에서 이주한 한인 상인(대만 사신(士紳))을 중심으로 대만민주국이 수립되었는데, 그 배경에는 남양대신(南洋大臣) 장지동(張之洞) 등의 할양 저지 책략도 있었으나, 19세기 말에 이르기까지 진행된 대만의 자주적 발전에서 나온 결론이기도 하였다.

대만민주국과 점령 전쟁

5월 23일 '우리 대만의 적을 섬기기보다는 죽음을 결의한다'는 대만민주국 선언이 발표되었고, 25일에는 총통 취임식이 거행되었다. 유명전의 후임 순무인 당경숭(唐景菘)을 총통으로, 거인(擧人, 과거의 향시[지방시험] 합격자) 구봉갑(丘逢甲)을 부총통 겸 전대의군통령(全台義軍統領)으로 하는 대만민주국이 수립되었다. 연호는 영청(永淸), 국기는 '남질호장(藍質虎章)'으로 정하였다. 그러나 9천 명으로 추정되는 순무의 청군은 고노에(近衛) 사단이 상륙하자 한 번 싸워 보지도 못한 채 붕괴되었고, 당 총통은 대만을 탈출하였다.

선주민인 고산족(高山族)이 가장 강하게 저항하였으며, 청병을 이끈 대만방판군무(台湾幇辦軍務) 유영복(劉永福)은 '민주국 대장군'을 자칭하며 대남부를 거점으로 완강하게 싸웠다. 유 장군은 청프전쟁 당시 흑기군(黑旗軍)을 인솔하여 프랑스군을 패배로 몰아 넣은 영웅으로 알려져 있다. 그는 대만에서도 자연의 '험준함을 이용해서 보루를 쌓고 호를 파'(台湾総督府法務部編纂, 『台湾匪乱小史』, 1920년) 며 싸움을 계속하였다. 강한 저항에 직면한 가바야마 총독은 '실제 상황은 외정과 다를 바가 없다'고 6월 19일 정부에 보고하고(『秘書類纂』, 台湾資料) 군대의 증파를 요청하였다. 이에 따라 대본영은 요동반도에 있던 제2사단에서 혼성 제4여단을 차출하여 대만으로 파견하였다. 7월 중순, 가바야마 총독은 1개 사단 반의 증파를 추가로

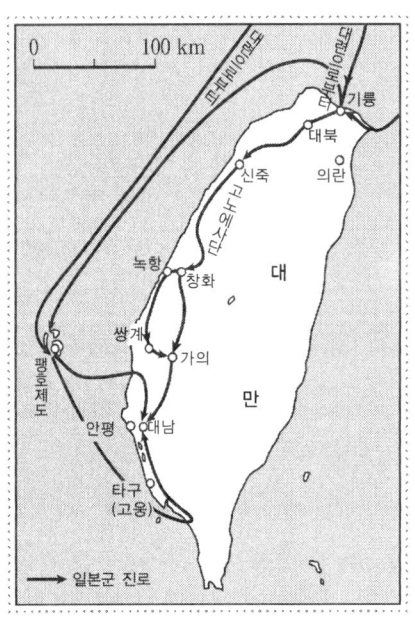

▶그림 4-1. 대만 정복 전쟁 경과도.

요청하였다.

대본영은 증파를 결정한 다음 8월 6일 대만총독부조례를 결정하였다. 이 조례는 진정의 어려움을 고려하여 군정을 시행하겠다는 의미였으며, 또한 '군부 기관을 확충해서 거의 군사령부와 동일한 편제'(参謀本部編, 『日清戦史』)를 갖추겠다는 것이었다. 2개 사단을 웃도는 병력은 제1군 이상의 군사력이 되었음을 말해 주는데, 이는 그만큼 대만을 평정하는 일이 곤란했음을 증명해 준다. 이에 더하여 예비역이었던 추밀고문관 다카시마 도모노스케 육군중장을 현역에 복귀시켜 대만 부총독에 임명하여 남부평정군의 지휘를 맡겼고, 오시마 히사나오(大島久直) 육군소장을 총독부 참모장에 임명하였다. 이토 내각도 7월 16일 대만 정세는 '백사가 지난한 상황'에 이르렀다고 인식하고, '신속히 진정에 성공하기를 바란다'는 이유에서 '진정되기까지는 법규 등에 구애됨이 없이 만사 민첩하게 진행시키기로 약정'한 8개조를 내각 각령으로 통달하였다.

대만 평정에 있어 곤란한 점은 무장 저항만이 아니었다. 풍토병인 말라리아에 걸리거나 염천하의 물이 부족한 상황에서 생수를 마셔 걸리는 이질로 인해 '토사병'에 시달리기도 하였다. 또 영양 부족에서 오는 각기병 등이 퍼져서, '8월 중순 후롱(後壠)에 이를 즈음에는 환자가 건강한 자의 반수 이상에 달하였다'(「明治二十七八年役陸軍衛生事績」, 『明治軍事史』)고 할 정도로 병에 걸린 자가 속출하여 전투력까지 부족해졌다. 8월 29일 중부의 창화를 점령한 고노에사단은 남방으로의 전진을 멈추고 10월 3일까지 급양하기로 하였으나 '군대의 인원은 거의 반으로 줄었다'(『官報』, 8월 31일)고 할 정도의 상황을 초래하였다.

제4장 대만 정복 전쟁 | 137

대만 평정 선언

가까스로 남하를 재개한 고노에사단은 10월 9일 가의(嘉義)를 점령하였다. 대남의 남북 해안에 상륙한 증원 부대와 함께 세 방향에서 대남부를 공략하자 19일 유 장군도 대남부에서 탈출하여 아모이(廈門)로 향하였고, 이로써 대만민주국은 붕괴되었다. 대남을 무혈 점령한 것을 계기로 가바야마 총독은 대만 평정을 선언하였고, 이는 1895년 11월 18일 대본영에 보고되었다.

공략 작전 도중에 고노에사단장 기타시라카와노미야 요시히사(北白川宮能久) 친왕과 가와무라(川村) 제1여단장, 사카이(阪井) 제2여단장이 말라리아에 걸렸고, 요시히사 친왕은 사망하였다. 일본은 7만 6천 명의 병력(군인 4만 9,835명, 일본인 군부 2만 6,216명)을 투입하여, 일본군 사상자 5,320명(전사자 164명, 전병사자 4,642명, 부상자 514명)을 내고, 중국인 병사와 주민 1만 4천 명을 살해한 끝에 대만을 획득하였다.

앞서 인용한 『노쓰 차이나 헤럴드』지는 '완전히 쓸데없는 전쟁'이었다, '〔일본군과 주민〕 양자가 자행한 잔학 행위에 대한 기억은 오랫동안 마음에 남아, 평화롭고 고요한 상태를 확립하는 데 있어 장해가 될 것'이라고, 9월 6일의 시점에서 단언하였다. 쓸데없는 잔학한 정복 전쟁을 단행한 일본은 외교적, 군사적 패배를 선언당한 셈이다.

그 후의 저항운동과 탄압

예상대로 같은 해 12월에는 대만 북부의 의란(宜蘭)이 포위되었고, 다음 해 원단에는 대북성이 습격당하는 등, 각지에서 고산족이 봉기하였다. 1902년까지 일본 통치에 대한 저항을 계속한다. 대만총독부 법무부가 편찬한 『대만비란소사(台湾匪乱小史)』는 1절을 '토비 봉기와 토벌'이라 하여, 1895년 5월 말부터 1902년 5월 말에 이르는 7년간의 봉기와 진압 과정을 서술하였다.

1895년부터 1902년은 대만 통치의 '제1기'라 불린다. 이 시기에 '토비가 대북을 습격한 것이 2차례, 대중을 습격한 것이 2차례, 기타 각지의 수비대·판무서·지청·헌병 주둔지를 습격한 것이 50차례 이상이며, 순사 파출소 습격 등은 헤아릴 수 없을 정도'(矢内原忠雄, 『帝国主義下の台湾』)였다. 총독부의 탄압이 잔학했던 만큼 저항도 더욱 격해졌다. 『공작 가쓰라 다로 전(公爵桂太郎伝)』도 '비적'과 주민을 구별할 수 없어 '옥석을 구별하지 않는 살육을 감행했다'고 자인하였다.

고토 신페이가 1914년 5월 도쿄에서 한 강연 기록인 『일본 식민정책 일반(日本植民政策一斑)』에 따르면, 1896년부터 1902년까지의 '비적 살육 수(임소묘[林少猫] 토벌까지)'는 '포박 또는 호송할 때 저항한 놈' 5,673명, '판결에 따른 사형' 2,999명, '토벌대의 손에 의한 자' 3,279명으로 총 1만 1,951명을 '살육'했으나, 그 가운데 재판에 따라 사형된 것은 3천 명에 지나지 않았다. 기타 9천 명에 달하는 '살육'의 예를 고토는 다음과 같이 말하였다.

귀순중 교부를 위해 경찰서, 판무서, 지서 등으로 불러내어 훈령을 내리되 이에 저항하는 자는 살육하기로 예정하고, 같은 날 같은 시각에 불러서 일제히 사격으로 살해한 것입니다. (중략) 토비 귀순법은 (중략) 천황 대권과 관련된 생살여탈의 권한으로 (중략) 귀순시킨 자 가운데는 양민도 있으나 불량민으로 도저히 쓸모 있는 자가 될 수 없는 놈이 있습니다. 우선 가귀순증을 교부하고 약간의 시일 동안 감시한 후 선발 과정을 거쳐 나쁜 자는 같은 날 같은 시각에 살해한 것입니다.

고토는 적나라하게 '토비'의 '살육'을 전하였지만 제1기 지배의 특색으로 지적한 것은 '보갑제도(保甲制度)'였다. 이것은 송대 중국에 있던 민중 감시 제도로, 중국사에 정통한 당시의 일본인이라면 곧 알아차릴 수 있는 정책이었으며, 무쓰 무네미쓰도 이를 제안한 바 있었다(『現代史資料』台湾 1). 고토는 '모든 죄악에 연좌하는 제도'라며 치안 유지에 큰 효과가 있었다고 자랑스러워하였다.

부패와 타락

이 명백한 '살육'과 민중의 상호 감시 제도라는 강압적 정치는 대만총독부 자신의 부패와 타락을 초래하였다. 1897년 중에 대만총독부 사무관(대북 현 지사, 토목 과장, 기사 등)이 적발된 의옥사건은 4건이나 되었다(『台湾総督府警察沿革誌』). 대만총독부 고등법원장 다카노 다케노리(高野孟矩)는 노기 마레스케(乃木希典) 총독의 비직상주(非職上奏, 해직시켜 달라는 천황에의 상주)에 따라 같은 해 10월 해직되었다. 다카노와 거취를 함께 한 대만총독부 법원 판관의 수가 12월 중순까지만 한정해도 '의원면관(依願免本官)' 8명, '면관(免本官)' 2명, '해직(非職)' 4명으로 총 14명에 달하는 대사건이었다. 법원 판관 하마사키 요시오(浜崎芳雄)는 병을 구실로 상경하여, 같은 해 8월 「대만 총독을 탄핵하는 글」을 송부하는 등 항의 행동에 나섰지만 결국 이 때문에 11월 면관되었다. 그 항의서는 '마레스케 의옥사건이 점차 만연하는 것은 자신의 직책에 관련되는 일이기에 이를 몹시 싫어하여 가능한 한 사건의 경과가 미미하기를 바라지만, 사법관이 자신의 뜻대로 되지 않자 먼저 주요 사법관을 파면함으로써 다른 사법관을 두렵게 만들어 자신의 체면을 차리려는 얄팍한 비열함에서 나오게 된' 것이라며, 노기 마레스케를 강하게 탄핵하는 내용이었다. 다카노 원장은 총독부의 비리를 적발하는 일에 열심이었을 뿐만 아니라 총독부의 선주민 탄압에도 비판적이었다.

2. '외지'의 탄생

군정에서 민정으로

　대만을 영유함으로써 일본은 시간의 기준을 2개 갖게 된다. 1895년 12월 27일 새롭게 대만 섬의 서쪽을 지나는 자오선 동경 120도를 '서부 표준시'로 정하고 대만·팽호제도·야에야마(八重山)제도·미야코(宮古)제도의 표준시로 삼았다. 또 시차 1시간의 동경 135도를 '중앙 표준시'로 할 것을 공포하고 다음 해 96년 1월 1일부터 실시하였다(1937년 폐지). 2개의 시간을 갖는다는 것은 상징적인 일로, 이에 따라 법의 지배력도 둘로 나뉘었다.

　대만 평정을 계기로 군정을 시행하던 대만총독부조례는 폐지되고, 1896년 3월 31일 새롭게 대만총독부조례(칙령 제88호)와 대만총독부평의회장정(동 제89호) 등이 제정 공포되면서 민정으로 이행한다. 대만 총독은 육해군 대장이나 중장의 자리로 여겨져 이후 군부가 독점하였다. 총독이 발령하는 율령을 검토하는 평의회는 총독 이하의 직원으로 구성되었다. 그러나 지역 주민의 목소리를 흡수하는 기관은 아니었다. 대만 통치의 기본 방침이 정해지고 나서야 대본영도 해산되었다.

63문제

군정에서 민정으로 이관하는 통치 제도를 협의하기 위해, 이토 내각은 고노에사단이 대북을 점령한 6월에 이토 수상을 총재, 가와카미 소로쿠 참모차장을 부총재로 하는 대만사무국을 내각 내에 설치하였다. 또 고용 외국인 고문을 동원하여 통치 제도를 검토하였다. 제국 대학의 고용 프랑스인 르본(Michel Revon)은 대만을 본국의 연장으로 간주하여 프랑스식 동화주의를 시행할 것을 주장하였고, 사법성 고용 영국인 커크우드(W. M. Kirkwood)는 대만의 경우 천황의 행정권과 입법권에만 속하므로 헌법의 제약을 받지 않는다는 의견서를 제출하였다. 한편 외무성 고용 미국인 데니슨(H. W. Denison)은 대만 도민의 국적과 권리에 대해 헌법이 시행되지 않는다는 의견서를 제출하였다.

이토 등이 중시한 것은 의회의 개입을 제도적으로 차단하면서 대만 통치를 추진하는 일이었다. 그 점에서는 커크우드의 의견서가 지적하듯이 헌법 불적용, 총독과 총독부의 권한 강화라는 내용이 가장 바람직하였다. 그러나 한편으로는 천황에 직속하는 무관 총독이 내각으로부터 독립하여 독단하는 것도 막고 싶었다. 이토는 무관 총독제에 동의함으로써 육군과 타협했지만, 독단화의 위험성에 대해서는 대만 관계 예산을 성립시켜야 한다는 과제에 쫓겨 결단을 내리지 못하고, 애매한 내용의 「대만에 시행할 법령에 관한 법률안」을 제9의회에 제출하였다(1896년 3월 14일). 이 법안은 모두 5개조로 구성되어 있는데 그 내용은, 대만 총독은 '법률의 효력을 갖는 명령을 낼 수 있다'(제1조), 전조의 명령은 총독부평의회에서 의결하며 천황의 칙재를 필요로 한다(제2조), 현행 및 미래의 법률 시행에 관해서는 칙령으로 정한다(제5조)는 것이었다. 이처럼 제국의회의 심의를 거치지 않은 채 법률과 유사한 총독의 '명령'이 제정될 수 있다는 초헌법적인 법률안에 대해, 곧바로 의원의 이론(異論)과 위헌론이 속출하였다.

동요한 정부는 일단 법안을 철회했다가 다음 날 다시 제안하는 추태를 보였다. 회기말이라는 악조건으로 인해, 중의원은 제6조에 3개년의 시한 입법이라는 조문을 부가하여 귀족원으로 보냈다. 귀족원도 위헌론을 제기했지만 결국 제6조를 부가한다는 조건으로 가결하였다. 이 법은 회기말에 조급하게 가결되어 3월 31일 공포되었다. 칙재를 받은 연후에 법률과 동등한 효력을 갖는 명령(특별히 율령이라 부른다)을 발하는 권한을 대만 총독에게 부여하는 3년간의 시한법이었다. 법률 제63호였기 때문에 이후의 논의에서는 '63문제'라 불렸으며, 그 후 자주 문제가 되었다.

앞서 언급한 다카노 다케노리의 해직 문제도 헌법 문제로서 논의되었다. 해직된 다카노가 위헌론을 내세우며 정부에 항의하는 과정에서, 스스로 사직하지 않는 근거로 제국헌법 제58조 2항(재판관의 신분 보장)을 주장하였다. 대만총독부의 고등법원 판관은 재판관으로서 신분이 보장되며 따라서 총독의 상주와 내각의 해직 명령에 따를 필요가 없다는 것이었다. 국내에서는 다카노의 해직이 합헌인지 위헌인지를 놓고 논쟁이 일어났으며, 위헌론자 가운데는 마쓰카타 내각을 비판하는 쪽으로 상황을 확대시키기도 하였다. 여당인 진보당은 결국 마쓰카타 내각을 포기하였고, 이로 인해 97년 12월 마쓰카타 내각은 총사직하였다. 대만을 내지의 연장이 아닌 식민지로 취급하여 헌법은 적용하지만 시행하지 않는다는 정책은, 내지로 역류하여 혼란을 낳고 나아가 내각을 붕괴시키는 상황에까지 이르렀다.

'외지'의 실태

2개의 시간 축을 갖는 신생 제국 일본은 '의회, 특히 정당을 배제한 공간·대만'과 '의회의 성장을 인정하고 관여를 넓힘으로써 다이쇼 데모크라시로 연결되어 가는 공간·본토'의 둘로 분열하고, 전자는 식민지와 전쟁이 확대됨에 따라 팽창한다. 이렇게 해서 비뚤어진 더블 스탠다드 국가가 완성되어 갔다.

3년 후인 1898년 제2차 야마가타 내각은 63법의 3년간 연장안을 제출하여 성립시켰다. 이때 비도형벌령(匪徒刑罰令)이 내지인에게도 적용되는지를 묻는 귀족원에서의 질문에, 고토 신페이는 본국의 법률에 '저촉되더라도 상관없다'고 대답함으로써, 내지와는 다른 성격의 형벌이나 법령이 대만 주민에게 적용된다는 점을 확인하였다. 또 3년마다 연장하여 그때그때 성립시키는 방법이 1906년까지 계속되었다. 1906년에는 5년간의 연한으로 거의 동문의 법률 제31호가 가결, 공포되었다(31법). 사쿠마 사마타(佐久間左馬太) 총독은 평의회를 개혁하여 총독부 관료에 대만인 등 민간인을 포함한 율령심의회를 두었으나 그 권한에서 율령의결권을 제외시켰다. 그 후 연장이 되풀이되어 1921년 12월 31일까지 계속된다. 1921년 3월 「대만에 시행할 법령에 관한 법률안」(법 3호)이 가결되어 다음 해 1월 1일부터 시행되었고, 1945년까지 계속되었다.

새롭게 '내지연장주의'를 강조한 '법 3호'가 시행된 이후 치안유지법이 곧바로 시행되는 등, 억압적인 법률은 '연장'되었고 율령도 유지되었다. 또 지방 참정권조차 한정적으로 적용되는 등, 1920년대 이후에도 대만인의 인권과 정치적 자유는 이례적인 상태 그대로였다. 일본 정부는 '식민지'라는 말을 기피하여 처음에는 '대만·조선'이라는 지명 열거 방식을 사용하였고, 1920년대 말부터는 공식적으로 '외지'를 사용하였다. 그러나 그 실태는 '식민지'와 그 지배를 뜻하였다.

대만신사의 창건

대남 현에서 병사한 고노에사단장 기타시라카와노미야 요시히사 친왕의 사망 사실을 숨긴 채 사체는 비밀리에 도쿄로 운구되어, 11월 11일 국장이 거행되었다. 요시히사 친왕이 병사했다는 점이 드러난 시점에서 이 사실은 야스쿠니신사의 제사 기준에 맞지 않는다는 문제를 낳았다. 또 신화에 등장하는 신들을 주제신으로 하는 신사의 성격에서 보면, 동시대인인 요시히사 친왕을 제신으로 하는 신사를 건립하는 일은 곤란하였다.

1896년의 제국의회에 요시히사 친왕을 제신으로 하는 관폐사(官幣社)를 국비로 창설해야 한다는 건의가 등장하였다. 대만에서 사망한 황족 군인을 제사하는 신사를 창건함으로써 '신황토 만만세 안녕진호'(귀족원의 건의)를 확보하려는 정복자의 의사를 드러낸 것이었다.

1900년 7월 고다마 겐타로 제4대 대만 총독은 대만신사를 창건해서 '새로 복속한 인민을 이끌고 도와준다면 본도의 시정에 이익됨은 두말할 필요도 없이 클 것'이라며, 대만 주민을 교화할 의도를 명확히 하였다(西鄕 內相宛「稟申」).

대만신사는 3가지 점에서 새로운 신사상을 만들어 냈다. 첫째는 사격, 즉 신사의 격이다. 황족은 고다이고(後醍醐) 천황의 황자 등의 예에서 알 수 있듯이 관폐중사(官幣中社)에 모셨기 때문에, 요시히사 친왕을 제사하는 신사도 관폐중사가 되어야 했다. 그러나 궁내성은 다음과 같은 논리로 관폐대사(官幣大社)가 좋다는 입장이었다. 종래 관폐대사의 제신은 인황(人皇)에서는 3제(神武, 応神, 桓武), 황친에서는 2인(神功皇后, 日本武尊)으로 한정되었으나 요시히사 친왕은 야마토타케루노미코토(日本武尊)에 필적하기 때문에 관폐대사라도 관계없다는 것이다. 이러한 논리로 요시히사 친왕은 '서번(西蕃)'인 구마소(熊襲)를 정복한 야마토타케루노미코토와 마찬가지로, 정복의 무신으로서 새롭게 자리매김하게 되었다.

둘째는 제신이다. 귀족원의 건의에서는 요시히사 친왕 1인이었으나, 건의 발의자인 네기시 다케카(根岸武香)가 1895년 11월 이토 수상에게 제출한 다른 건의서에서는 오쿠니타마노카미(大国魂神), 오나무치노카미(大己貴神), 스쿠나비코나노카미(少彦名神)의 3신을 주신으로 들었다. 이들은 '개척 3신'이라 불리는데, 근대에 들어와 다시 등장하여 삿포로신사(札幌神社)의 제신이 되었다. 개척 3신을 제사한다는 것은 문명이 야만과 미개를 계몽하고 개발한다는 의미이자 일본 정부가 청일전쟁을 평가하는 논리의 표현이었다. 1942년 말에 이르러

▶사진 4-2. 기타시라카와노미야 요시히사 친왕의 동상. 고노에사단 사령부(현 국립근대미술관 공예관) 앞에 놓여 있다(1903년, 新海竹太郎 작품, 도쿄 도 기타노마루(北の丸) 공원 내).

대만에 건립된 신사 68사 가운데 42사(대만신사를 제외한다)가 대만신사와 같이 요시히사 친왕과 개척 3신을 제신으로 하였다. 이렇듯 신사는 확산되어 갔다. 그러나 이는 '총독 관헌의 지도와 통제가 신사 영역에까지 미친 결과'이지 '결코 민중의 신앙이 반영된 결과라고는 할 수 없다'(小笠原省三, 『海外神社史』).

셋째는 진좌지(鎭座地), 즉 신사의 위치이다. 대만신사 진좌지의 후보에는 요시히사 친왕이 상륙한 기륭이나 사망한 대남이 유력한 후보로 물망에 올랐으나 최종적으로는 대북으로 결정되었다. 이는 대만 통치의 '중앙'에 둠으로써 대만의 신사를 통할하는 '대만 총진수(総鎭守)'의 의미를 띠도록 하려는 의도에서 나온 것이다. 대만신사의 창설과 입지는 전몰한 한 황족 군인을 추도하기 위해서라기보다는 대만을 식민 통치하기 위해서라는 관점에서 이루어진 정치적인 사건이었다.

대만 경제의 개편

대만의 산업은 19세기 후반 청국 대만성 시대에 이미 고도의 상품경제 단계에 접어든 상태였다. 주요 산업은 차, 미작, 제당업이었다. 그러나 동서를 흐르는 여러 하천의 급류를 극복하지 못해 육로가 정비

되지 않아서 대만 섬의 북부(대북부)·중부(대만부)·남부(대남부)는 제각각 아모이나 복주(福州)와 대안 무역을 행하고 있었다. 청대에 식량 과잉이었던 대남은 대북이 아니라 대안인 복건성(福建省)으로 잉여 식량을 운반하였고, 식량이 부족한 대북은 복주에서 쌀을 구입하였다. 대만과 대안 사이에는 1896년에 입출항 계 8,760척·14만 3,743톤 규모의 정크(중국 범선)가 왕래하고 있었다(『台湾日日新報』, 1909년 2월 28일).

대만총독부는 섬 안의 3개 시장권을 통일하기 위해 남북 종관 철도를 부설하기로 계획한다. 이 대만 철도는 1899년의 대만사업공채법에 따라 지급되는 10개년 2,880만 엔을 재원으로 하여, 기설 노선(기륭－대북－신죽 간 120킬로미터)을 기초로 수복, 증설되어 갔다. 1908년 4월에는 기륭－고웅 간 320킬로미터가 완성되었다. 제당공업, 염업, 임업을 목적으로 한 경편철도도 1943년까지 3,024.2킬로미터가 부설되었다. 남북 종관 철도와 수직으로 교차하는 동서의 사설 철도, 그밖에 무수한 도로와 교량 건설이 결합되어 교통망이 완성되었다.

대만 철도가 완성되자 대만 경제는 완전히 바뀐다. 외국 무역보다도 대내지 무역이 결정적으로 커졌으며, 외국 무역도 대중국이 아니라 대미국이 주가 되었다. 앞서 언급한 정크의 왕래는 점점 감소해서, 러일전쟁 후인 1908년에는 1,454척·5만 5,784톤까지 떨어졌다. 철도가 운반한 주요 산물은 일본 본토로 이출된 설탕, 쌀, 석탄, 목재, 비료로 전체의 50%를 차지했으며, 철도 운영을 1902년부터 흑자로 전환시키는 주축이 되었다. 쌀의 생산은 1902년의 169만 석에서 1925년의 644만 석으로 3.8배가 되었다. 한편 대만으로 수입된 외국 쌀은 같은 기간에 7만 석에서 73만 석으로 10배가 되었다. 이것은 '도민이 우선 자신의 소비를 충족시킨 후에 남는 잉여분을 수·이출한 결과가 아니다.' '고가인 시장을 찾아서 자신의 생산물을 팔고 소비에 부족한 부분은 염가인 수·이입품으로 보충'하는 상품경제의 원칙에 따라 움직이고 있었던 것이다. 따라서 대만 도민은 '생활 수준을 향상시킬 수 있어야' 하지만 그렇게는 되지 않았다. '수·이출의 증가를 토대로 곧바로 주민의 부유가 증진될 것으로 단정한다면 이것은 대단히 위험한 일이다. 부재 자본가(不在資本家)가 많은 식민지에서는 특히 그러하였다'. 이와 같이 야나이하라 다다오(矢內原忠雄)는 대만 경제를 수탈하는 내지 경제를 냉정하게 인식했다.

임업과 제국대학

일본의 대만 지배하에서 3대 산업 이외에 새롭게 등장한 분야는 임업이다. 목재 수출에서 출발하여 점차 장뇌의 소재인 녹나무를 찾아 오지까지 들어가 남벌하면서 막대한 이익을 챙기는 쪽으로 산업을 전환하였다. 그 대표인 스즈키상점(鈴木商店)은 대만에 진출하여 장뇌 거래로 막대한 이익을 거두었고, 이 자본으로 제당업에 진출하여 오사토당업소(大里糖業所)를 설립하였다.

그 후 임업에서 또 하나의 새로운 분야가 열렸다. 국가의 요청에 제국대학이 부응한 관학일체 사업의 전개였다. 1934년에 교다이(京大) 농업부에 입학한 시데이 쓰나히데(四手井綱英)는 '호쿠다이(北大)와 도다이(東大)는 삼림학의 선발로 홋카이도에 넓은 연습림(演習林)이 있었습니다만, 교다이(京大)와 규다이(九大)는 후발로 지금의 외국

인 대만, 조선, 가라후토(樺太)에 연습림이 있었습니다'라는 회상을 남겼다(森まゆみ, 『森の人 四手井綱英の九十年』). 대만총독부는 1909년 교토제국대학에 대학의 기본 재산림으로 임지 8만 3,834정보(新高山 부근)를 이관했으며, 14년 후인 1923년에 교토제국대학은 농학부를 설치할 때 그것을 연습림으로 정하여 사용하였다(『京都大学百年史』). '외지'에 설치한 교다이의 연습림은 러일전쟁 후에 조선(1912년 설치, 경상남도·전라북도 부근, 1만 7,000정보)과 가라후토(1915년 설치, 1만 1,600정보)로 전쟁과 함께 확대되었다. 대만의 연습림에서는 녹나무를 이용하여 장뇌재를 연구하고 판매하였다. 그러나 1935년 이후에는 남방의 풍토병인 말라리아의 특효약 키니네를 재배할 적지로서 이후의 남방 침투를 지탱한다. 키니네의 특산지는 네덜란드가 지배하는 자바 섬으로, 세계 생산량의 90% 이상을 산출하였다. 이곳에 파고드는 것이 교토대학(京都大学) 농학부에 부여된 국책이었다. 자바 섬은 머지않아 남방 파견군에 대한 공급원이 되고, 대만 연습림 재정을 호전시켰다.

3. 팽창의 역류

한문과(漢文科) 폐지 문제

　근대 일본에서 '한자 폐지 문제'는 막부 말기의 마에지마 히소카(前島密) 이래 자주 제기된 정치 문제였다. 청일전쟁이 일본의 승리로 끝나자 다시 한자 문제가 등장했다.
　일본어 내셔널리스트 우에다 가즈토시(上田万年, 제국대학 국어교실 초대 교수)가 '국어와 국가'를 강연한 것은 청일전쟁이 한창이던 1894년 10월 8일의 일이었다. 우에다는 '개벽 이래 유례가 없는 지나 정벌에 우리 육해군이 연전연승하여, 가는 곳마다 일본의 군기와 천황의 위광에 따르지 않는 자가 없는데, 우리 국어계와 문장계가 여전히 지나풍 아래 납작 엎드려 있다는 것은 한심한 일입니다'는 격렬한 어조로 한자배척론을 전개하였다(『太陽』 創刊号, 1895년 1월).
　문부성은 1900년 12월 고등교육회의에 사범학교·중학교·고등여학교에서의 '한문 및 습자를 삭제하고 국어 속에서 교수'하는 안을 자문했다. 각 신문은 애매한 입장을 취했지만 니쇼학사(二松学舎)나 동아동문회(東亜同文会) 등의 한학자들은 다음 해 1월에 한학자대간친회, 2월 한학자동지회 등을 개최하며 반대의 목소리를 높였고, 결국 중등학교 이상의 한문과명 삭제안은 폐안이 되었다.

천황가와 궁내성은 이러한 움직임에 민감하게 반응한다. 서구 문명의 수용은 유신기에 달성했지만, 중화 문명에서 '국풍'으로의 전환은 이 시기에 모색되고 있었다. 황자녀가 탄생하면 매일 입욕시키는 '입욕 의식'과 이것이 한창 진행 중일 때 '독서 명현 의식', 즉 앞날을 축복하는 한서 한 절을 읽으면서 현을 타 소리를 내는 의식이 동시에 거행된다. 이러한 정식 의식은 헤이안(平安) 시대가 지난 이후 간략해졌다. 1902년 5월 제정된 황실탄생령에서는 이레째 밤(이름을 지어주는 날)에 한 번만 목욕을 시키는 '욕탕 의식'을 거행하도록 정해졌고, 욕탕 중에 명현을 담당한 자가 현을 퉁기어 나쁜 기운을 쫓아내고, 독서를 담당한 자가 한서를 읽는 의식만 남았다. 1879년 8월 31일 하루노미야 요시히토(明宮嘉仁) 친왕(나중의 다이쇼 천황(大正天皇))이 탄생했을 때, 한 신문은 헤이안시대의 예를 들어 한서로서 효경(孝経)·사기오제본기(史記五帝本紀)·예기중용편(礼記中庸篇)·시경대명편(詩経大明篇) 등을 거론하였다. 황실탄생령이 제정된 직후에 탄생한 아쓰노미야 야스히토(淳宮雍仁, 나중의 지치부노미야(秩父宮))의 경우는 효경을 읽었지만, 3년 후의 데루노미야 노부히토(光宮宣仁, 나중의 다카마쓰노미야(高松宮)) 때에는 '대일본사 진무천황기의 한 절'을 읽었다(『大阪毎日新聞』, 1905년 1월 10일). 러일전쟁이 한창일 때 한서 대신에 '국사'를 채택하여 건국 신화의 주인공을 읊조림으로써 황자의 장래와 제국의 승리를 기원하게 된 것이다. 이후 오늘날에 이르기까지 『일본서기(日本書紀)』 등을 채택한 '독서 명현 의식'이 거행되고 있다.

청일전쟁과 '국어'의 탄생

오쓰키 후미히코(大槻文彦)가 일본어를 체계화시키기 위해 1889년부터 91년에 걸쳐 일본어 사전 『언해(言海)』 전 4권을 출판했을 때, '국어'라는 숙어는 아직 채택되지 않아서, '일본어'라고 설명되어 있었다. 그런데 1897년에 『광일본문전(広日本文典)』 전 2권을 간행했을 때에는 세계 각국의 언어를 '그 나라의 국어'라 한다고 설명함으로써, '국어' 용어와 개념을 선보였다. 청일전쟁이 가져온 '국민' 개념은 이념으로서의 '국어'를 만들어낸 것이다.

대만인의 교육에 착수한 이사와 슈지(伊沢修二, 대만총독부 초대 학무부장)는 '진정으로 대만을 일본의 몸의 일부'로 만들어 '사람들 마음속에서부터 대만을 동화하겠다'는 목표를 세웠다. 그는 대만인을 '일본인화'시키려면 그들의 '정신을 정복'하는 일이 중요하다고 생각하였다. 이사와는 대만이 완전히 평정되기 이전인 1895년 7월, 지산암(芝山巖)에서 향신층 자제를 대상으로 일본어 교육을 시작했고, 다음 해에는 성인과 청소년을 대상으로 일본어를 가르치는 국어전습소를 설립하였다. 국어전습소는 97년 말까지 16개소나 설치되었다. 이사와는 국어교과서 『대만교과용서 국민독본(台湾教科用書国民読本)』을 간행하고, 철저한 표음적 가나(仮名) 표기법(조사인 '오〔を〕' '와〔は〕'를 '오〔お〕' '와〔わ〕'로 표기)을 채택하여, 신규 외래어인 일본어를 '황국의 음'부터 대만인에게 알기 쉽게 가르치려고 노력했다.

이사와의 움직임은 본국의 교육 정책에 역류되어 들어간다. 1900년 8월 문부성은 소학교령 시행규칙을 제정하고 교과를 정리하였다. 이때 '독서, 작문, 습자' 세 과목을 통합하여 교과 '국어'가 설치되었다. 동시에 헨타이가나(変体仮名)를 폐지하고 가나의 자체를 통일함으로써, 가나 표기법은 역사적 가나 표기법(이른바 옛날 가나 표기법)에서 표음식으로, 교육상의 한자 수는 1,200자로 제한하는 대개혁을 단행하였다. 또 같은 해에 나온 '중학교 교수요목'도 국어 교육은 '구어와 밀접'해야 한다며 다카야마 초규(高山樗牛)와 쓰보우치 쇼요(坪内逍遙), 마사오카 시키(正岡子規) 등의 현대문을 텍스트로 채택하였다. 알기 쉬운 일본어라는 슬로건 아래, 근대 일본어를 창출하는 쪽으로 전진하기 시작한 것이다.

1900년에 문부성 촉탁의 국어조사회가 설치되었다. 이는 1902년 3월 관제화되어 국어조사위원회로 탈바꿈하였다. 조사 방침에는 '국어의 음운 조직을 조사할 것, 방언을 조사하여 표준어를 선정할 것'이라 되어 있다. 1904년부터 1909년까지 사용된 제1기 소학교 국정교과서 제1권(심상과[소학교] 제1학년에서 사용)은 어휘부터 시작하지 않고, 도호쿠(東北) 방언 등으로 인해 발음이 혼란스러운 가타카나 문자 '이(イ)' '에(エ)' '스(ス)' '시(シ)'부터 시작하였다. 이러한 이에스시 독본은 발음 연습을 제기하는 '음 교재'로, 구어 중시는 명확했다. 식민지 대만에서 '일본어' 교육의 확산이라는 과제가 계속 제기되는 가운데, 현대의 '일본어'를 제조해 낼 커다란 파도가 청일전쟁 이후 움직이기 시작한다.

문부성 전문학무국장이자 국어조사위원회 주사였던 우에다 가즈토시는 '국어 연구에 대해서'라는 강연에서, '국어 연마에 진력하여

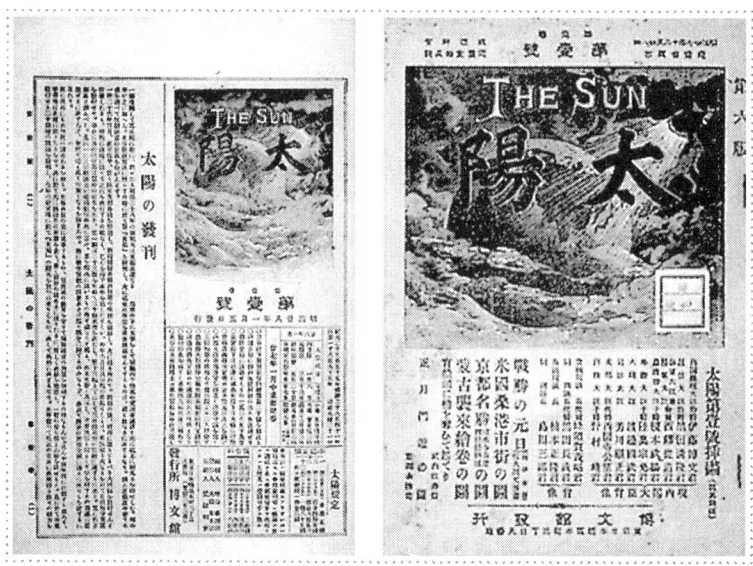

▶사진 4-3. 『태양(太陽)』 창간호(1895년 1월 5일). 메이지 시기, 최대의 종합잡지(창간호는 6쇄 28만 5,000부). 박문관(博文館)은 동시에 『소년세계(少年世界)』(아동용 종합잡지), 『문예클럽(文芸倶楽部)』을 창간하여 잡지 왕국을 구축했다.

일본 전국에서 통하는 언어를 만들어 내는'(『太陽』창간호) 일을 당면의 목표로 해야 하며, 동시에 '조선인, 미국인을 가리지 않고 누구나 알아야 할' '동양 전체의 보통어'를 목표로 해야 한다고 선언하였다. 국어와 국자(国字) 문제를 논의하는 국어조사위원회는 1913년까지 지속되었다. 그리고 그 논의는 국어 교육과 신문계에 끊임없이 영향을 미쳐서 이윽고 1940년대에는 '대동아공영권어'를 추구하는 가운데 일본어 간이화론으로 모습을 드러낸다.

제5장 청일 전후와 국민 통합

「내지잡거 풍속 쌍륙(內地雜居風俗寿吾六)」. 조약개정에 의해 사회가 완전히 변하면서 국제화될 것으로 믿었다. 서양인과 함께 변발의 중국인이 여러 곳에 그려져 있듯이, 풍부한 구미 자본과 저임금의 외국인 노동자가 유입될 것을 우려하였다(神戶市立博物館藏).

1. '전후경영'의 출발

청일전후 경영

1895(메이지28)년 8월 마쓰카타 마사요시 장상은 「재정의견서」를 제출하고, 청일전쟁 후의 국가 재정에 대한 계획을 밝혔다. 그리고 '우리나라는 군비 확장을 하루도 늦춰서는 안 된다'며, 군비 확장의 필요성을 강조하였다. 계획은 '메이지 29년 이후의 임시 대계획에 속하는 세출의 증가는 첫째 육군 확장, 둘째 해군 확장, 셋째 제강소, 넷째 철도 및 전화의 확장이 그것'이라며, 육해군의 군비 확장을 첫째와 둘째로 꼽았다. 세 번째에 해당하는 제강소도 병기와 탄약의 자급에 필요한 철강을 생산하려는 의도에서 나온 군수였다.

또 네 번째 철도에 관해서도 ① 관선철도의 연장(현황은 센다이에서 히로시마까지. 호쿠리쿠 선〔北陸線〕과 산인 선〔山陰線〕은 미착수), ② 홋카이도, ③ 대만 종관 철도를 지적하였는데, 이것은 독일 참모본부의 몰트케(Helmuth von Moltke)의 애제자였던 멕켈(Jakob Meckel)이 직접 전수해

준 전략, 즉 철도를 이용하여 병력을 신속하게 이동시킨다는 전략을 실현시키려는 계획이었다. 같은 해 4월에 야마가타 육상이 상주한 「군비확충의견서」의 취지에 따른 내용이었다. 청일전쟁을 통해 식민지를 확보하고 제국으로서의 길을 걷기 시작한 근대 일본은, 눈앞에 벌어질 아시아의 긴장에 대비해 군사력을 준비해야 한다는 야마가타의 전략을 채택함으로써, 새로운 전개의 근거로 삼는다.

마쓰카타의 의견서는 이토 수상의 구상과도 부합했다. 군비 확장을 최우선 순위로 하고, 발판을 산업 육성과 식민지 경영에 두며, 이를 위해 국가 재정을 총동원한다는 내용이 이른바 '전후경영'이라 불린 것의 체계였다. 다만 마쓰카타의 구상은 실시 재원에 증세안을 포함하였으며, 이를 위해 임시의회의 소집도 제안하는 것이었다. 이 때문에 이토 수상은 마쓰카타의 구상을 그대로 수용하지 못하였다. 결국 대립하던 마쓰카타 장상은 사임하였고, 후임에는 이토계의 와타나베 구니타케(渡辺国武)가 부활하였다. 이토 수상은 '전후경영'의 실시를 내다보며 3월에 장상을 재정 방면의 실력자 마쓰카타로 바꾸었던 것이기에, 마쓰카타의 사임은 정치적 위기이기도 했다.

자유당의 제휴

위기를 벗어나는 방법은 자유당과의 제휴였다. 자유당은 7월 의원 총회에서 군비 확장과 실업 장려를 내걸었으며, 삼국 간섭에 따른 요동반도 반환의 책임도 추궁하지 않겠다고 선언한 바 있었다. 11월 자유당 의원 총회에서는 이타가키 총리가 '우리 당은 이미 현 내각의 인사들과 마음을 터놓고 사귀는 상황'이라며, 내각과의 밀월 관계를 공공연하게 연설하였다. 또 총회는 '이제 우리 당은 앞으로 당로자와 침로를 같이 할 것이며, 서로 제휴해서 국가의 요무를 처리하는 데 도움'을 줄 것이라는 제휴 '선언'을 만장일치로 채택하였다.

청일전쟁 후에 처음 열린 제9의회에 제출된 1896년도 예산안은 전년도 예산과 비교할 때 군사비 4,370만 엔 증가, 권업비·제철소 설립·교통 운수 기관·치수 등에서 1,190만 엔 증가 등 대폭적인 사업 지원을 계획한 예산안으로, 예산 규모는 청일전쟁 전의 2배가 되었다(세출안 1억 5,250만 엔). 중의원 예산위원회는 172만 엔을 삭감했지만 총액의 1.1%에 그쳐, 자유당과 이토 내각의 제휴가 주효했음을 보여 주었다.

5개 사단 증설에 대해서는 비판이 강했다. 중의원에서는 자유주의 경제론자인 다구치 우키치(田口卯吉) 등이, 귀족원에서는 다니 다테키와 육군 장성 출신의 소가 스케노리(曾我祐準) 등이 군비 확장은 일본을 '부자유스러운 나라'로 만든다며 반대했으나 소수파였다. 청일전쟁 후 군사 대국의 길을 걸어간다는 것이 이제는 의회의 다수를 차지하였다.

제9의회 기간 중이던 1896년 3월 1일, 대외경파의 운동을 공동으로 전개해 온 입헌개진당과 다구치 우키치의 제국재정혁신회, 이누카이 쓰요시의 중국진보당 등이 합동하여 진보당을 결성한다. '정강(政綱)'에는 책임 내각의 완성, 외교 쇄신과 국권 확장, 재정 정리 등을 내걸었으며, 의원 총수는 100명이 되었다. 자유당(의원 109명)과 대항할 수 있는 대정당이 출현한 것이다.

관업 육성과 장려법

'청일전후 경영'에서 산업 육성은 군비 확장을 지탱하는 조세 부담의 증가를 떠맡을 것으로 기대되었다. 동시에 군사적 요구 사항인 제강소의 설립과 철도의 확대는, '산업의 쌀'로서 기간적 위치를 차지하는 철 및 동의 확보와 물류의 중축인 육송 수단의 충실이라는 경제계의 요구도 충족시키는 것으로, 의회 세력도 강하게 요구하던 바였다.

산업 발전의 방책은 ① 직접 투자에 의한 관업 경영과 ② 간접 투자에 의한 민간 산업의 육성이라는 두 가지 측면에서 실시되었다. ①에서는 관영 제철소의 설립, 관영 철도의 건설(1896년부터 1903년에 새로

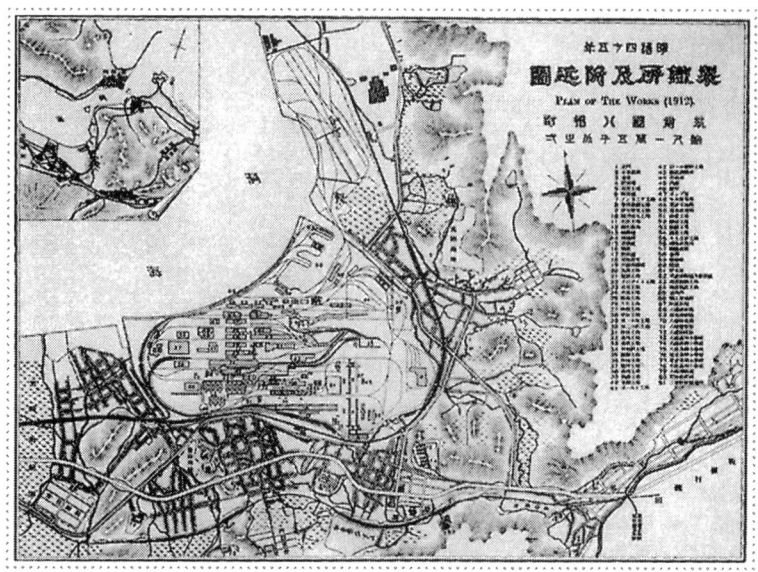

▶그림 5-1.「제철소 및 부근도」(1912년). 관영 야하타제철소(八幡製鉄所)가 설치됨으로써 야하타 촌은 공장과 관사의 거리로 변하였고, 동시에 도시화가 진행되었다. 1901년에 개업했지만 생산이 안정되어 흑자로 돌아서는 것은 1910년의 일이다.

운 노선 건설비 7,400만 엔, 도카이도 선〔東海道線〕 복선화 비용 2,500만 엔, 합계 약 1억 엔), 전신 전화 사업의 확대와 같이 제철·교통·통신 분야로 한정되었다.

②의 하나가 일정한 기준에 따라 보조금을 지급하는 장려법의 제정이다. 도쿄상업회의소 등의 요구에 부응한 것으로, 구미 항로에 취항할 수 있는 대형 철강선의 건조와 항로 설정에 대하여, 1896년 3월에 조선장려법과 항해장려법을 제정하고 보조금을 지급하기로 하였다. 구주 항로, 북미 항로, 호주 항로가 정기편이 된다. 인도의 봄베이 항로가 개발되면서 면화 운임이 내려가고 이것이 방적업 발전에 기여했듯이, 원양 항로의 확충은 일본의 수출입품에 유리하게 작용하였고, 동시에 일본우선·오사카상선·동양기선 등 대형 회사의 해운 수입을 급증시켰다. 1901년에는 각 사 합게 1,700만 엔을 넘어섬으로써, 산업 소재와 기게 수입으로 인해 수입 초과에 빠진 무역 구조를 완화시키는 역할을 하였다.

은태환과 수출 확대

마쓰카타 디플레이션이 진행되던 1880년대 이후 15년 동안 일본 경제는 순조롭게 발전하였다. 특히 1886년 1월 일본 은행이 은태환을 개시하면서 무역 확대가 촉진되었다. 세계의 금은비가(금 가격의 은 가격에 대한 배율)가 1880년대 후반부터 하락세로 돌아서고, 90년대 전반에는 폭락하는 상황이 벌어지면서 일본의 은 환율도 하락했다(메이지 초년의 금1에 대한 은16이 1894년에는 금1에 대해 은32). 연동해서 엔시세가 싸지자 수출이 빠르게 확대되어, 1882년부터 1893년까지 대체로 수출 초과(출초)가 지속된다(1890년도만 입초). 경기가 빠르게 회복되자 1886년경부터 지방 자금이 사설 철도에 투하되면서 철도 붐이 일어나는 등, 이른바 기업 발흥기를 맞이하게 된다. 산업이 발전하고 생활필수품의 수요가 증대되면서 수출입도 대폭적으로 늘어났다. 주력 수출 상품은 생사, 동, 석탄, 잡화(화문석, 도자기, 부채 등)였으며, 수출의 증대를 지렛대로 이들 산업에 대한 설비와 투자가 적극적으로 이루어졌다. 그 과정에서 국내 시장도 획득해 갔다. 면방적 회사가 차례차례 설립됨에 따라 90년대 전반에는 면사가 주요 수출품의 위치를 차지하였고, 같은 시기에 원료인 면화가 수입품 중 1위에 올랐다.

일본은 잡화나 식료 공업(청주, 된장, 간장) 같은 재래 산업이 새로운 근대 공업과 병립해서 발전하는 과정을 거쳤다. 이러한 과정과, 기간산업인 면방적업의 생산 및 소비가 자국 시장과 무역 구조를 바꾸어 가는 현상은, 일본만이 아니라 아시아 지역의 공통된 일이었다.

다만 이 시기 일본의 무역 형태는 구미인 상관(商館)을 통한 간접 무역이 압도적이어서, 1897년에 이르러서도 70% 전후를 차지하였다. 1899년 이후 개정조약이 실시되면서 일본인 상회의 움직임이 활발해진다. 그러나 경쟁 상대는 구미인 상회만이 아니었다. 아시아 간 네트워크를 형성한 중국인 상회가 참여하면서, 3자 간의 경쟁은 치열해져 갔다.

금본위제와 아시아 간 무역

1897년 일본이 금본위제로 이행했을 때 주위에는 전통적인 은 이용권이 존재하였다. 금본위제로의 이행은 은 시세 하락=엔 시세 하락이라는 수출에 유리한 조건을 스스로 포기하는 일이었다. 이 때문에 이행 당시에는 물론 비판도 있었다. 화폐제도조사회의 보고서는 수입 감소와 수출 증대를 위해서는 은본위제가 유리하다는 입장이었다(1895년 7월).

마쓰카타 수상 겸 장상(제2차 마쓰카타 내각)이 강력하게 추진해 1897년 10월에 채택된 금본위제는 금 0.75그램=1엔, 2엔=1달러라는 실세에 대응한 수준에서 이행되고 고정화되었다. 이것은 대구미 무역의 통화 실세이자 대아시아 무역의 통화 실세이기도 했다. 1880년대부터 1910년대에 걸쳐 아시아 간 무역이 빠르게 발전한 결과, 같은 기간에 수출입 합계액은 대구미 4억 3천만 파운드에 대해, 대아시아 2억 8,800만 파운드까지 성장하였다. 한편 아시아 간 무역이 확대되면서 그 역내의 각국과 식민지의 생산 구조나 발전 상황도 변화하였다. 이러한 경제 환경은 산업혁명이 진행 중이던 신흥국 일본으로서도 중시해야 할 조건이었다.

금본위제에 편입된 엔은 파운드뿐만 아니라 인도의 루피를 비롯한 아시아의 통화에 대해서도 시세가 하락되도록 설정되었다. 그 결과 금본위제가 채택된 이후 중국의 면 시장에서 인도 면보다 일본의 면사와 면포가 거래상 유리한 위치를 차지하였다. 1893년 인도의 은화 자유 주조 금지령과 1897년 일본의 금본위제 채택으로 인해 세기말 아시아의 은 이용권은 붕괴되었다. 동시에 아시아를 구미 기준의 금 이용권, 즉 세계 경제에 편입시켰으며 금융적 종속도 강화시켰다. 아시아에 커다란 변화를 초래하면서 '탈아입구(脫亞入歐)'를 강제하는 금융적 계기가 되었던 것이다.

군비 확장

영일동맹의 성립(제7장 참조)에 따라 가상 적국을 러시아로 설정한 일본은 청일전쟁 이전과는 완전히 다른 군비 확장을 해야 했다. 해군에서는 20노트 전후의 속력을 낼 수 있는 대형 기관과 13.5인치(34센티미터)의 대형 주포 및 속시포를 탑재한 전력 구성이 표준 모델이 되었고, 러일 양국은 건함 경쟁에 들어갔다. 러시아는 페테르부르크와 세바스토폴(Sebastopol)의 해군 공창에서 1만 톤급 전함을 만들 능력이 있었다. 그러나 일본의 요코스카와 구레(吳)의 해군 공창에서는 3급 순양함·포함·구축함 같은 소형 함정밖에 만들지 못했으며, 주력함은 전부 외국제에 의존하는 상태였다(전함 6척은 영국에서 건조).

일본 해군은 갑철전함 6척, 순양함, 구축함, 수뢰함 등 모두 74척을 새롭게 건조할 계획을 세웠다. 육군은 청일전쟁 당시의 고노에 플러스 6개 사단 편성에서 고노에 플러스 12개 사단 편성으로 확대시키고, 기병 2개 여단과 더불어 요새전에 대비한 중포 장비의 포병 2개 여단을 신설할 계획이었다.

일본의 군비 확장은 구미에서 고액의 군함과 병기를 구입하는 것을 의미했다. 러시아도 프랑스 시장에서 외채를 발행해 마련한 거액의 자금으로 독일과 유럽의 기계를 구입하여, 시베리아철도 건설에 투입하였다. 청일전쟁 후 아시아의 군사적 긴장은 무역과 금융 면에서 서구와 미국에 대해 러일이라는 거대한 구매자를 제공했다는 의미도 갖는다. 이에 따라 구미는 1873년 이래의 대불황에서 간신히 벗어났고 독일(1893년~), 영국(1895년~), 미국(1897년~)은 차례로 호황을 맞이하였다. 또 일본이 영국에 대량 주문한 군함과 대포는 영국에서의 동형함 제조 비용을 낮추었고, 실험 연구비도 일본에 전가시키는 효과를 가져왔다. 청일전쟁 배상금의 46%에 해당하는 1,753만 파운드가 런던에서 해외 지불 기금으로 이용되었으며, 그 대부분은 해군 군비 확장비로 쓰였다. 청일전쟁의 열매를 가장 잘 맛본 것은 대영제국이었다.

국가 재정의 변화

청일전쟁 후의 군비 확장은 국가 재정에 극적인 구조적 변화를 초래했다. 일반 회계 세출에서는 제1의회에서 제6의회까지의 5년간 (1891~95년) 평균 8,166만 엔이던 것이, 청일전쟁 후 제9의회에서 제19의회까지의 9년간 (1896~1904년) 평균 2억 4,910만 엔으로 3배가 되었다. 2억 엔 규모의 청일전쟁 전비를 전후 재정에 반영한 형태가 되었던 것이다. 같은 기간 일반 회계의 세입 평균에서는 조세수입 6,729엔, 경상수입 8,561엔이 조세수입 1억 2,725엔, 경상수입 1억 8,645엔으로 2배가 되었다. 2배에 달하는 대규모 증세는 주세, 지조, 소득세, 간장세의 인상과 등록세, 영업세의 신설을 통해 강행되었다. 그중에서도 주세는 1895년에 1,700만 엔이던 것이 1900년에는 5천만 엔으로 늘어나 3배가 되었다. 이에 비해 직접세인 지조는 같은 기간에 3,800만 엔에서 4,600만 엔으로 늘어난 정도였고, 소득세도 100만 엔이던 것이 600만 엔으로 늘었을 뿐이다. 널리 민중에게서 거두는 간접세의 증세가 대부분을 차지하였다는 것을 알 수 있다. 자유 상품이던 담배도 국가가 직영하는 전매사업이 되었다. 청일전쟁 후의 군비 확장을 중심으로 하는 세출 증대는 직영인 담배와 주세, 영업세 등의 간접세에 의존해야만 했다.

　청일전쟁 전 평균 395만 엔의 흑자를 기록했던 국가 재정은 전후 9년간 평균 6,249만 엔의 대규모 적자로 전환해 버린다. 이는 대략 전전의 평균 조세수입액에 해당한다. 이를 보충해 준 것은 국채와 청일전쟁 배상금이다. 배상금에서 일반 회계로 편입된 것이 평균 3,400만 엔이므로, 적자의 54%를 배상금이 메운 셈이다. 미래의 재원을 담보로 발행하는 국채는 사업공채·대만사업공채 등의 명목으로 모집되어, 5년간 평균 4,100만 엔이 차입되었다. 1870년과 1873년에 총 340만 파운드(철도와 질록처분)의 국채 2건을 예외로 하면, 외채 비모집주의가 줄곧 관철되어 왔다. 그러나 1898년에는 금융이 핍박 상태가 되었기 때문에 국채 모집도 불가능해져서 어쩔 수 없이 외채 발행으로 전환한다. 4% 이율의 영국 화폐 공채 1천만 파운드(9,763만 엔 상당)의 모집이 그것이다.

　민당의 '지조경감·민력휴양' 책은 실현되지 않았고 정책적 한계도 있었지만, 면밀한 예산 사정에 근거해 정비 절감을 강제하여 결과적으로 '작은 정부'를 실현시켰다. 초기의회 시기의 세출입이 모두 8천만 엔대라는 것은, 역사상 최초의 공표 예산인 1873년도의 5천만 엔 정도의 수준에서 볼 때, 2배 미만에 그치는 규모였다. 이러한 국가 실정은 '초기의회'의 종언과 청일전쟁을 계기로 대형 '적자 예산'이 되고, 증세·배상금·국채의 3종 세트가 이를 지탱하게 된다. 러일전쟁은 배상금을 외채로 대신 메움으로써 차금(借金) 재정에 더욱 박차를 가하게 된다.

2. 근대 법체계

근대 법체계의 완성

청일전쟁 후는 일본의 근대적=구미법적 구조가 확립된 시기이다. 일본 근대의 서구적 '법 계승'의 완성이다. 주권자인 천황제를 중축으로 한 입헌국가 구조를 제국 헌법 체제라 한다.

이를 보완하는 하위법은 청일전쟁 후에 일거에 공포되었다. 이들 법은 (1) 상위법인 민법·상법의 제정을 기다리지 않으면 제정할 수 없는 법(경매법, 특허법, 인사관계법 등), (2) 산업이 발전됨에 따라 필요해지는 법(상업회의소관계법, 농회법, 치안관계법), (3) 조약개정의 실현에 따라 제정된 법(검역법, 관세법), (4) 대만 영유에서 비롯된 식민지법의 4종류이다.

(1)의 예로서 국제결혼을 들어보자. 근대의 국제결혼은 1873년 3월의 태정관 포고 제103호로 규정되었다. 여기에는 국제결혼에 정부의 허가가 필요하며 ① 외국인과 결혼한 여성은 일본 국적을 상실하

고, ② 일본인과 결혼한 외국인 여성은 일본 국적을 취득하며, ③ 일본인의 데릴사위가 된 외국인은 일본 국적을 취득한다는 내용이 들어 있다. 신분 행위에 따른 국적의 취득과 상실에 대해 규정한 것이다. 영국인 라프카디오 한(Patrick Lafcadio Hearn)이 일본 국적을 취득한 것은 ③에 근거한다. 1895년 12월 결혼할 당시, 여성 호주인 고이즈미 세쓰(小泉セツ) 집안의 호적에 들어가 일본인 고이즈미 야쿠모(小泉八雲)가 되었다. 1899년에 국적법이 제정된 것은, 조약개정으로 인해 내지잡거가 실현된 데 따른 것이지만, 현재는 폐지된 '신분 행위에 따른 국적의 취득과 상실'이 명기되었다. '가(家)'제도를 규정하는 상위법인 민법의 강제가 있었기 때문이다.

어쨌거나 청일전쟁 후에는 근대 일본의 국가와 사회, 사회 내부의 제 관계 등을 규정하는 법적 메커니즘을 표현하는, 방대한 단행법의 기본이 집중적으로 정리되었다. 따라서 이 시기를 근대 법체계의 완성기로 볼 수 있다(연호인 메이지를 의식해서 '32체제'라 부르는 논자도 있다).

방역 체제와 국제 관계

일본 근대의 법체계는 유럽 법의 계승이었다. 이러한 사실은 외부에서 밀려오는 전염병을 막는 체제를 구축하는 과정에 전형적으로 나타나 있다. 일본의 근대는 새로운 병과 의료의 근대이기도 했다. 사람과 물자의 이동은 병도 동반한다. 풍토병은 더 이상 어느 한 지역의 특색이 아니어서 일본 각지와 전 세계로 퍼져 나갔다. 콜레라는 10만 명 이상의 환자를 자주 발생시키는 급성 전염병의 대표였다.

이러한 급성 전염병의 대책으로서 중요한 것은 입항하는 선박과 화물, 승객을 검역하는 일이었다. 일본 정부는 이를 실시할 것을 요구하지만 그때마다 구미 제국의 반대에 부딪혀 적용하지 못하는 사태가 계속되었다. 그러다가 1882년에 이르러서야 2개의 태정관 포고, 즉 전염병 예방 규칙과 「콜레라 유행 지역에서 들어오는 선박 검증 규칙」이 실시되었다. 그러나 여러 외국은 임시 검역의 실시 외에는 승인하지 않았다.

구미 각국이 상설 검역제의 유효성을 인정하지 않은 것은 아니다. 콜레라 대책은 구미에서도 과제였다. 1851년 이래 만국위생회의가 열려, 콜레라가 유럽에 유입되지 않도록 하기 위한 검역제도가 협의되었다. 회의 참가국은 유럽의 12개국과 터키의 참가로 시작된 제1차 회의(파리) 이래 유럽과 주변국들로 한정되었다. 일본은 그중 제3차 회의에 참가한 바 있다. 한편 검역과 관련하여 국가 간의 대립도 있었다. 입국 전에 검역 실시를 의무화하는 정선검역안과 정선검역 없이 입국 후에 검사하는 방법이 대립하였다. 전자는 프랑스, 이탈리아, 오스트리아 등이며 후자는 영국과 미국 등이었다. 영국이 정선검역에 반대한 이유는 자유무역주의와 세계의 무역센터라는 경제 사정 그리고 공중위생 개혁이 효과를 거두었다는 국내 상황 때문이었다.

1892년의 제7차 회의(베니스)에서 국제위생조약이 성립하였다. 이로써 정선검역은 최소한으로 억제되었고, 유행지의 정부가 각국에 통고하는 「유행지 인정 원칙」이 규정되었다. 일본은 1894년 7월 영일통상항해조약의 조인을 필두로 조약개정에 성공한 결과 1899년에 해항검역법이 제정된다. 그러나 해항검역법은 엉성한 것이었다. '유행지 인정 원칙'에 따라 인도나 태국에서 콜레라가 발생하더라도 영국의 홍콩 관청이나 다른 기관이 인정을 선언하지 않는 한, 일본은 검역을 실시하지 못하였다. 이 때문에 시기를 놓치는 사태가 계속되었다. 유럽 중심 사상이 현저히 나타난 검역 문제는 이 시기의 국제질서를 형성하는 진정한 주체가 누구였는지를 명확히 보여준다.

3. '전후경영'의 정치

쇼와이(松隈) 내각과 진보당

　제9의회가 폐회된 후 이토 수상은 내각 개조를 단행하고 청일전후 경영을 더욱 진전시키려고 하였다. 1896년 4월에는 자유당 총리 이타가키 다이스케를 내상에 앉혔고, 이타가키는 20일 내무성 현치국장(県治局長)에 자유당 의원 미사키 가메노스케(三崎亀之助)를 임명하였다. 두 사람의 취임은 제9의회 당시의 내각과 자유당 제휴의 산물이었다. 5월에 무쓰 외상이 사임하고 8월에 와타나베 장상이 사의를 표명하자, 이토는 외상에 진보당의 오쿠마 시게노부, 장상에 마쓰카타 마사요시를 각각 복귀시킴으로써 강력한 내각으로 재편할 계획을 세웠다. 그러나 오쿠마의 입각에는 이타가키 내상이 반대하고, 마쓰카타의 입각도 잘 진척되지 않자 이토는 사의를 표명했다.

　원훈회의는 야마가타가 고사하자 마쓰카타의 재임을 상주하였고 그 결과 9월 제2차 마쓰카타 내각이 탄생했다. 각료 중 마쓰카타와 같은 사쓰마벌은 3명(가바야마, 다카시마, 사이고), 야마가타계는 2명(노무라 야스시〔野村靖〕, 기요우라 게이고〔清浦奎吾〕)이었다. 반면 이토계는 입각하지 않았으나 번벌이 지탱하는 구조이기는 했다. 진보당의 사실상의 당수인 오쿠마가 외상이 되고 또 각료는 아니지만 각의에 참가하는 서기관장과 법제국장관이 나옴으로써, 진보당이 제휴하는 모양새가 되었다. 내각의 중심인물인 마쓰카타와 오쿠마의 이름을 따서 쇼와이 내각이라 불린다.

제10의회(1896년 12월 개회)에는 이토 내각이 준비하던 전후경영을 축으로 한 예산안이 거의 그대로 의회에 제안되었다. 양원 모두 원안을 인정하여 가결시켰다. 다니 다테키, 소가 스케노리 등은 군비 확장 정책을 축소시켜 민업을 원조해야 한다고 제안했으나 부결되었다. 청일전후 경영이 군비 확장에 편중되어 있으며 산업의 발전에 문제가 있

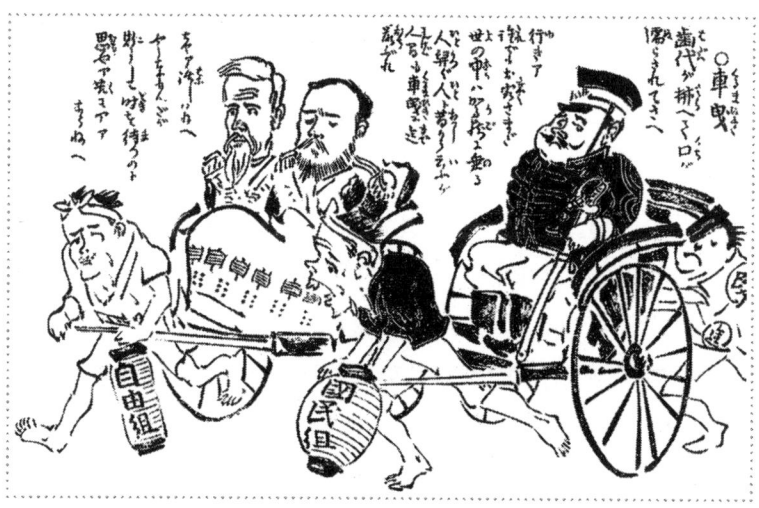

▶그림 5-2.「수레꾼」, 민당이 수레꾼이 되어 야마가타·이토·사이고(왼쪽부터)를 태우고 있다. 자유당이 이토 내각과 제휴한 일을 풍자한 것이다(田口米作画,「団団珍聞」, 1895년 9월).

다는 다니의 지적은 중의원의 2대 정당이 군비 확장을 인정하는 상황에서 나온 건실한 반대론이었다.

진보당의 협력으로 의회를 극복한 마쓰카타 내각은 1897년 3월 오쿠마가 담당하는 외무성과 농상무성(에노모토 다케아키 농상무상은 아시오광독사건〔足尾鉱毒事件〕을 책임지고 3월에 사임)의 차관과 국장 자리에 진보당 간부를 등용하였다. 이후에도 부현지사, 각 성의 칙임 참사관 등에 진보당과 그밖에 협조적 정당, 파벌의 간부를 임명함으로써 다음 의회에 대비하였다. 진보당이 쇼와이 내각에서 쌓은 행정 경험은, 다음 해 와이한(隈板) 내각 때 정책과 관료 포스트 확보책의 측면에서 자유당계와 구별되는 모습으로 나타난다.

제11의회에 상정해야 할 1898년도 예산안은 국채 모집이 위태로워지면서, 증세를 제안하지 않으면 전후경영 계획이 진전되지 않는 사태가 예상되었다. 마쓰카타 등은 지조를 포함한 증세를 고려하기 시작했지만 진보당은 행·재정 정리를 선행시켜야 한다는 의견을 마쓰카타 수상에게 들이밀었다. 마쓰카타 수상이 이를 거부하자 진보당은 마쓰카타 내각과의 제휴를 단절하기로 결의하였고, 마쓰카타도 오자키 유키오(尾崎行雄) 외무성 참사관 등 진보당 출신의 고급 관료를 파면하였다. 이어서 오쿠마 외상 겸 농상무상도 사임했다.

사쓰마파의 가바야마 내상은 자유당과의 제휴를 모색하여 교섭에 들어갔으나 자유당 상의원회(常議員会)의 거부에 봉착한다. 마쓰카타 내각이 재정난 때문에 증세를 예정한다는 보도는 재계에도 영향을 미쳤다. 제일은행 은행장 시부사와 에이이치, 유력 재계인 마스다 다카시(益田孝)와 나카노 부에이(中野武営), 전국상업회의소연합회 등이 재정 계획에 대한 비판을 시작하였다. 12월에 열린 자유당 대회는 의회 개회 벽두에 내각불신임안을 제출할 것을 85대 40으로 결의하였다. 국민협회도 정부와 대결하기로 결정한다. 마쓰카타 내각은 궁지에 몰렸다.

제11의회(1897년 12월 개회)에서는 자유당이 예정대로 내각불신임안을 제출하자 마쓰카타 내각은 곧바로 중의원을 해산했다. 이날 마쓰카타 수상과 각료는 총사직했다.

제3차 이토 내각과 지조증징안

후계 수반에 대해서 구로다 기요타카 추밀원 의장이 이토 또는 야마가타가 적임이라고 상주했기 때문에 천황은 이토에게 조각(組閣)을 명하였다. 이토는 오쿠마와 이타가키에게 협력을 요청했으나 이들의 대신 자리를 놓고 합의가 이루어지지 않자 단념했다. 정당과의 제휴에 실패한 이토가 기댈 수 있는 것은 번벌 세력밖에 남아 있지 않았다. 1898년 1월 조각 문제를 놓고 어전회의가 열려, 원훈 전원이 이토 내각에 협력할 것을 결정하였다. 제3차 이토 내각은 조슈와 사쓰마의 협력을 얻은 상태에서, 이토계 관료인 사이온지 긴모치(西園寺公望)·이토 미요지·스에마쓰 겐초(末松謙澄)를 참여시킨 번벌 내각으로서 성립했다.

3월 15일에 제5차 총선거가 실시되었다. 진보당과 자유당 모두 지조증징 반대를 내세웠기 때문에 큰 쟁점 없이 '대체로 평온하고 무사하게 치러졌다'(『東京日日新聞』, 3월 15일)고 간주되었다. 자유당과 진보당은 모두 100명 전후를 확보했으나 과반수는커녕 3분의 1을 확실하게 넘어선 정당도 없어서, 의회 대책은 대단히 복잡하고 불안정해졌다.

제12특별의회(5월 19일 개회) 개원식 날 칙어는 '재정의 기초를 공고히 하기 위해, 국무대신에게 명하여 조세를 증가시킬 계획을 마련하도록 하고 (중략) 의회의 논의에 부치도록 하는 바이다'며, 증세안의 심의를 요구했다.

이토 내각은 지조·소득세·주세 등으로 3,000만 엔의 증세를 실현시켜 전후경영에 충당할 계획이었다. 특히 지조는 현행 지가의 2.5%에서 3.7%로, 1.48배나 늘리는 대규모 증세였다. 지조증징 반대파는 다음 연도 세출안이 미정(연말의 제13정기의회에서 심의 예정)인 상태에서 증세를 결정하는 것은 비입헌적이라고 주장하였고, 중의원 예산위원회는 지조증징법안을 부결하였다. 이토 내각은 회기를 1주일 연장해서 가결시키려 했지만 상황이 호전되지 않자 다시 3일간의 의회 정회를 명령했다.

군비 확장을 축으로 한 전후경영 정책에는, 제10의회에서 나온 다니 다테키와 소가 스케노리의 반대 의견에서 확인되듯이, 불안과 의문이 남아 있었다. 그러나 또 한 축인 산업 육성에 대해서는 경제계에 지지가 확산되고 있었다. 지조를 증징해서 금융 핍박 상태에 있는 경제계를 구제하라는 요구는 전국상업회의소연합회에서도 결의된 상태였다. 지주층에서는 지조증징에 대한 태도가 분열되기 시작했다. 철도와 은행에 투자하는 지주층은 경제계 구제에도 기대감을 보였다. 지조의 산정 기준은 지가이지만, 도호코·호쿠리쿠 지방의 지가를 상향 수정하고 긴키(近畿)·주고쿠(中國) 지방의 지가를 하향 수정하는 것이라면, 지조증징에 응하겠다는 지가 수정 운동이 실질적인 지조경감이 예상되는 긴키지방을 중심으로 확산되었다. 휴회가 끝난 중의원에서는 지가수정파가 지가수정건의안의 선결동의를 제출했지만 실패하였고, 이어서 제안된 지조증징법안은 압도적 다수로 부결되었다. 이토 내각은 즉시 중의원을 해산했다.

신정당의 결성

지조증징안을 공동으로 매장시키고 번벌 내각을 거부한 자유당과 진보당에서는 정당내각을 실현할 수 있다고 보고 정당 합동을 실현시키려는 움직임이 등장했다. '재야당 대합동'은 6월 15일 '선언'과 강령을 발표했다. '선언'은, 의회가 열린 지 10년, 해산 및 총선거는 다섯 차례에 달하지만 민당은 '지조경감과 민력휴양'이라는 중요 정책을 실현시키지 못했고 역량도 커지지 않았다. 이것은 번벌의 힘이 강하기 때문이며 이래서는 국세도 신장되지 않을 것이다. 양당은 합동해서 헌정당을 결성하여 정당내각을 실현함으로써 '헌정의 완성'을 목표로 노력하겠다는 내용이었다. 번벌 세력에 대한 대결을 명확히 한 것이다. 22일의 결당에 대해서 '정당이 생겨난 이래 이처럼 눈부신 광경은 없을 것이다'(『東京朝日新聞』, 6월 22일)는 반응이 나왔듯이, 제1의회 이래의 분열과 대립을 거쳐 이루어 낸 합동은 감동적인 환영을 받았다. 그러나 대립하던 두 정당이 일체화된 정당으로 성숙되기까지는 조금 더 시간이 필요했다.

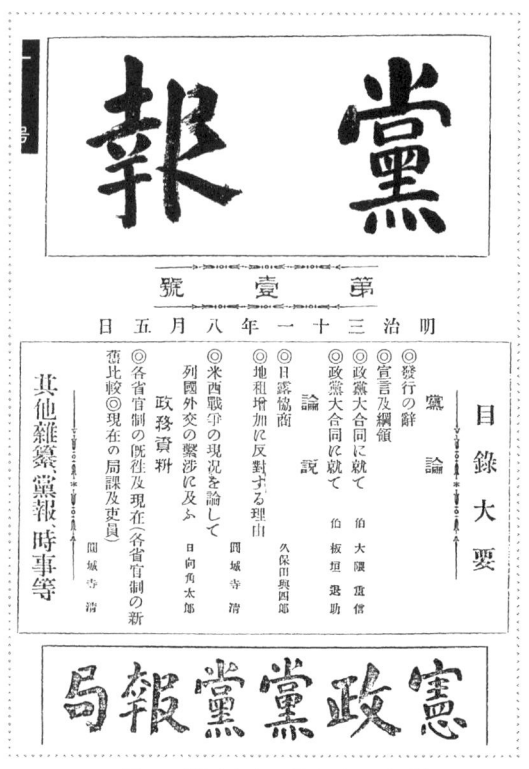

▶사진 5-3. 『헌정당 당보』 창간호(1898년 8월).

　　이토 히로부미 등도 '정당에는 정당으로 맞선다'(『国民』, 6월 15일)는 쪽으로 크게 방향을 틀고 있었다. 국민협회, 지가수정파, 시부사와 에이이치 등의 실업가를 결집시켜 증세 단행·지가 수정·군비 확장·참정권 확장 등을 내건 신정당을 만든다는 계획이 추진되었다(『東京日日』, 6월 16일). 그러나 이토 등의 계획은 좌절된다. 대합동한 헌정당에 지가수정파가 가담한데다가, 만약 이토가 당수가 되어 조각하게 된다면 '정당내각의 발단이 마련되는 셈'이라면서 야마가타 등이 반대로 돌아섰기 때문이다.

예산협찬권을 보유한 의회의 주도권을 장악하기 위해 '정부당'을 만들고 싶지만, 번벌 리더가 몸소 당수가 된다면 초연주의를 표방해 온 지금까지의 주의 주장에 반하게 된다는 딜레마 때문에 계획은 파산되었다. 헌법은 내각의 조직 방법을 규정하고 있지 않으며 천황의 신임과 보필만을 규정하고 있다(제55조). 그러나 야마가타 등 번벌은 '제국의 국체에 어긋나며 제국 헌법의 정신에 심히 위배되는 일'(『明治天皇紀』9)이라는, 헌법의 명문을 넘어서는 초논리적, 정신주의적 언설을 고집할 뿐이다. '정당내각' 거부는 이제 번벌만의 논리였다. '정부당'의 조직화에 실패하고 '재야당'이 대합동하는 상황에서는 이토 내각은 총사직 외에는 길이 없었다.

최초의 정당내각의 탄생

헌정당의 결성으로 의회에 거대 세력이 탄생하자 아무도 후계 수반으로 나서려 하지 않았다. 원훈회의에서는 결국 헌정당의 오쿠마와 이타가키를 추천할 수밖에 없었다. 천황은 '경들 두 사람이 힘을 합쳐 내각을 조직하고 국가를 위해 진력하도록 하라'(『明治天皇紀』9)고 오쿠마와 이타가키에게 명령하였다. 6월 30일 오쿠마 내각이 성립하였다. 육군과 해군대신 이외의 전 각료가 헌정당원으로 구성된 헌정사상 최초의 정당내각이었다. 오쿠마와 이타가키의 이름을 따서 와이한(隈板) 내각이라고도 한다.

6월 22일 헌정당 결당, 24일 이토 내각 총사직, 27일 오쿠마·이타가키에 조각 칙명이라는 대단히 빠른 템포로 최초의 정당내각이 등장하였다. 목격자의 한 사람 미야케 세쓰레이(三宅雪嶺)는 '민당은 너무 기뻐 어쩔 줄 모른다'(『同時代史』 3)고 기록했고, 신문도 '마치 백중과 섣달과 정월이 한꺼번에 온 것처럼 기뻐하는'(『東京朝日新聞』, 6월 28일) 모양이라며 축하의 뜻을 나타냈다.

그러나 와이한 내각의 앞길에는 난문이 기다리고 있었다. 큰 문제는 천황의 지시 내용이었다. 가쓰라 다로 육상과 사이고 쓰구미치 해상은 사직할 의향이었으나 천황의 칙명으로 잔류로 돌아섰다. 오쿠마와 이타가키에 내려진 조각 칙명에는 '단 육해군 양성은 짐이 따로 생각하는 바가 있으니 조직 밖에 두도록 하라'고 되어 있다. 이처럼 내각 외로 생각하라는 칙명은 내각의 형태에 대해 천황이 새롭게 지시했음을 의미한다. 일부 각료의 거취에 관해 미리 칙명을 내리는 것은 전례가 없는 일로, 관습에서 벗어난 행위였다.

24일 이토가 사표를 제출한 후, 야마가타가 먼저 육군과 해군대신의 포스트를 확보하고 나서 정당내각을 뒤흔들 방침을 세운 다음, 사이고와 가쓰라의 유임을 상주한 것은 아닐까? 실은 이 시점에서는 양 포스트에 군인밖에 오를 수 없다는 규정은 아무 데도 없었다(현역과 예비역을 막론하고). 오쿠마 주변에는 도야마 미쓰루(頭山満)나 구진보당의 히라오카 고타로(平岡浩太郎)를 기용하라는 의견도 있었다(『同時代史』 3). 이를 저지한 것은 27일 자 칙명의 지시였고, 칙명을 요청한 것은 야마가타의 상주였다(『明治天皇紀』 9). 천황과 야마가타를 배후에 둔 가쓰라는 조각 발표 전에 오쿠마와 회견한 자리에서, 진보당 본래의 방침인 군축이 아니라 필요한 군비 충실은 실행하겠다는 약속을 받아 냈다. 가쓰라의 경직된 태도는 막 탄생한 정당내각의 손을 묶어 동요시킬 가능성이 있었다.

한편 제6차 총선거는 8월 10일에 실시되어 헌정당이 253석을 확보하였다. 예상대로 의석의 80% 이상을 차지하는 압승이었다(『東京朝日新聞』, 8월 15일). 승리의 배경에는 대정당의 성립과 정당내각의 탄생을 목격한 전국의 부현회와 시회 의원이 속속 입당한 것이 작용하였다. 헌정당 결성은 정당의 기반을 크게 확대시켰다. 헌정당 의원은 정당내각을 무기로 고급 관료 포스트를 요구하고 취임하였다. 10월 말까지 그 수는 49명에 이른다(대신급 9명을 제외한 수).

이것은 '정당내각의 엽관주의'라 비판받았지만, 헌정당계가 확보한 포스트의 대부분은 정당내각에서의 근무를 기피하여 사직한 빈자리로, 순수한 경질은 소수에 지나지 않았다. 세간에서 말하는 '정당내각의 엽관주의'는 표면적인 관점에서 나온 말이다. 또 진보당계는 정당내각이므로 행정권에도 침투해야 한다는 논리에서, 성내의 의지 결정에 관여하는 차관이나 참사관 자리를 확보하였고, 자유당계는 당세 확대에 비중을 두어 지사 등의 지방관 자리를 중점적으로 확보하였다. 정당내각의 존속을 전제로 관료 체제를 구축하는 것이 헌정당의 목표였다. 오자키 유키오 문상의 추진력에 힘입어 행정 정리를 목표로 설치된 임시정무조사위원회는 이타가키 내상을 위원장으로 맹렬한 심의를 진행시켰다. 9월 3일 가결된 개혁안은 각 성에 칙임 참사관을 두고 모든 국장을 자유 임용한다는 내용이었다. 이것이 실현된다면 행정부에 정당내각이 구조적으로 개입할 수 있게 되어, 정당의 기반이 일거에 강화될 뿐만 아니라 연공서열로 유지되어 온 관료 질서는 붕괴된다. 행정부에 발판을 둔 야마가타 등의 위기감은 커졌다.

공화 연설과 내각 붕괴

헌정당의 대립은 외부에서 비롯된다. 그것은 총선거 10일 후, 오자키 유키오 문상(구진보당계)이 제국교육회에서 행한 연설이다. 오자키는 배금주의를 비판하고, 예를 드는 과정에서 '일본에는 공화정체를 시행할 마음이 없다. 설령 천만 년이 경과한다 하더라도 공화정체를 시행하는 일은 없겠지만, 설명의 편의를 위해서 일본에 만약 공화정치가 시행된다는 꿈을 꾸었다고 가정해 보자. 아마 미쓰이(三井)와 미쓰비시(三菱)가 대통령 후보가 될 것'(『読売新聞』, 8월 28일)이라고 연설하였다.

신중한 설명이었으나 반대파는 이 연설을 물고 늘어졌다. 급선봉은 이토 미요지가 사장인 『도쿄니치니치신문(東京日日新聞)』이었다. 다음 22일에는 연설에 나오는 '공화정치'에 대해 '이는 극히 상서롭지 못한 불경스러운 것'이라고 비난하였고 또 '단 하루도 그에게 보필의 중임을 맡겨서는 안 된다'고 격렬하게 공격했다. 기요우라 게이고 귀족원 의원 등도 일제히 동조해서 공격하였다. 천황도 움직인다. 보도 3일 후에는 도쿠다이지 사네노리(徳大寺実則) 시종장에게 오자키의 연설 초고를 구해 오도록 하였고, 10월 21일에 이르러 이타가키 내상이 오자키 문상을 탄핵하는 것을 보고는 최종 판단을 굳혔다. 다음 날 천황은 오자키를 불신임하니 사직시키라는 뜻을 오쿠마 수상에게 전달시켰다.

천황은 정당내각이 처음 출현했을 때부터 이에 낙담해서, 마쓰카타에게 원훈도 '예상외로 무력'(『明治天皇紀』9)하다는 푸념을 늘어놓으며 걱정한 바 있다. 천황은 일관되게 헌정당 내각의 존속을 도우려 하지 않았다. 7월 중순 헌정당 간부가 법제국장 포스트를 각료에 포함시키는 신규정을 만들어 정당내각에 호의적인 공작 고노에 아쓰마로(近衛篤麿)를 취임시킴으로써, 오쿠마 및 이타가키와의 '연결 고리'로 삼고 아울러 야마가타계와의 가교로도 활용하려는 계획을 세운 일이 있다. 그러나 천황은 이 내용이 오쿠마를 통해 상주되었을 때 시기상조라며 거부하였다. 당시 천황은 내각의 통제 불능, 헌정당 내의 대립, 오자키 문상과 문부성 행정에 대한 불안, 엽관의 부당성 등에 대해서 사사키 다카유키(佐佐木高行)에게 불편한 심기를 드러냈고, 앞으로도 '대체로 곤란할 것'이라는 판단을 나타냈다(『明治天皇紀』 9). 오자키의 사임은 천황도 야마가타계도 기다리던 사건이었다.

오자키 문상의 후임에는 같은 진보당계의 이누카이 쓰요시가 거론되었으나 이것이 분쟁을 일으켰다. 구자유당계는 이누카이의 임명에 반대했으나 천황은 오쿠마 수상의 상주에 따라 친임식을 거행하였다. 번벌 세력은 가쓰라 육상과 사이고 해상에게 사표를 제출시켜 오쿠마 내각을 흔들었다. 이타가키 내상, 마쓰다 마사히사 장상, 하야시 유조(林有造) 체상도 이에 가담하였다. 오쿠마 내각에 사표를 제출하고 이탈함으로써 동조한 것이다. 구자유당계 의원들은 헌정당 협의회를 열어 헌정당의 해당과 새로운 '헌정당'의 결당식을 강행했다. 분열의 주도자는 실력자 호시 도오루였다. 대'헌정당'을 만들어낸 '만용적 책사'(『日本』, 11월 5일)로도 평가받는 그의 지도력은 이후의 헌정당을 견인하였고, 마침내는 정우회로 이끌어 간다.

30일 오쿠마 수상도 사표를 제출함으로써 일본 최초의 정당내각은 의회를 열어 보지도 못한 채 겨우 4개월 만에 붕괴되었다. 천황, 번벌(이토계도 포함), 등을 돌린 구자유당에 의해 포위된 사면초가 속에서

'독살'(『大隈侯八十五年史』)된 것이다. 배제된 구진보당계 세력은 해당 도 신헌정당도 인정하지 못한 채 계속해서 헌정당이라는 이름을 사용하려 했지만, 이타가키 내상이 집회 및 정사법 제29조를 적용해서 해산을 명령하자 11월 3일 헌정본당으로 이름을 바꾸어 결당식을 거행하였다.

제2차 야마가타 내각과 관료제, 군부대신

야마가타, 이노우에, 구로다, 마쓰카타가 출석한 원훈회의는 야마가타를 오쿠마의 후계 수반으로 추천했다. 이토는 청국에서 돌아오는 길이었기 때문에 협의에서 배제되었다. 자리를 함께 한 원훈들은 정당내각에 반대하는 점에서 일치하였다. 1898년 11월 8일 탄생한 제2차 야마가타 내각에는 조슈(야마가타)와 사쓰마(사이고, 마쓰카타)에서 원훈급 인사가 3명이나 들어갔고, 나머지도 삿초 번벌 출신이었다. 특히 요시카와 아키마사 체상, 아오키 슈조 외상, 기요우라 법상은 야마가타계로 불리는 관료였다.

삿초 번벌 내각도 정당과 제휴해서 예산 통과를 시도해야 했다. '초연주의'를 내세우지 못한 채 헌정당과 제휴하게 된 것이다. 헌정당 의원총회는 '현 내각은 우리 당의 의견을 받아들여, 우리 당의 찬조에 의존할 것을 표명하였다. 이에 따라 우리 당은 이들과 제휴'하기로 했다는 결의를 만장일치로 채택하였다. 철도의 국유화, 선거권의 확장 등을 주요 내용으로 하는 헌정당의 적극 정책은 실현될 가능성이 커졌다. 헌정본당계의 관료는 완전히 배제되었고 헌정당계의 지사 5명과 내무성 경보국장은 유임되었다.

제13의회(1898년 12월 개회)의 최대 초점은 예산안과 지조증징안 등 증세안이었다. 군비 확장을 중심으로 한 전후경영책은 불황으로 인해 공채 모집이 어려워지면서, 청일전쟁 배상금 이외에는 조세밖에 남지 않은 상황이 되었다. 1899년도 예산안은 세입 1억 8,870만 엔, 세출 2억 2,630만 엔으로 3,760만 엔의 세입 부족이 예상되었다. 이 때문에 이 부분을 지조·주조세·소득세·등록세·인지세의 증세와 톤세 및 연초 전매 수입의 신설 등을 통해 보충하려는 안도 동시에 제안되었다. 중심이 된 지조는 지가의 2.5%를 4%로, 60%나 증세하려는 안이어서 제2차 마쓰카타 내각과 제3차 이토 내각 때도 가결되지 못한 난제였다.

반야마가타계 귀족원 의원인 다니 다테키, 미우라 고로(三浦梧楼), 소가 스케노리와 헌정본당의 오쿠마 시게노부의 호소에 힘입어 지조증징 반대 운동이 고조되었고, 헌정당 의원도 동요하기 시작했다. 증징이 불가피하다는 이타가키의 논리에 고무된 호시 도오루는 증세율의 인하(3.3%로), 증세의 5년 한정, 논밭 지가의 수정 등의 양보를 받아내는 한편, 국민협회와 무소속 의원 회파인 히요시(日吉) 클럽의 협력을 얻어 지조증징안을 가결시켰다. 이어서 귀족원도 이를 가결하였다. 이로써 제11의회 이래의 현안이 해결되었다.

부현제와 군제의 개정안도 성립하였다. 1890년에 공포된 이 두 가지 법은 군회는 정촌의 의원이, 부현회는 군회와 시회의 의원이 뽑는 간접 선거(복선제)를 규정하고 있었는데, 개정에 따라 유권자의 직접 선거로 바뀌면서 국민의 정치적 권리가 확대되었다(선거권과 피선거권은 각각 국세 3엔과 10엔 이상을 납입한 자).

의회를 극복하기 위해서는 정당과 제휴할 수밖에 없지만 입법부를 장악한 정당이 행정부에 침입하는 것만큼은 저지해야 한다. 야마가타의 이러한 생각은 '엽관'으로 포스트를 빼앗기게 될까 우려하던 관료들로부터 지지를 받았다. 그 대책은 ①문관임용령을 개정하여 시험에 의한 자격임용을 칙임관(각 성의 국장급)까지 확대하고, 관료의 신분 보장을 위해 문관징계령과 문관분한령을 제정한다, ②내각 관제, 관리의 복무·징계·임용·시험·분한 등에 관한 칙령은 모두 추밀원 자문을 거친다, ③육군·해군대신의 임용자격을 현역 무관(대장이나 중장)으로 한정한다, ④의원 세비를 증액한다는 것이었다. 이 가운데 ④는 엽관열을 식히는 의미가 있었다. ③은 임용자격에 대해 아무런 규정이 없다는 점을 눈치 챈 야마가타가 제도적 보장으로서 생각해 낸 것이다. 칙령 제193호(해군은 제194호) 「육군(해군)성 관제」의 부표 「육군(해군)성 직원표」에 '대신(大臣) 대중장(大中將)'이라 명기하고, 「비고」에 단지 '1, 육군대신(해군대신) 및 총무장관에 임명되는 자는 현역 장관으로 한다'는 내용만을 기록함으로써 '군부대신 현역무관제'가 성립하였다. 이 개정은 의회의 심의를 받을 필요가 없었으나, 관제에 대해서는 추밀원의 자문을 받도록 규정한 ②도 지켜지지 않은 채 공포 실시되었다.

문관임용령 개정에 누구보다 반대한 것은 실은 이토 히로부미였다. 정당내각을 전망하는 이토는 정당인 출신의 대신을 보좌하는 정무관을 두기 위해서는 자유임용이 불가결하다는 생각이었는데(호헌 3파 내각이 '정무차관'으로 실현), 이 점에서도 야마가타와 이토는 상당히 다른 판단을 했다.

4. 국민 통합의 진전

향토연대와 재향군인회

　청일전쟁 후 사단 증설이 계획된다. 1896년에 육군성은 평시 7개 사단을 일거에 평시 13개 사단(평시 16만 명, 전시 54만 명)으로 확대할 계획을 세웠다. 이에 따라 제7(아사히카와〔旭川〕), 제8(히로사키〔弘前〕), 제9(가나자와〔金沢〕), 제10(히메지〔姫路〕), 제11(젠쓰지〔善通寺〕), 제12(구루메〔久留米〕)의 6개 사단이 증설되었다. 보병 연대 수는 48개(별도로 도쿄에 주둔하는 고노에사단=4개 연대)가 되어, 거의 1도 3부 43현의 수와 일치하였다. 이 군비 확장으로 각 도·부·현에 1개의 보병 연대(평시 3천 명)를 두게 되었고, 현청 소재지나 그 주변에 연대 병영이 설치되었다. 다만 오키나와 현(沖縄県)만은 예외로, 아시아태평양전쟁 말기까지 연대 이상의 부대는 배치되지 않았다.
　직업군인 장교는 전근제가 있어서 출신지와는 다르게 부대를 배치 받는 경우가 많았으나 징병된 병사는 연대구(聯隊区)라는 징집 구분에 따라 입영 연대가 결정되었다. 연대구는 여러 차례 개편되었으나 48개 보병 연대 체제가 갖추어지면서 행정구획과 겹치게 되었다. 이러한 연대를 '향토연대'라 불렀으며 사람들의 친근감을 높이기 위해 선전 활동을 벌였다. 청년들은 국가시험이라 불리던 징병검사에서 합격하는 '갑종'을 동경하기는 했지만, 3년간(육군. 1927년의 병역법에 따라 2년간으로 개정됨. 청년훈련소 수료자는 1년 반. 해군은 4년으로 위의 병역법에 따라 3년으로 단축됨)의 입영은 기피해서 입영하는 현역병을 뽑는 추첨에서는 떨어지기를 바랐다. 이 때문에 '입영 면제'에 용하다는 신사가 각지에 생겨날 정도였다.

청일전쟁 후 지역의 군사 원호는 한층 강화되었다. 지역 명망가 층이 만든 상무회나 군인후원회, 보공회와 같은 단체가 전국적으로 나타났다. 청일전쟁 당시 상무회 등이 징병과 입영 행사를 떠들썩하게 치르던 풍조는 전후에도 가라앉지 않았다. 입영을 환·송영하는 행사는 더욱 성대해져서 징병 사무를 수행하는 연대구 사령관이 억제를 요청하는 문서를 시·정·촌장 앞으로 보내는 경우도 많아졌다. 1902년 니가타 현(新潟県) 가시와자키(柏崎) 연대구 사령관은 '수십발'의 불꽃이나 아치, 붉은 초롱 등 마치 마쓰리 같은 상황이 벌어져 '부호가의 자제'와 '가난한 집안의 자제' 사이에 차이가 생기고 또 '중류 이하의 자산을 보유한 집안에서는 쓸데없는 비용 때문에 도리어 병역을 기피하는 사람이 나와서' 큰 폐해가 되고 있다고 경고하였다(『上越市史』). '국민의 의무'인 병역에 불평등이 생겨나 기피되는 일은 어떻게든 피해야만 했다.

1872년의 징병령 이후 3년간의 현역병 교육을 받고 지역으로 돌아가 예비역과 후비역이 된 제대 병사를 조직하는 재향군인회도 각지에 만들어졌다. 재향군인회는 러일전쟁 후인 1910년에 제국재향 군인회로 통일되면서 반관제 단체가 된다. 에도시대 이래 지역사회에서 청년들이 모여 일도 하고 이야기도 하던 숙박시설(와카슈야도〔若衆宿〕)이 배제되면서, 청년들을 일정한 규율하에 교육하기 위해 촌장이나 소학교장이 지도하는 청년회나 청년단도 조직화되었다. 청년단원이 현역병으로 입영했다가 퇴영한 후 재향군인회에 들어가는 코스가 정착되자, 두 단체는 공동으로 운동회나 총회, 강연회를 개최함으로써 일체감을 높여 갔다. 대부분의 재향군인회는 '제1조 유능한 청년의 심신을 훈련함으로써 후배 군인을 유도함을 목적으로 한다'(효고 현〔兵庫県〕 아리마 군〔有馬郡〕 재향군인회 회칙. 宝田馬蔵編, 『兵談集』第四編, 1902년)는 활동 내용을 내걸고, 적극적으로 사전 군대 교육을 실시했다.

    청년의 징병 의무 수행을 감시하는 시스템도 정비되었다. 그러나 징병 회피를 시도하는 등 중죄를 두려워하지 않는 청년도 많았다. 『일본제국통계연감(日本帝国統計年鑑)』에 따르면 매년 3천 명에서 6천 명이 징병 실종이나 도망자로 처리되었는데, 1882년부터 1896년까지 15년간에 걸쳐서는 그 수가 누계 7만 4,880명에 달하였다. 1897년 이후의 상황은 공표되지 않았으나 1902년 11월 데라우치 마사타케(寺内正毅) 육상은 도·부·현 앞으로 「징병 실종자 수색 등의 건」을 발포하고, '징병 적령에 달한 장정이 소재 불명으로 아직 징병상의 처분을 받지 않은 자가 매년 늘어나서 그 수가 7만 명에 달하였다. 지금 이를 1개년의 장정 전체 인원과 비교해 보면 8분의 1이 조금 넘는 엄청난 수에 해당한다'며 탄식하였다. 데라우치는 그 가운데 5만 1천 명을 경찰을 동원해서 수색하도록 했지만 3.3%인 1,700명밖에 소재를 확인하지 못했다는 사실도 알렸다. 매년 징병 소재 불명자는 1910년대의 2천 명대에서 1930년대의 1천 명대로 점차 감소했지만 사라지지는 않았다.

지방 지배의 구조

1889년 4월 1일 '시제(市制) 정촌제(町村制)'가 시행되어 인구 4천만 명, 호수 780만 호의 나라에 31개의 시와 1,284개의 정, 1만 3,773개의 촌이 탄생했다(연내에 39개 시가 됨). '시제 정촌제'는 시·정·촌 내의 한정된 주민이 이른바 선발된 사람들로서 자치를 담당할 것을 요구했다. 한정된 주민의 조건은 그 지역에 살면서 시·정·촌세를 납부하는 성년 남자로 시·정·촌 '공민'이라 불렸다. '공민'은 시제 정촌제를 시행할 당시 406만 명으로 인구의 10%밖에 되지 않았다. 시회·정회·촌회의 합계는 1만 4천 개, 의원 수는 15만 8천 명으로, 그 고장에 옛날부터 살면서 재산도 보유한 명망가로 불리던 사람들이었다. 정장(町長)과 촌장은 정회 의원과 촌회 의원 사이에서 호선되었으며 정·촌회의 의장을 겸하였다. 이른바 행정권과 입법권 모두를 장악하는 절대 권력자가 되는 것이다. 대일본제국헌법 체제하에서의 지방 지배 구조는 정부와 도·부·현이 위에서 제어하는 것을 기본으로 하였으나 참가하는 명망가층을 '자치'라는 명분을 이용해 통합하는 기능을 발휘하였다.

정·촌세를 조금밖에 내지 않는 사람들이 정·촌회를 장악할 수 없도록 하기 위해 마련된 것이 등급선거제이다. 유권자를 납세 순으로 늘어놓고, 전체의 절반을 납세하는 사람들을 위에서부터 1급과 2급으로 나누었다. 예를 들어 2천 명 규모의 촌에서 공민은 200명, 1급

선거권자는 40명, 2급 선거권자는 160명이고, 1급도 2급도 뽑는 의원 수는 똑같이 6명이라면, 투표율이 100%일 경우 1급에서는 7표, 2급에서는 27표를 얻으면 당선되는 것이다. 임기는 6년이며 3년마다 반수가 새로 선출되기 때문에 필요한 득표수는 올라가지만 명망가의 합의는 보다 유효해진다. 그러나 명망가로 간주되는 토착 자산가들도 정·촌의 행정 운영에는 애로가 많아서 촌장이나 부촌장(助役)이 자주 교체되었다.

보다 곤란했던 것은 시정(市政)이다. 시회 의원은 3급제로 선출되기 때문에 1급 유권자의 수가 더 적어져 과점적 지배가 가능해진다. 1889년 요코하마 시의 경우 인구 12만 명에 공민 698명으로 유권자는 1급 13명, 2급 84명, 3급 601명이었고, 시회 의원의 정수는 36명이었다. 제1차 선거에서는 각 급별로 12명씩의 의원을 뽑았다.

공적 대표를 선출하는 시스템에 대해서, 야마가타와 이노우에 고와시는 독일 등을 참고해서 유산자를 우대하는 시스템을 만들어 냈다. 선거법에는 4가지 조건이 규정되었다. ① 제한선거권(납세 자격), ② 등급선거(납세액별 집단에서 선출), ③ 반수 재선출(전체를 재선출하는 것보다 변동이 적다), ④ 입후보제의 부정이 그것이다. 중의원과 귀족원 의원(일부)은 ①과 ④, 부·현회 의원(1878년의 부·현회 규칙, 1899년의 개정 부·현제의 경우)과 상공회의소 의원은 ①③④, 시회와 정·촌회 의원은 ①에서 ④까지의 내용 전체와 같이, 약간의 차이는 있었지만 한 번 선출된 의원이나 체제가 잘 뒤집어지지 않는 시스템이라는 점에서는 마찬가지였다. 야마가타 내상하에서 준비된 '시제 정촌제'의 「이유」는 ②의 적용에 대해, '이 선거법으로 다수의 하층민에게 제압당하는 폐단을 충분히 막을 수 있기 때문이다'라는 노골적인 표현을 사용하고 있다. 명망가층도 이에 호응해서 유권자만의 유지단체(有志団体, 예선 단체로 총칭한다)를 결성해서, 사전에 후보자를 조정하고 신문 등에 발표함으로써 ④의 조건을 보충하였다. ①에서 ④의 제도를 예선 단체를 통해 보완하는 시스템을 '예선 체제'라 부를 수 있다.

자산가와 명망가의 의지가 강하게 작용하는 시회 의원 선거이지만 시장과 부시장(助役)의 선출 방법은 정·촌의 경우와는 완전히 달랐다. 시회가 3명의 후보를 고른 다음에 부·현 지사를 통해 내무대신에게 보고하면 내무대신이 임명하는 방식으로, 시장과 부시장은 시의 공민이 아니어도 상관이 없었다. 유능한 인물을 뽑는 것이 가능했다는 점에서 시정의 전문성을 배려한 선출 방법이었다. 대부분의 시에서는 시회의 토착 의원들이 이권 확보의 수단으로 유능한 '타관 사람'을 스카우트하는 일이 늘었다.

입헌정우회의 결성

1899년에 들어와 구미 제국과의 관계가 완전히 바뀐다. 7월에 개정조약이 시행되면서 치외법권이 철폐되었고 수출 진흥을 도모하기 위해 수출세가 전폐되었다. 청국과의 관계에서는 4월 관영 야하타제철소가 청국 대야철산(大冶鉄山)의 철광석을 우선 매입하는 계약을 맺어 야하타의 발전 조건을 확보하였다. 이와 더불어 복주(福州)의 일본 전관거류지 설치에 관한 청일 약정서에 조인함으로써 청국 남부로 이권을 확대해 갈 수 있는 발판을 확보하였다. 이렇게 일본은 청일전쟁 이후에도 정치적, 경제적 침투를 계속하였다.

제14의회(1899년 11월 개회)에서는 전 의회에서 성립한 증세안을 전제로 1900년도 예산안이 제출되어 거의 원안대로 양원을 통과하였다. 중의원 의원의 선거법을 개정하는 문제가 다시 제안되어, 직접 국세 10엔 이상으로 선거권을 확대한다는 내용과 함께 대선거구제와 단기무기명 방식의 투표를 채택한다는 데 합의하였다. 또 3만 명 이상의 시를 독립선거구로 하고 의원 수는 369명으로 한다는 내용 등에도 합의함으로써 개정이 성립하였다.

5월 헌정당은 야마가타 내각에 각료를 입당시키든지 아니면 헌정당원을 입각시키라고 요구하고, 이것이 거부되자 내각과의 단절을 선언한다. 다음 제휴 상대로 선택한 것이 이토 히로부미였다. 헌정당의 호시 도오루는 종래의 민당 노선과 결별할 때가 왔음을 느꼈다. 감세를 통해 민력휴양을 도모할 수 있는 시기는 지나갔으며, 지지자인 지주층과 자본가층에는 정부 주도에 의해 경제 발전이 이뤄진다는 전망이 필요하였다. 호시를 비롯한 헌정당 총무는 이토를 찾아가 당수에 취임해 줄 것을 요청했지만, 이토는 이를 거절하는 대신 신당 조직을 시사했다.

1900년 8월 25일 이토 히로부미가 먼저 「입헌정우회 취지서」를 발표하였다. 이러이러한 내용의 '신정당'을 생각하고 있으니 동의하는 제군들은 모이라는 의미였다. 헌정당은 이에 부응해 해당한 후 9월 15일의 입헌정우회 결성식에 개인 자격으로 참가했다.

『요로즈초호(萬朝報)』의 결의

번벌 정치와 투쟁해 온 자유당의 역사가 부정되고 스스로 해산하여 원훈 앞에 무릎을 꿇은 것이라 생각한 고토쿠 슈스이(幸德秋水)는 『요로즈초호』 8월 30일호에 사설 「자유당을 조문하는 글」을 집필했다. 자유당 탄압의 역사를 회고하면서 '오호라 자유당이 죽었구나'라며 강하게 비판했다. 글의 마지막을 '그대 자유당이여 만약 혼령이 있다면 모습을 드러내 제사를 받으라'는 말로 끝맺은 것처럼, 이 문장은 명백히 자유당에 대한 조문이었다. 그러나 후반부에서 '우리는 그저 초호만을 유일한 보루로 삼아 여전히 자유, 평등, 문명, 진보를 위해 분투하고 있다'고 쓴 것은 고토쿠의 전투 선언이기도 했다.

「자유당을 조문하는 글」은 원훈과 정당이 일체가 된 권력 체제와 결별함과 동시에 전투를 알리는 종소리이기도 했으며, 『요로즈초호』의 신방침이 되기도 했다. 창간 당시에 연재된 「폐습의 한 가지, 축첩의 실례」는 정치가·재계·군인·의사·교사 등의 사생활을 폭로함으로써, 민중에게 통쾌함과 후련함을 가져다 주기는 했다. 그러나 이를 '사회적 부패'로 파악하고, 스스로 개혁의 선두에 선다는 방침으로 크게 바뀌게 되는 것은 1901년 7월의 '이상단(理想団)' 결성 이후의 일이다(다음 장을 참조).

정우회 비판의 개시

전환점은 1900년부터 다음 해에 걸친 정우회 비판이었다. 표적은 정우회가 장악한 지방 정치였다. 헌정당 117명(그중 4명은 불참)이 거의 다 참가한 정우회는 무소속 의원 19명, 헌정본당 9명, 제국당 4명 등이 가담한 결과 제국의회의 과반수를 장악하는 155명의 대정당이 되었다. 선거구 정수의 전부를 정우회로 채운 곳은 5개 현(24명)이었으며, 과반수를 채운 곳은 오사카 부(大阪府)와 아이치 현을 포함한 18개 부·현(79명)에 달했다. 이상의 23개 부·현은 정우회의 지반이 강한 선거구였다. 헌정당은 지방에서 강했으나 6대 도시가 위치한 도쿄 부·가나가와 현(神奈川県)·교토 부(京都府)·효고 현(兵庫県)에서는 헌정본당과 경합하는 상황이었다.

도쿄 시 시장은 정우회가 장악하였다. 마쓰다 히데오(松田秀雄)는 1898년 10월 1일에 시행된 시제 특례의 철폐에 따른 도쿄 시 초대 전임시장으로, 입헌정우회의 창립 멤버로 입당하였다. 정우회는 대도시의 시장과 시 참사회(시정의 집행부)를 장악함으로써 정치력을 높이고 지반을 강화하는 전략을 취했다. 호시 도오루는 1899년에 도쿄시회 의원(고지마치구〔麹町区〕1급)에 당선되었다. 호시는 자신에게 동조하는 회파인 '도시간담회' 40명(60의석 중)을 이끌면서, 동년 11월에는 도쿄 시 참사회원 11명 중 5명도 호시파로 채웠고, 1901년에는 호시 자신이 시회 의장에 취임하였다(有泉貞夫,『星亨』).

비판을 시작한 것은 시마다 사부로(島田三郎)의『마이니치신문(毎日新聞)』이었다. 이토 히로부미가 한창 조각 중이던 10월 15일 자 지면에「도쿄 시의 추문!!! 시 참사회의 부패!!! 미쓰이 연관(三井鉛管) 구입!!!」이라는 한 단 반짜리 기사가 게재되었다. 도쿄 시가 매년 구입하는 수도 철관 대금 약 10만 엔을 10만 3,200엔 정도로 올리고, 3,000엔을 호시파 시 참사회원 3명에게 뇌물로 제공했다는 내용이었다. 일본연관제조주식회사(사장, 고세이노스케[郷誠之助])와 독점 판매 회사인 미쓰이물산(三井物産)의 결탁도 지탄받았다. 『마이니치신문』은 연일 비판하며 규탄 기사를 실었고 『요로즈초호』도 이에 동조하였다. 체포자가 나오자 두 신문은 호시 도오루를 지목해서 추궁했다. 11월 9일 시마다 사부로 등의 호소로 '도쿄시 공민회'가 결성되어, '시회 밖에 관련 기관을 설치하여 시회의 행동을 감시하면서 바른 점은 도와주고 그릇된 점은 비판함으로써 동지들이 더욱 시정에 참여하도록 해야 한다'며, '시정 쇄신'의 기를 내걸었다(『萬朝報』, 11월 10일).

사건이 일단락된 다음 해 5월 『요로즈초호』는 이번에는 오사카 시에 초점을 맞추어 시정을 비판하는 기사를 연재했는데, 그 핵심은 정부와 시정 다수파인 예선파=정우회를 비판하는 것이었다. 그러나 이때는 도쿄 시와 오사카 시 모두를 정우회가 장악한 정치 상황을 바꾸지는 못하였다. 시정 개혁 운동이라는 커다란 파도가 밀려오기까지는 러일전쟁 후의 데모크라시 상황을 기다려야만 했다.

노동 문제의 신기원

10명 이상 고용된 작업장에서 일하는 공장 노동자는 1900년에 약 40만 명이 된다. 청일전쟁에 따라 군수 경기가 일어나면서 노동력이 부족해진 방적업에서는 직공 쟁탈전까지 발생하였다. 1870년대에서 80년대에는 노동쟁의가 1~2건 정도에 불과했지만, 청일전쟁 후인 1896년과 1897년에는 각각 20건과 76건으로 일거에 증가했다. 정부도 1897년 후반부터 노동쟁의 통계를 내기 시작했다. 저널리스트 요코야마 겐노스케는 '특히 청일전쟁 이후 기계공업이 발흥하면서 노동 문제를 야기시켰고, 물가 폭등은 빈민 문제를 환기시켰으며, 점차 구미의 사회 문제에 접근해 가고 있다'는 판단을 내리고, 청일전쟁은 '노동 문제의 신기원'이라고 단언하였다(「일본의 사회운동」, 1899년).

노동운동의 기운이 무르익던 일본에 두 사람의 인물이 나타난다. 한 사람은 다카노 후사타로(高野房太郎)이고, 다른 한 사람은 가타야마 센(片山潜)이다. 먼저 다카노는 10년간 미국에서 일과 학업을 병행한 끝에 1896년 귀국하였다. 다카노는 캘리포니아 주의 제재소에서 일하던 1889년, G. E. 맥닐(McNeil) 편 『노동운동—오늘날의 문제』를 읽게 되면서 '노동운동에 대한 관심이 일어나', 일본 노동자의 '부당한 처지에 대한 나의 인식은 예리해졌다'(高野의 서간)고 한다. 1891년 여름 샌프란시스코에서 제화공 조 쓰네타로(城常太郎), 사와다 한노스케(沢田半之助) 등과 직공의우회(職工義友会)라는 스터디 그룹을 조직하였다. 그리고 얼마 안 있어 일본 경제가 발전하기 위해서는 노동자의 생활을 개선해야 한다는 논리를 세웠다. 귀국한 다카노는 1897년 4월 조, 사와다 등과 함께 직공의우회를 재건하고 일본 최초의 노동운동 출판물인 「직공 제군에게 부친다」를 발행 배포하면서, 노동자를 조직화하기 위한 대사업에 착수했다. '부친다'는 6천 자 정도로 이루어진 문장으로,

> 직공 제군이여 일어서라. 일어나 조합을 조직하고 중대한 책무와 남자로서의 체면을 지키도록 힘쓰라. 제군의 전도는 유망하다. 불발의 정신과 불굴의 의지가 필요할 뿐이다. 하늘은 스스로 돕는 자를 돕는다 하지 않던가. 용기를 내라 제군이여. 자립심을 발휘하라.

는 말처럼, '직공'의 분발을 북돋는 강한 정열과 미래에 대한 희망을 제시하는 내용이었다. 기력이 있을 때 미래에 대비하지 않으면 처자를 길거리에서 방황하게 만들지도 모른다는 말로 다그친 것은 남자 직공이 그 대상이었다. 산업화의 진전은 대도시와 주변 지역에 공장을 집중시켜 도시를 급속히 팽창시켰다. 도시의 여러 기능이 높아지는 도시화의 시대를 맞이한 것이다. 일가 모두가 농촌을 떠난 사람들은 부부와 어린이로 구성된 핵가족으로 젊은 가장이 생계를 책임졌다. 그러나 실제는 처나 경우에 따라서는 아이들까지 보조 노동에 나서 생계를 돕는 가계 구조였다. 젊은 노동자층에게 남편이나 부모로서의 자각과 이를 위한 노동운동 참가를 요청한 것이 바로 다카노가 호소한 의미였다.

다음으로 가타야마 센(片山潜)이다. 가타야마는 고학하던 도쿄를 벗어나 1884년 미국으로 건너갔으며, 그 후 영국으로 이동해 노동운동 지도자인 톰 맨(Tom Mann)에게서 큰 영향을 받고 1896년에 귀국하였다. 다카노가 귀국하기 5개월 전의 일이다. 가타야마는 조합과 교회의 기관지 『리쿠고잡지(六合雜誌)』의 편집원으로 일했으며, 얼마 지나지 않아 간다(神田) 미사키초(三崎町)에 세틀먼트 킹스리(Settlement Kingsley)관을 열고, 노동학교를 개설하여 노동자를 대상으로 한 운동을 시작했다.

노동조합 기성회의 시동

1897년 6월 25일 재건된 직공의우회는 일본 최초의 노동 문제 연설회를 개최했다. '무려 1,200여 명'의 청중이 참가한 성대한 모임이었다. 이날 참가한 철공과 활판공을 포함한 71명이 모여서 7월 5일 노동조합 기성회를 결성하였다. 제1차 월례회에서 간사 5명이 선출되었고 간사장에는 호선을 통해 다카노가 선출되었다.

기성회의 호소에는 큰 반향이 일어났다. 맨 먼저 철공조합이

▶그림 5-4. 『노동세계(労働世界)』 창간호(1897년 12월 1일). 노동조합 기성회의 기관지(월 2회 간행). 주필은 가타야마 센.

제5장 청일 전후와 국민 통합 | 199

그 해 12월에 결성되었다. 철공이란 선반공·마무리공·재관공 등 기계·금속산업에 종사하는 직공의 총칭으로, 군수 생산의 도쿄포병공창, 조선의 이시카와지마조선소(石川島造船所)와 같은 대규모 공장에서 일하는 사람들이었다. 기업을 횡단하는 형태로 조직된 산업별 노동조합인 철공조합은 1년간 32지부, 3천 명의 조합원을 확보하였고, 1900년 9월에 이르면 42지부, 조합원 5천4백 명의 규모로 성장한다. 지부는 일본 철도 오미야공장(大宮工場), 전기 산업의 시바우라제작소(芝浦製作所), 군수 산업의 요코스카해군공창 등 도쿄, 요코하마, 요코스카의 대공장을 비롯하여 후쿠시마(福島), 센다이(仙台), 아오모리(青森), 홋카이도에도 조직되었다(横山源之助, 「労働運動の初幕」, 『中央公論』 제14년 제8호, 1899년 8월). 다음으로 인쇄 회사의 직공이 노동조합을 만든다. 1898년 4월 도쿄인쇄회사의 노동자 조직인 '간담회'의 발기인을 해고한 것을 계기로 일어난 스트라이크는 실패했지만, 다음 해 11월 기성회의 원조로 활판공조합이 발족했다.

1898년에는 사철(私鐵)의 대규모 스트라이크가 일어났다. 같은 해 2월에서 3월까지 계속된 사철과 일본철도회사의 스트라이크는 대우상의 격차를 시정해 줄 것을 요구하였고, 직명의 개칭(기관방→기관수, 화부→기관 조수 등), 신분 승격과 급료 인상, 주모자로 해고된 10명의 복직 등을 실현시킴으로써, 노동자의 전면 승리로 끝났다. 그 후 운동의 주체가 된 '아당대우기성대동맹회(我党待遇期成大同盟会)'는 해산하고, 종업원 중 기관방과 화부 그리고 일상 업무 고용인 약 1천 명 전원이 모여 '일본철도교정회'를 4월 5일 결성하였다.

기성회가 애를 쓴 것은 노동조합의 조직화만이 아니었다. 1898년 4월의 '노동자 대운동회', 여름에서 가을에 걸쳐 전개된 '공장법' 성립

촉진 운동이 있다. 전년도에 직공법안이 좌절된 후, 1898년 10월 와이한 내각은 농상공 고등회의 제3차 회의에 「공장법안」을 자문하고 검토를 요청하였다. 기성회는 예외 규정이 지나치게 많다, 직공중 제도의 신설은 신분의 부당 구속에 해당한다, 노동자 보호가 철저하지 못하다는 등의 문제점을 지적하고 수정안을 만들어, 도쿄와 요코하마에서 '대공장법안 정담연설회(対工場法案政談演説会)'를 개최하거나 진정 운동을 계속하였다. 농상공 고등회의는 직공중 제도를 인정하지 않았고, 법의 적용 범위를 확대하는 등 개선책을 제시했으나 와이한 내각의 붕괴 등으로 인해 법의 제정에는 이르지 못했다.

기성회가 펼친 다채로운 활동은 '하층사회'의 일원으로 취급되던 노동자의 의식을 높여 주었고 고베, 요코하마 등의 각지, 각층으로 퍼져 나갔다. 이때 야마가타 내각은 치안경찰법을 제정하여 노동운동과 농민운동에 찬물을 끼얹었다(1900년 3월). 동법 제17조는 동맹파업(스트라이크)이나 단체교섭 등을 위해 '타인을 폭행, 협박'하거나 '타인을 유혹 또는 선동'하는 일을 금지하였다. 제30조는 동맹파업을 '유혹 또는 선동'하면 '1월 이상 6월 이하의 중금고에 처하고 3엔 이상 30엔 이하의 벌금을 부과'한다고 규정하였다. 그 영향은 포병공창이나 조선소 같은 군수공장에서 일하는 사람에게서 나타나 철공조합을 나오는 사람들이 속출하였고, 기성회도 위축되어 갔다.

노동조합운동과 사회주의운동을 지탱하는 기반은 청일전쟁 후에 더욱 심해진 산업, 국가, 사회의 고달픈 삶과 생활에 대한 하소연이었다. 그렇다면 중심적인 활동을 하는 사람들은 도대체 어디에서 나와서 사람들을 매료시켰던 것일까?

제6장 민우사와 평민사

평민사의 사옥과 사원들. 사옥은 유락초(有楽町)의 한쪽 귀퉁이에 있었다. 아래층은 고토쿠가(幸徳家)의 거주지였다.

1. 전쟁과 하층사회

종군기자와 전쟁 보도

청일전쟁이 시작되자 종군을 요구하는 신문기자의 수가 급격히 늘어났다. 1894(메이지27)년 8월 대본영은 「신문기자 종군 규칙」과 「종군 주의 사항」을 정하고 출원 및 도항 수속, 종군 중의 약정 등을 명확히 했다. 이러한 절차에 따라 신문기자 114명, 화공 11명, 사진사 4명이 종군한다. 기자를 파견한 66개사는 전국에 분포하였다. 그들은 제2군 사령부, 제1사단 사령부에 각 13명 등, 사령부에 소속되어 움직이면서 기사를 송부했다.

보도 규칙에 관한 체제도 대대적으로 갖추어졌다. 대본영이 설치된 지 2일 후인 6월 7일 육·해군성은 성령(省令)을 발포하여 군기(軍機)와 군략에 관한 보도를 금지하였고, 선전포고 다음 날인 8월 2일에는 내무성이 신문기사 사전검열령을 긴급 칙령으로 공포하고 시행에 들어갔다. 이 칙령은 9월 13일 폐지되는 대신, 다음 날 신문지조례 제

22조에 근거한 군 관계 신문 잡지 기사의 게재 금지가 육해군성의 성령으로 대체되었다. 이해 신문 잡지의 발행 금지는 역사상 최고로 많았고, 치안 방해를 이유로 발행 정지 처분을 받은 곳도 140개사를 넘었다(『朝日新聞社史』). 이러한 정보 규제 조치로 일부가 말소된 지면이 많아졌다.

신문사는 1894년 6월에 단행된 최초의 파병에 큰 관심을 나타냈다. 이는 출정 부대인 혼성 제9여단에 32명의 기자와 2명의 화공이 동반한 사실을 통해 알 수 있다. 당시의 통신 상황에서는 이들 사령부 소속 종군기자만을 통해서는 정보를 얻을 수 없었다. 군대에서 얻은 정보는 급히 설치된 군용 전신을 이용해서 부산에 보내져, 부산—쓰시마(対馬, 나가사키 현〔長崎県〕)—요부코(呼子, 사가 현〔佐賀県〕)—나가사키(長崎)—신문사로 이어지는 전신 루트를 통해 신문사에 도착하였다. 히로시마의 대본영도 거의 동일한 루트를 사용하였고, 나가사키에서 히로시마까지는 국내 전신이 사용되었다. 이러한 루트가 기능할 때는 조선의 한성에서 5, 6일 정도면 정보가 전달되었다. 한성의 일본공사관에서 히로시마 대본영까지는 빠르면 5시간에서 24시간 정도면 도착하였고, 신문사의 경우에는 1주일 전후의 시간이 걸렸다. 조선 민중이 전신선을 절단하는 저항 운동을 전개했기 때문에 전신이 불통되는 사태가 자주 발생하였다. 그래서 중계를 담당할 사람을 정해서, 인천항에서 부산항 또는 일거에 배로 모지 항(門司港)까지 전달하는 방법도 동원되었고, 부산항과 모지 항에는 기자가 파견되었다. 정부도 연락선을 인천항에 배치하고 상세한 정보는 사자를 직접 파견해서 전달하였다. 전신뿐만 아니라 인력도 필요한 시대였다.

간토(関東)와 간사이(関西)의 아사히신문사는 종군기자를 가장 많이 파견하였다. 이들은 '혹은 긴 칼과 단총 그리고 속에 칼을 숨긴 지팡이를 휴대하였다. 특히 눈에 띈 것은 7명의 기자가 똑같은 모양의 긴 창을 추켜올린 모습이었다. 마치 아코의사(赤穗義士, 1703년 에도의 기라 요시나카[吉良義央]를 습격해서 주군 아사노 나가노리[浅野長矩]의 원수를 갚은 47인의 무사)가 습격할 때의 분장과 같았다'(山本忠助, 「征淸從軍記」)고 했듯이, 괴상한 복장으로 종군하였다. 또 '식사는 병졸과 같았고, 병영 밖의 민가에서 머물 때면 어디라도 상관이 없었다. 식사는 차메시(茶飯, 찬물로 지어 소금으로 간을 맞춘 밥)를 떠올리게 하는 색깔이었다. 희지 않은 지나(支那) 쌀 한 입에 돌이 서너 개씩은 꼭 들어 있었다. 반찬은 매실 두세 알이 고작이었다. 그렇지만 가끔씩 연어 통조림이 6, 7명에 한 개꼴로 배급되면 큰 공이라도 세운 것처럼 기뻐했다'(西村天囚, 9월 하순)고 할 만큼 변변치 못한 생활을 계속하면서 전쟁 보도에 종사했다.

민우사(民友社)의 『국민신문』도 많은 종군기자를 파견하였다. 화공을 합치면 그 수가 30명에 달했다. 히로시마 대본영에는 주필인 도쿠토미 소호(德富蘇峰) 자신이 부임하였고, 마쓰바라 이와고로(松原岩五郎, 제1군), 후루야 히사쓰나(古谷久綱, 제2군), 아베 미쓰이에(阿部充家), 구니키다 데쓰오(国木田哲夫) 외에 화가인 구보타 베이센(久保田米僊, 제2군), 베이사이(米斎, 제2군) 부자 등이 전장에 파견되었다. 특히 24세의 청년 기자였던 구니키다 데쓰오의 '사랑하는 아우여(愛弟)!'로 시작하는 군함 탑승기는 인기를 끌었고, 나중에 『애제통신(愛弟通信)』이라는 이름으로 간행되었다(1908년 11월). 『애제통신』은 대화 부분을 구어로 기록하고 설명이나 묘사 부분은 문어문을 사용하는 방식으로 엮었다. 특히 전투 장면을 묘사할 때에는 구어(欧語) 직역문, 문어, 체언으로 끝내기, 기호 등을 많이 활용함으로써 리듬감을 살리려고 노력했다(「威海衛艦隊攻擊詳報」).

갑자기 각 함의 중앙 돛대에 전투기가 나부낀다. (중략) 돌진! 돌진!! 적의 포대가 점점 가까워진다. (중략) 보라 포대에서 흰 연기가 피어난다. 저들이 먼저 발포했다. / 돌아보며 말하길 '쐈다!/ 기함은 반응하지 않는다, 더 전진한다. 더욱더 전진한다. 포대를 약간 좌현 쪽 함수에서 본다. 사용해야 하는 것은 우현 포다. / 전투!!! / 함장의 호령이 떨어진다. 울려 퍼지는 전투의 나팔.

속보 체제

종군기자들이 생생하게 전해 오는 기사에 관심이 집중되자 신문사는 호외를 앞다투어 발행하면서 속보성을 경쟁했다. 통상 발행 부수의 수배를 인쇄 배포하는 호외의 빈도수가 높아지자 신문 구독자의 수도 증가하였다. 『오사카아사히신문(大阪朝日新聞)』은 1894년에 66차례, 95년에는 80차례의 호외를 발행했다. 발행 부수에서는 『국민신문』이 하루에 7천 부에서 2만 부로, 『오사카아사히신문』은 7만 6천 부(1893년 하반기)에서 11만 7천 부(1894년 하반기)로, 또 『도쿄아사히신문』은 7만 6천 부(같은 기간)로, 『요로즈초호』는 5만 부로 증가했다. 이러한 현상은 지방지에서도 마찬가지여서, 예를 들면 일간신문 『이와테공보(巖手公報)』는 1,500부에서 3천 부로 배 가까이 늘어났다.

프랑스에서 발명된 마리노니(Marinoni) 윤전기는 1시간에 3만 매를 인쇄할 수 있었다. 종래의 평판 롤 프레스(roll press)가 1,500매 정도 인쇄했으므로 대략 20배의 인쇄 능력을 보유한 셈이다. 1890년에 발 빠르게 수입한 것은 내각관보국과 도쿄아사히신문사뿐이었으나 점차 늘어나서 청일전쟁 이후 1902, 03년경에 이르면 전국에서 60여 대가 사용된다. 마리노니윤전기가 도입되자 한 차례만 인쇄해서 발행하던 1판제에서 2판제로 바뀌었다. 1901년에는 『요로즈초호』 『시사신보』 『도쿄아사히신문』이 3판제가 되었고, 제3판에 해당하는 도쿄 시내판 은 원고 마감을 저녁 5시경에서 심야 0시로 변경하였다. 이로써 정보 는 상세하고도 빠르게 전달되었다. 우송된 외국 신문을 번역하던 외 전(外電)도 아시아 일대를 담당 영업 구역으로 하는 「루타」(런던의 로이 터통신사(Reuters))와 특약을 맺음으로써 국제 정보의 전달이 현격하게 빨라진다. 예를 들면 『시사신보』는 1893년부터, 도쿄·오사카 『아사히 신문』은 1897년부터 빨라졌다.

종군화가

사진은 아직 일간 신문지상에서 인쇄할 수 있는 단계가 아니어 서, 시간을 들여 만든 '신문 부록'에 사진 동판이 사용되는 정도였다 (『東京朝日新聞』, 94년 6월 16일). 일간 본지에 사진이 사용되는 것은 러일 전쟁 중인 1904년 9월의 일이다. 군에 소속된 사진가의 작품은 사진집 이나 화보집 등에 게재되어 인기를 모았다. 신문지상에는 파견된 화 공의 그림이 석판 인쇄로 게재되었다. 그림은 '사실'을 전달하는 수단 으로 중시되던 만큼 그들은 '보도화가'라 불렸다. 구보타 베이센과 그의 아들 베이사이 및 긴센(金僊), 서양화가인 야마모토 호스이(山本芳翠), 구로다 세이키(黑田清輝), 아사이 주(浅井忠), 고야마 쇼타로(小山正太郎) 등이 각각 신문사와 계약해서 솜씨를 발휘하였다.

구보타 베이센은 '격렬한 전투 상황은 신문기자들이 아무리 글로 전하려 해도 제대로 되지 않는 이른바 격화소양(隔靴搔痒)의 느낌이 있다'고 생각하여, 스스로 『국민신문』의 파견원이 되었다(久保田米僊, 『米僊画談』). 구보타는 도중에 이질에 걸렸음에도 9월 15일 평양 공격이 개시되자 '지팡이에 의지해 전장으로 갔다'. '가보니 실로 참담한 상태였다. 시체가 산을 이루고 있었다. 미처 도망가지 못해 목매어 죽은 놈도 있었다. 말로 다 표현할 수 없는 상황이었다'며, 비참한 전장이었음을 솔직히 인정했다.

전쟁 취재에서 전후 문학으로

종군기자 중에는 문예창작 쪽으로 관심을 돌려 작가가 되는 사람들도 나온다. 1894년 9월 민우사에 정식으로 입사한 구니키다 데쓰오는 곧바로 종군기자를 지원해서, 다음 해 3월 상순까지 4개월 반을 해상에서 보내며 청일전쟁을 목격한 후 작가의 길로 들어선다. 작가 구니키다 데쓰오는 청일전쟁 후의 사회를 다음과 같이 묘사하였다. '청일전쟁, 연전연승, 군대 만세, 군인이 아니면 밤도 낮도 끝나지 않는 경사스러운 분위기가 되었다'(『文芸界』 1902년 11월호)며, 마치 '군인 사회'가 된 것 같은 분위기를 묘사하였다. 군대를 무시해도 좋다는 말이 나돌던 이전의 상황과는 격차가 있음을 보여준 것이다.

전쟁이라는 대사건은 사람들을 싫든 좋든 간에 전사(戰死)나 군수경기와 같은 여러 가지 새로운 현상으로 끌어들였다. 문장을 통해 입신출세하려는 뜻을 가진 사람에게는 전쟁이나 외국을 직접 볼 수 있는 '종군'의 기회가 자신의 도약을 위해 필요하였고, 이렇게 생각하는 사람들이 실제로 여럿 있었다. 편집부나 기자 또는 기자 지망생의 뇌리에는 대만침공(台湾出兵) 당시의 기시다 긴코(岸田吟香), 서남전쟁 당시의 이누카이 쓰요시(『郵便報知新聞』)와 후쿠치 겐이치로(福地源一郎, 『東京日日新聞』)의 보도 경쟁이 곧바로 떠올랐을 것이다.

1895년 고노에사단에 1개월 동안 종군하다가 중병에 걸린 마사오카 시키(正岡子規)도 회복기에 접어들자 종군과 전승을 계기로 새로운 와카(和歌, 일본 고유의 정형시)의 탄생을 위해 노력했다. 1898년에 작성된 「가인에게 보내는 글」은 종래의 와카를 '활과 화살, 검과 창을 가지고 싸우려 하는 것과 같은 일'로 '메이지라는 시대에 어울리는 일'이 아니라고 비판하였다. 그리고 '외국의 문학 사상 등은 속속 수입하고' 와카의 '구사상을 파괴하여 신사상을 주문'하고 흡수한다면, 와카의 재생은 외국에서 구입한 군함이나 대포로 '일본국을 굳게 지키는' 것과 같은 일이라고 지적하였다. 그러나 당시 와카와 하이쿠(俳句, 일본 고유의 단시)로 대표되는 단문학(短文学)은 무가치한 것으로 비판받고 있었다. 예를 들면 '요즘의 사정을 겨우 수십의 언어로 진술할 수는 없다' '우리의 장·단가는 이른바 미개 시대의 시가'(쓰보우치 쇼요〔坪内逍遥〕, 『小說神髓』)라는 비판이 그것이다. 이러한 때에 이를 부흥시킬 기수로 등장한 것이 마사오카 시키였다. 그는 청일전쟁 후에 고양된 내셔널리즘을 배경으로 앞으로 나갔던 것이다.

이즈미 교카(泉鏡花)와 연우사(硯友社) 제2세대

종군 경험은 없지만 전쟁 취재를 통해 자신의 분야를 개척하고 도약하는 창작자도 있었다. 이즈미 교카는 보병 제7연대가 가나자와 성에 설치된 1873년에 가나자와에서 태어나 가까이에서 군대의 모습을 보면서 성장했다. 오자키 고요(尾崎紅葉)의 문하생이 된 교카는 93년 5월 처녀작을 발표하고 작가로서 출발하였다. 94년에는 8개 작품을 공표했는데, 그중에는 청일전쟁을 취재한 「예비병」(『読売新聞』, 1894년 10월 1일~24일)과 「해전의 여파」(『幼年玉手函』 제11편, 동년 11월) 두 편이 있다. 그 후 러일전쟁이 시작될 때까지 「비파전(琵琶伝)」(『国民之友』 제277호, 96년 1월 4일), 「해성발전(海城発電)」(『太陽』 제2권 제1호, 96년 1월 5일) 등 5편을 발표한다. 발표 매체는 스승인 오자키 고요가 지배하는 신문 잡지가 아니라 새롭게 창간한 『태양』이나 재출발한 『신소설(新小説)』인 점도 큰 변화였다.

이즈미 교카는 1895년에 「야행 순사(夜行巡査)」와 「외과실(外科室)」 등을 발표하면서 사상은 있으나 주관적이라는 '관념소설' 작가로 먼저 알려졌다. 그 후 「조엽 광언(照葉狂言, 1896년)」 등에서 서정적 문체를 사용하여 작가로서의 이름을 높이지만, 두 가지 경향의 작품은 시기적으로 겹쳐 있다. 이들 전쟁소설이야말로 교카가 스승인 고요에게서 배운 사실적 수법을 구사하여 묘사된 것이다. 1940년대에 『교카 전집』(岩波書店)이 편찬되었을 때, 군인 비판이 강한 「비파전」과 「해성발전」은 군부의 반발을 기피해서 수록되지 않았다(이들 작품이 수록된 별권이 간행된 것은 1976년이다). 교카의 문학은 후에 허구의 구축과 정서적인 아름다운 문체라는 수식어가 붙게 된다. 하지만 상세한 취재와 딱

딱한 문체로 이루어진 교카의 작품은 청일전쟁을 가까이에서 목격한 일을 계기로 서술되기 시작했다는 점에 주목해야 한다.

교카의 이러한 작품은 오자키 고요 등의 문학결사였던 연우사 제2세대(후기 연우사 그룹)의 신작 활동에 반영되어 확산되었다. 1895년에는 다음과 같은 작품이 탄생하였다.

> 3월=가와카미 비잔(川上眉山), 「서기관(書記官)」(『태양』) / 5월=히로쓰 류로(広津柳浪), 「구로도카게(黒蜥蜴, 검은 도마뱀)」(『文芸倶楽部』) / 6월=이즈미 교카, 「외과실」(『文芸倶楽部』) / 10월=에미 스이인(江見水蔭), 「뇨보고로시(女房殺し, 마누라 죽이기)」(『文芸倶楽部』)

제2세대의 움직임에 자극받은 연우사의 지도자 오자키 고요는 지금까지 거들떠보지도 않던 언문일치체를 채택하여 「다정다한(多情多恨)」(1896년 2월~12월 『読売新聞』 연재, 1897년 7월 간행)을 쓰면서 수년간의 정체에서 벗어났다. 이 작품은 문장 끝에 '데아루(である, 이다)'를 사용하여, 여유를 주지 않고 심리 상태를 강하게 다그치는 강렬한 신작이라는 평판을 받아 걸작으로 이름을 남겼다.

'사회소설'

이러한 작품들을 민우사는 '사회소설'이라는 장르로 묶어 『국민지우(国民之友, 국민의 벗)』 제320호(96년 10월 31일)에 '사회소설 출판 예고'를 내고 6명의 예정 집필자로 '첫 번째 사이토 료쿠우(斎藤緑雨), 두 번째 히로쓰 류로, 세 번째 고다 로한(幸田露伴), 네 번째 고토 주가이

(後藤宙外), 다섯 번째 사가노야 슈진(嵯峨の屋主人), 여섯 번째 오자키 고요'의 이름을 공표하였다. 이와 함께 '소설가라면 모름지기 화조풍월(花鳥風月)에 관심을 기울일 시대가 아니다' '실제 사회를 염두에 두고' '사회, 인간, 생활, 시세 등의 문제에 착안하여' '문단의 혁신을 기해야 한다'고 자신들의 의도를 드러냈다. 이는 기획만으로 끝나기는 했지만 사회소설 논쟁을 일으켜 이후 '사회소설'의 의미에 대한 논의가 활발해졌다. 『도쿄마이니치신문(東京每日新聞)』과 『세계지일본(世界之日本, 세계의 일본)』(민우사)은 찬성했지만 제국대학(帝国大学)의 『제국문학(帝国文学)』은 반대론을 전개했다. 『와세다문학(早稲田文学)』 제5호(1898년 2월 16일)에 게재된 가네코 우마지(金子馬治 혹은 지쿠스이(筑水))의 「소위 사회소설」은, 논쟁이 일어나는 것은 일본의 문학계가 '대단히 유치'하기 때문이라며, 서생사회(書生社会)만을 묘사하는 데 원인이 있다고 단정하였다. 서생소설에서 '대인소설(大人小説)'로, 또 실제 사회에 주목하는 '위인소설, 사회소설'로 발전시켜 나가라며 작가들을 격려하는 동시에, '찰스 디킨스(Charles John Huffam Dickens)나 윌리엄 새커리(William Makepeace Thackeray)나 빅토르 위고(Victor-Marie Hugo)'를 지향하는 작가와 작품을 요구하는 등, '사회소설' 쪽으로 분위기를 적극 몰아갔다.

새로운 문학 세계의 시작은 출판 저널리즘을 자극하여, 2대 출판사의 하나인 박문관의 『태양』이 1895년 1월 창간되었고(1897년부터 다카야마 초규가 주간), 다른 하나인 춘양당(春陽堂)의 『신소설』은 다음 해에 복간(고다 로한이 편집 주임)되었다. 신흥세력으로는 1895년 야마가타 데이자부로(山県悌三郎, 잡지 『소년원(少年園)』의 발행인)가 다오카 레이운(田岡嶺雲)을 주간으로 한 청년 잡지 『청년문(青年文)』을 발간하였고, 1897년에는 동화당(東華堂)에서 시마무라 호게쓰(島村抱月) 등이 참가한 와세다계의 『신저월간(新著月刊)』이 나왔다. 이렇게 새롭게 등장한 잡지들이 문학 세계의 신경향을 수용하는 토대가 되었다. 한편 『신소설』의 복간과 같은 달에 신성사(新声社)의 문예 투고 잡지인 『신성(新声)』이 조촐하게 창간되어, 오자키 고요를 비롯한 연우사 문학을 비판하였다. 발행인 사토 요시스케(佐藤儀助)는 수영사(秀英舎) 인쇄소의 교정원이었으나 1904년 회사 이름을 신조사(新潮社)로 고치고 잡지 『신조(新潮)』를 발행하였다. 신조사는 문예 중심의 신흥 출판사로서 작가를 육성해 가는 출발점이 되었다.

청일전쟁이라는 대사건 그리고 이를 계기로 한 산업과 무역의 발전, 경제 사회의 전개 등은 일본 근대문학 세계에 사회와의 접점이라는 새로운 시점을 요구하였다. 연우사 제2세대가 묘사하기 시작한 소설 세계는 '관념소설'이니 '심각소설'이니 하는 반야유 속에서 시작했다. 그러나 그것은 민권기의 정치소설 시대를 겨우 빠져나와 연애나 풍속을 주제로 인간을 다루기 시작한 창작자에게 제공된 무대가 되었다.

빈민굴 탐방기

마쓰카타 디플레이션에 따른 농촌의 빈궁화는 하층 농민을 도시로 몰아냈다. 또 도시 쪽에서 발흥한 기계화 산업은 직인층(職人層)의 일거리를 빼앗아 몰락하는 사람들을 대량으로 만들어 냈다. 그들이 사는 장소가 바로 신문 등에서 떠들던 '빈민굴'이라 불리는 슬럼이었다. 이러한 새로운 사회에 주목하기 시작한 것이 연우사 문학에 만족하지 못하는 젊은 작가들이었다.

정교사(政教社)의 사쿠라다 분고(桜田文吾)가 신문『일본(日本)』에 1890년 8월과 9월에 연재한「빈천지(貧天地)」, 민우사의 마쓰바라 이와고로(松原岩五郞)가『국민신문』에 1892년 11월부터 다음 해 8월까지 연재한「최암흑의 도쿄(最暗黑の東京)」(93년 11월 출판) 등, 문학결사가 아닌 새로운 사회 집단에서 작가들이 계속 등장하였다. 정교사는 현양사(玄洋社)의 기관지『후쿠료신보(福陵新報)』가 갱부 학대로 보도 중이던「다카시마 탄갱사건(高島炭坑事件)」을, 1888년 6월 기관지『일본인』을 통해 마쓰오카 고이치(松岡好一)가 보도하면서(「다카시마 탄광의 참상〔高島炭礦の惨状〕」) 중앙 정치의 문제로 만들어 버린 국수주의 결사이다. 지사인인(志士仁人, 나라를 잘 다스려 백성을 편하게 할 큰 뜻을 품은 사람) 의식은 양자로 하여금 정부와 미쓰비시회사(三菱会社)를 규탄하는

▶그림 6-1. 빈민굴 그림. 도쿄 시 야마부시초(山伏町)를 묘사. 슬럼의 상황에 변화가 일어나려 하던 이 시기에 관심이 높아졌다(森田華香画,「풍속화보(風俗画報)」, 1898년 11월 10일).

제6장 민우사와 평민사 | 215

쪽으로 움직여 가도록 만들었다. 『후쿠료신보』 보도의 중심이었던 요시모토 노보루(吉本襄)는 그 경험을 소설 『서해고도 천조의 눈물(西海孤島 千条の涙)』로 엮어내 '사회소설'의 선구자가 되기도 하였다(佐藤能丸, 『明治ナショナリズムの硏究』). 이처럼 현실을 직시하는 자세는 민우사와 공통된 점이기도 했다.

구니키다 돗포(国木田独歩)는 마쓰바라와 사쿠라다의 르포르타주(reportage)를 '우리에게 준 더할 나위 없는 하사품'이라고 칭찬하였다. 현실에 대한 집요한 관찰이 전장 기록과 통한다고 본 것이다. 새로운 문체도 시도된다. 이들의 기록 문학은 우선은 문어체로 엮어져 돗포의 『애제통신(愛弟通信)』처럼 다양한 실험도 거쳤다. 그리고 문어체에서 서서히 벗어나 구어체인 언문일치체로 접근해 갔다. 그 실마리는 르포 속에 기록된 민중의 대화였다. 마쓰바라의 친구로 하층사회에 대한 관찰 기사를 연재 중이던 요코야마 겐노스케는 다음과 같이 싸구려 여인숙의 풍경을 묘사하였다(『每日新聞』, 95년 12월 19일).

'어이, 오늘 지붕 값은 아직 들어오지 않은 거 같은데'
'이보시오, 주인장, 오늘은 비가 온다 하지 않나? 하루만 더 봐줘요, 미안하지만'

또 아이들이 보채는 모습을 '아빠, 정월에 연사 줘요'라고 묘사하기도 했다(동 12월 20일). 이렇게 대화를 이용해서 계층이나 연령, 직업 등을 분별해서 쓰는 기술을 갖추어 갔다. 이러한 실험은 문단에서 무시되었고 요코야마의 르포르타주는 문학으로 인정받지 못했다. 그렇지만 히구치 이치요(樋口一葉)에게는 친근감을 주었다. 그녀는 품질이 좋은 술을 파는 명주집의 여성처럼, 자신의 주위에서 일어나는 많

은 사회 현상 중에서 그늘이라 할 수 있는 면을 취재하여 「키 대보기(たけくらべ〔다케쿠라베〕)」(『文学界』, 95년 1월호)라는 수작을 만들어 냈다. 이치요는 말기에 사이토 료쿠우나 요코야마 겐노스케에게 자신의 전집 편찬을 상담하려 했다고 한다(立花雄一, 「横山源之助小伝」). 일본 근대 최초의 '전후 문학'은 전장의 전선과 도시 슬럼의 어둠 속 저편에서 나왔다.

2. 문학과 사회

새로운 문체와 문학

새로운 문체, 언문일치체를 만들자는 운동은 청일전쟁 후에 고양되었다. 언문일치체론에 반드시 등장하는 후타바테이 시메이(二葉亭四迷)는 「나의 언문일치의 유래」(『문장세계〔文章世界〕』, 1906년 5월호)에서, '문장이 써지지 않아' 쓰보우치 쇼요에게 상담했더니 '엔초(円朝, 메이지 시대의 만담가〔落語家〕)의 만담대로 써보면 어떻겠느냐'는 제안을 받았다는 에피소드를 소개하였다. 언문일치체의 어머니는 '엔초의 만담'이라는 신화의 탄생이다.

이 문장의 후반부에는 언문일치를 만들기 위한 시메이의 두 가지 고안이 소개되어 있다. 하나는 한어(漢語)에 기원을 둔 숙어(熟語) 등을 배제한 것이다. 그는 '일본어가 되지 않는 한어는 모두 사용하지 않는다'는 '자신의 규칙'을 만들었다. 이것은 '성어(成語), 숙어 모두 쓰지 않는다'는 엄격한 것으로, '국민어의 자격을 얻지 못한 한어는 사용

하지 않는다'는 말이었다. 이를 위해 참고한 것은 '엔초의 만담'에 나오는 구어가 아니었다. 시메이는 '시키테이 산바(式亭三馬)의 작품 속에 나오는 이른바 후카가와 말투(深川言葉, 하나의 음 아래 그와 동일한 단의 음을 덧붙여 말하는 모양. 예를 들면 '오마에〔おまえ〕'를 '오코마카에케〔オコマカエケ〕'와 같이 발음하는 방법)라는 녀석'을 참고했다고 밝혔다. 시메이가 산바의 작품에 나오는 후카가와 말투의 예로 든 '이 등신아, 호박 밭에 떨어진 연도 아니고, 생트집 좀 잡지 말라니까'라든가 '우물의 두레박도 아니고, 칭찬하다 헐뜯다 하지 말라니까' 등은**, 여러 지방에서 모여든 에도의 민중 언어를 생생하게 기록한 언어 재료라 할 수 있는 것들이다. 산바는 작품에서 자식이 딸린 40세 남자, 맹인 예능인, 시골 출신의 목욕탕 일꾼, 교토·오사카 지역 출신자, 노파, 가정부, 시어머니, 며느리, 아이 보는 사람 등과 같이 성별·연령·계층·직업·출신지 등에 따라 말투를 구별해서 썼다. 산바는 에도의 히긴즈 교수(Higgins, 뮤지컬 My Fair Lady에 등장하는 일류 언어학자)였던 셈이다. 산바는 문자의 표현에서도, 문장은 옛날 가나 표기법을 사용했지만 대화에서는 발음식의 가나 표기법을 섞어 썼는데, 이는 시메이가 '구어체'를 충분히 배울 수 있는 재료가 되었다. 예를 들면 시메이의 『부운(浮雲)』 제1편에는 다음과 같은 대화가 나온다.

'데모 아레와 힌가 와루이모노오(デモ彼れは品が悪いものヲ, 그렇지만 그는 성품이 나쁜 걸요)'
'신가 와리이테쓰타쓰테(品が悪いてツたツて, 성품이 나쁘다고)'

** 시메이가 예로 든 일본어 문장은 후카가와 말투로 되어 있다.

신시대의 교육을 받은 딸은 '힌'이나 '와루이'와 같이, 만들어져 가던 '표준어'를 말할 수 있지만, 에도 토박이인 어머니는 '신'이나 '와리이'로밖에 말하지 못한다(原子朗, 『文体の軌跡』). 시메이는 도쿄의 산바가 되었다. 산바의 다채로운 작품에 담겨 있는 것은 1790년대부터 1810년대의 에도 말씨이며, 시메이의 '구어체'는 메이지유신이 미련 없이 버리고 떠난 에도문화의 계승이기도 했다. 시메이가 여러 지방에서 유입된 '한층 저속한' '비천한 녀석들(下司下郎)'(式亭三馬・楽亭馬笑,「狂言田舍操」)에게 친근감을 갖지 않았다면 배울 재료가 되는 일은 없었다.

1886년 시메이는 문학에 뜻을 두고 쓰보우치 쇼요의 지도를 받는다. 다음 해에는 도쿠토미 소호를 방문하면서 『국민지우』의 집필 멤버 모리타 시켄(森田思軒), 야마다 비묘(山田美妙), 야사키 신시로(矢崎鎮四郎, 후의 사가노야 오무로(嵯峨の屋お室)), 우치다 미쓰구(内田貢, 후의 우치다 로안(内田魯庵)), 마쓰바라 이와고로, 요코야마 겐노스케 등과 알게 된다. 특히 로안과 오래도록 교제를 계속했고, 1889년 말 '이후 마쓰바라와 친하게 사귀었다'(紅野謙介編,「연보(年譜)」). 시메이는 아마 이들의 안내로 다음 해 '하층사회에 빈번히 출몰'했을 것이다(「연보」). 이보다 앞서 시메이는 22세 당시의 「연보」에, '이 시기 책방에서 바킨(馬琴), 교덴(京伝), 슌스이(春水) 등의 희작(戲作, 에도시대의 소설류)을 빌렸고 (중략) 연예장(寄席)에 다니기를 좋아해서, 눈이 안 보이던 신나이가타리(新内語り, 에도 조루리(江戸浄瑠璃)의 하나인 신나이 이야기꾼) 와카타쓰(쓰루가 와카타쓰(鶴賀若辰))를 돌봐 주었다'고 나와 있듯이, 에도문화에 푹 빠졌던 시기가 있다. 시키테이 산바에게서 배운 문자의 '대화체'는 연예장과 하층사회의 생생한 대화에 의해 뒷받침되고, 친근한 언어 재료로서 채택되었다. 시메이 앞에는 쇼요밖에 없던 것이 아니었다.

교카의 「해성발전」에는 '한어 같은 거나 사용하니, 뭐야, 보기 좋게 발뺌하려 해봐야 소용없다니까'라며, 지식인의 한어 사용에 반발하는 군부가 그려져 있다. 민중을 어떻게 묘사할 것인지, 이에 대한 교카의 시도는 '민중과 언어'를 포착하여 구어로 보여 주려는 노력으로 나타났다. 교카는 누구보다도 시메이에 가까웠다.

민우사의 역할

요코야마 겐노스케는 어느 르포의 서두에서 '과거 일본 문학자 중 풍자가(諷刺家, satirist)에 재능이 뛰어났던 시키테이 산바라는 사람'과 '우키요부로(浮世風呂, 산바가 쓴 골계 소설)'를 거론하며, '만약 시키테이 산바에게 메이지의 교육을 시키고 요즘의 소식을 알린다면 절호의 시재(詩材)를 얻을 수 있을까'라는 말을 남긴 적이 있다(『每日新聞』, 1894년 12월). 요코야마 자신이 '메이지의 시키테이 산바'가 되어 기록을 남기겠다는 의욕을 느낄 수 있다.

요코야마가 남긴 최고의 작품 『일본의 하층사회(日本の下層社会)』는 산업혁명기의 신구하층을 객관적인 시점에서 명확히 밝힌 '사회학의 고전'(立花雄一, 「横山源之助小伝」)으로 높은 평가를 받고 있다. 정확한 정보를 전달하기 위해 구체적인 수치를 제시하였고, 이 시기 특유의 한자 숙어를 많이 활용한 문장이지만 리듬감이 살아 있다. 이 때문에 '하층사회'라는 사회 현실에 곧 직면하게 될 학생층이나 사회 활동가들에게 폭넓게 수용되어 읽혔다.

하층사회, 민중사회를 기록하는 방법으로서 대화를 기록하자는 생각은 시메이뿐만 아니라 요코야마에게도, 그와 교류하던 전술한 사람들에게도 있었다. 마쓰바라 이와고로도 같은 종류의 기록을 남겼다(『最暗黒の東京』 등). 민우사 동인이 한 역할을 기록문학으로 새롭게 파악해 이후의 문학에 끼친 영향을 명확히 해둘 필요가 있다.

제국대학에서 서양 문학을 배운 근대 작가들이 외면한 에도의 대중문화, 민중문화를 재생시킨 점은 후타바테이 시메이의 성과이다. 그리고 이는 민우사 동인에게 공유된 재산이기도 했다. 청일전쟁 말기에 제국대학 교원(이노우에 데쓰지로〔井上哲次郎〕, 우에다 가즈토시〔上田万年〕)과 학생(철학과 다카야마 초규, 고전과 오마치 게이게쓰〔大町桂月〕, 영문과 우에다 빈〔上田敏〕 등)이 편집위원이 되어 창간한 『제국문학』은 문어체, 한시·한문으로 작성된 논문, 문학작품을 게재하고 '국문학'을 '육성해야 한다'고 선언했다(창간호, 1895년 1월). 그러나 이때는 이미 에도의 민중문학 쪽에서 새로운 조류가 밀려오기 시작한 시점이었다. 언문일치체라는 새로운 조류는 누구나가 '소설'을 쓸 수 있는 시대가 시작되었음을 알리는 것이었다.

3. 저널리즘의 성숙

『요로즈초호(万朝報)』의 인재

독자들이 난해한 정치론이 아닌 신변잡기를 투고하여 이것이 신문에 게재되기 시작한 것은 청일전쟁 후의 일이다. 『오사카마이니치신문(大阪毎日新聞)』의 「오치바카고(落葉籠)」 난은 청일전쟁 후인 1897년에 시작되었다. 민권시대의 정치 신문에 들어오던 투서와는 달리 민중의 분노·슬픔·웃음·곤혹 등이 단신으로 소개되면서 기자들이 작성한 기사와는 다른 인기를 누렸다.

가부키(歌舞伎) 등의 예능 정보를 위주로 담아 판매되던 『미야코신문(都新聞)』의 주필 구로이와 루이코(黒岩涙香)가 독립해서 초호사(朝報社)를 설립하고, 일간신문 『요로즈초호』를 창간한 것은 1892년 11월이었다. 연한 적색 용지를 사용한 타블로이드판 4페이지짜리로, 내용도 충격적이었다. 정가는 1전, 월정은 20전으로 가격도 쌌다(다른 신문은 1전 5리에서 2전 5리. 월정은 『시사신보』 50전, 『도쿄아사히신문』 등은 30

▶그림 6-2. 『요로즈초호』 창간호. 구로이와 루이코의 경영 전략은 효과를 거두어 발간 이후 10년간 도쿄에서 최대의 발행 부수(5~11만 부)를 자랑했다. 1903년에 『요로즈초호』를 제치고 15만 부를 달성한 것은 『니로쿠신보(二六新報)』.

전). 한 마디로 민중의 인기를 노려 멋지게 성공한 케이스였다. 『도쿄아사히신문』 『초야신문(朝野新聞)』 등 정론이나 사회 기사를 주력으로 하던 여러 신문을 상대로 순식간에 수도 저널리즘의 일각을 차지했다.

편집실에는 루이코가 쓴 「안무왕후수유부월(眼无王侯手有斧鉞)」(눈은 왕후(권력)를 향하지 않고, 손에는 맞설 부월(무기)이 있다)이라는 글이 걸려 있듯이, 왕후의 권력에도 맞서겠다는 의욕을 보였다. 하지만 창간 당시의 주력 상품은 화류계에 얽힌 '3면 기사'(사회면을 상징하는 용어로 정착시킨 것은 『요로즈초호』)와 루이코가 번역, 번안한 서양의 탐정소설이었다(「암굴왕(몬테크리스토 백작)」 「철가면」 등). 청일전쟁을 계기로 『요로즈초호』는 변신해 갔다. 개전 직후인 9월 11일에는 제1면에 3단짜리 영문난이 마련되었고, 영문 에세이 담당자로는 나고야(名古屋) 영화학교(英和学校)의 우치무라 간조(内村鑑三)가 스카우트되었다. 1896년 이후 모리타 시켄, 다오카 레이운, 사이토 료쿠우, 다카하마 교시(高浜虚子), 구쓰미 겟손(久津見蕨村) 등이 연이어 입사하였다. 초호사는 후기 연우사나 민우사 등을 배경으로 활약하며 '사회소설'이나 하층사회 르포르타주, 기록문학 등을 시행착오 속에 써 나가던 사람들의 결집체로 변화하였다.

1901년의 '사회적 정의'

창업기의 『요로즈초호』는 독자의 인기를 끌기 위해 사회면을 중시하였다. 그러는 한편 「폐습의 한 가지, 축첩의 실례」를 연재하고 번벌 정부를 비판하는 경향을 보였는데, 그 배경에는 권력자에 대한 비판이라는 의미가 담겨 있었다. 그 후 인재가 모이면서 보다 명확한 사회 개량 운동을 호소하게 된다. 민권시대의 정론신문에 뿌리를 둔 대부분의 신문은 사회 정의를 호소하더라도, 마지막에 가서는 정부에 대처를 요구하는 것으로 끝나 버려서 독자는 객체에 머무르는 것이 일반적이었다. 이에 대해 『요로즈초호』는 독자에게 정치의 주체가 될 것을 요구하는 특이한 성향을 보였다(有山輝雄, 「理想団の研究」). 1901년 7월 루이코는 '인심의 개선'과 '현실 사회를 이상 사회로'라는 슬로건하에, 초호사의 멤버를 중심으로 '이상단(理想団)'을 결성하고 독자의 참가를 호소하였다. 회원은 순식간에 북쪽의 도치기 현(栃木県)에서 서쪽의 시즈오카 현(静岡県)에 이르기까지 퍼져 갔다. 그리하여 1903년 1월까지 3,166명이 가입하였다. 도쿄 시내뿐만 아니라 나가노 현(長野県) 등에서도 연설회가 개최되어 사회 개량을 호소하였다.

월정 10전의 낮은 가격을 무기로 부수를 늘려 가던 『니로쿠신보』는 1900년 4월부터 연재한 미쓰이 재벌 공격 기사가 내무성의 게재 금지 처분을 받은 데서 알 수 있듯이, 반재벌을 기치로 민중의 인기를 모았다. 또 그해 가을에는 '사회 숙청'을 내걸고 유곽의 폐지를 요구하는 '폐창 운동'을 전개 중이던 기독교계의 구세군과 연계하였다. 기자들은 창기의 '자유 폐업'을 원조하며 적극적으로 보도하였다. '자유 폐업'에 긍정적인 입장을 보인 것은 『니로쿠신보』외에 『마이니치신문』

▶사진 6-3. 도쿄에서 발행된 신문과 사주 및 주필. 『자유(自由)』이타가키 다이스케, 『신사신보』후쿠자와 유키치, 『국회(国会)』시가 시게타카(志賀重昂), 『중앙신문(中央新聞)』오오카 이쿠조(大岡育造), 『국민신문』도쿠토미 소호, 『마이니치신문』시마다 사부로(島田三郎), 『도쿄아사히신문』무라야마 료헤이(村山龍平), 『요미우리신문』이치지마 겐키치(市島謙吉) 등 대표적인 저널리스트가 모여 있다. 『每夕評論』附錄, 1892년.

과 『요로즈초호』였다.

1901년 4월 3일 가타야마 센의 노동조합 기성회가 제안하고, 『니로쿠신보』사가 동조한 '일본 노동자 대간친회'가 열렸다. 포병공창과 인쇄국 등이 참가를 금지시켰음에도 불구하고, 이 행사에는 5천 명(경시청 발표)에서 2만 명(『니로쿠신보』)의 사람들이 모여, 가타야마 센이 제안한 5개 항목(① 정부에 보호를 요구, ② 보통선거권 요구, ③ 유년 및 부녀자의 노동 보호 요구, ④ 노동자 교육의 보급, ⑤ 매년 4월 3일의 대간친회 개최)을 결의하는 등, 정치 집회로 변모해 갔다.

후루카와 이치베(古河市兵衛)가 경영하는 아시오동산(足尾銅山)은 1877년에 조업을 개시한 지 얼마 되지 않아 새로운 광원을 발견한 것에 힘입어, 1884년에는 일거에 연간 2,286톤 생산, 전국 동 생산량의

26%를 차지하는 우량 광산이 되었다(東海林吉郎 菅井益郎, 『通史 足尾鑛毒事件』). 그러나 같은 해 말에는 광산에서 뿜어져 나오는 연기 때문에 주변 산림이 그대로 말라죽는 피해가 발생했으며, 87년에는 와타라세천(渡良瀬川)의 물고기와 어부가 모습을 감췄다. 그해 가을 도쿄전문학교에서 광독(鑛毒) 문제가 제기되었으나 여론을 환기시키게 된 것은 시간이 조금 더 지난 1890년의 일이다. 8월에 발생한 홍수 피해가 크자 도치기 현 야나카무라(谷中村)의 촌회는 후루카와 이치베에게 손해 배상과 제련소 이전을 요구할 것을 결의하였고, 아즈마무라(吾妻村) 촌회도 제동소(製銅所)의 채굴 중지를 지사에게 상신하기로 결정하였다. 이후 각 촌과 도치기 현에서 선출된 중의원 의원 다나카 쇼조(田中正造) 등이 운동을 계속했지만 전혀 해결되지 않은 채, 1900년 2월 광독 피해민 3,500명이 네 번째 도쿄청원운동을 일으켰다. 이때 군마 현(群馬縣) 가와마타(川俣)에서 처참한 탄압이 벌어져 100여 명이 체포되었고, 그중 51명이 7월에 흉도취집죄(凶徒聚集罪) 등으로 마에바시(前橋) 지방재판소에서 심의를 받게 되었다(가와마타 사건). 12월의 판결에서는 흉도취집죄가 부정되었으나 같은 해 3월 10일에 공포, 시행된 치안경찰법을 적용하여 19명에게 유죄를 선고하였다. 피고와 검사 양측 모두가 항소했기 때문에 도쿄공소원에서 1901년 9월부터 공판이 시작되었다.

피고들의 주장은 신문 보도를 통해 알려졌고, 10월에 1주일 동안 실시된 피해지 현장 검사는 국면을 일거에 전환시켰다. 재판장·배석판사·검사·변호사에 전문가인 요코이 도키요시(橫井時敬, 제국대학 농과대학), 그리고 도쿄의 8개 신문사(마이니치, 일본, 시사, 아사이, 요로즈초, 니로쿠, 호치[報知], 일출[日出])로 구성된 일행은 '마치 이승의 지옥'이라 할 만한 참상을 보고 충격을 받았다. 이후 각 신문은 광독사건 보도에 열중하게 되는데, '광업 정지'의 논진을 펼친 것은 『마이니치신문』과 『요로즈초호』였다.

『마이니치신문』의 주필 이시카와 야스지로(石川安次郎)는 같은 해 6월 8일 자택에서 다나카와 면담할 때 '지금은 단지 한 가지 방책만이 있을 뿐'(『当用日記』)이라며 직소책을 전수한 인물이다. 이시카와는 이전 『중앙신문』의 동료였던 『요로즈초호』의 고토쿠 덴지로(幸徳伝次郎, 고토쿠 슈스이〔幸徳秋水〕의 본명)를 직소문 집필자로 정하였다. 결국 세 사람은 '모의'하여 대사건을 일으킨다(松尾尊兌, 「田中正造の直訴について」). 다나카 쇼조는 12월 10일 오전 11시 45분 제16의회의 개원식을 마치고 나오던 천황의 마차에 다가가, 광독사건의 직소를 결행했다. 불경죄를 의미하는 대사건은 전국의 각 신문사가 호외를 발행해 보도하였다. 그 결과 한 달 동안 광독문제·직소사건이 독자까지 끌어들이며 논쟁을 불러일으켰다. 『요로즈초호』는 광독 피해민의 호소를 '의회도 듣지 않고, 정부도 돌아보지 않고, 사회도 도와주지 않으니, 쇼조가 결국 이렇게 하기에 이르렀다'(1902년 1월 1일)고 옹호했다. 이와테 현(岩手県)의 중학생 이시카와 하지메(石川一, 이시카와 다쿠보쿠〔石川啄木〕의 본명) 소년은 신문을 팔아 모은 돈을 아시오 광독 피해민과 핫코다산(八甲田山) 조난자를 위한 모금 운동에 냈고, 도쿄제국대학 학생 가와카미 하지메(河上肇)도 연설회에서 감동을 받아 입고 있던 외투와 하오리(羽織, 짧은 겉옷)를 벗어 기부하였다. 다나카 쇼조는 제국의회에서 고립되어 중의원 의원을 사직(1901년 10월)하였다. 그러나 구원 활동은 전국적으로 퍼졌고, 학생(제국대학, 와세다, 게이오〔慶應〕, 메이지법률전문학교, 릿쿄중학〔立教中学〕, 조동종대학림〔曹洞宗大学林〕 등)과 여성(기독교부인교풍회(婦人矯風会, '부인'은 '여성'을 의미함) 등)의 활동은 러일전쟁 직전인 1904년 초까지 끊임없이 계속되었다.

『요로즈초호』는 그해를 보내면서 다음과 같이 개탄하였다(「送歲の辞(上)」, 12월 30일). '우리 일본은 거의 부패의 절정에 도달했다. 타락의 극도에 도달했다. 정부, 정당, 의회, 투기상인 같은 자들은 실로 간악, 사기, 나태, 간음, 살인 등의 모든 악덕을 대표하는 명사가 아니겠는가, (중략) 이들에게 지배되는 일본은 실로 망국을 의미하는 것이 아니겠는가'라고 한탄했다. 이와 같은 의식과 아픔이 공유되었다는 점에서 1901년의 '사회적 정의'가 존재할 수 있었다. 이를 바탕으로 다양한 사회운동이 퍼져 갔으나 이윽고 러시아와 일본의 긴장이 높아짐에 따라, '전쟁과 평화'라는 과제를 둘러싸고 어쩔 수 없는 분열과 퇴조의 경향을 보이게 된다.

러일개전론과 비전론

1902년에서 1903년에 걸쳐 의화단사건 후의 러시아군 철병 문제가 장기화되면서 러일 간의 긴장이 높아졌다(제7장 참조). 1903년 4월 이후에는 강경파의 활동이 눈에 띄기 시작했다. 이에 대해 기독교의 우치무라 간조, 사회주의의 고토쿠 슈스이와 사카이 도시히코(堺利彦) 등이, 『요로즈초호』에 비전론, 전쟁 절대 반대론 등을 적극적으로 집필하며 독자의 호응을 호소하였다. 우치무라의 「전쟁폐지론」(6월 19일)은 '나는 러일 비개전론자일 뿐만 아니라 전쟁의 절대적 폐지론자이다. 전쟁은 사람을 죽이는 일이다. 사람을 죽이는 것은 큰 죄악이다.

큰 죄악을 범한다면 개인도 국가도 영구히 이익을 얻을 수가 없다'고 강조하였다.

그러나 여름을 지나면서 비전론과 반전론의 논조는 저널리즘에서 고립되어 갔다. 우치무라 등의 의견은 서명이 들어간 발표로 초호사의 의사를 대변하는 것이 아니었으나, 『요로즈초호』의 입장에서는 비전론을 계속해서 발표할 것인지 말 것인지가 큰 문제가 되었다.

러시아가 만주에서 철병하기로 한 2차 기한인 1903년 10월 8일, 『요로즈초호』는 제2 사설 「전쟁은 피할 수 없는 것인가」를 게재하고, 러일전쟁은 피할 수 없다, 국민은 '일체의 고려 없이 어려움을 향해 맹진하는 길이 있을 뿐'이라면서 개전에 대비해 정부에 협력해야 한다는 선언을 발표하였다. 다른 신문에 동조하여 국민은 전쟁에 협력해야 한다고 과감히 선언한 것이다.

그날 밤 사회주의협회가 간다청년관(神田青年館)에서 개최한 비전론 연설회에서, 고토쿠와 사카이는 초호사를 퇴사하겠다는 의사를 밝혔고, 다음 날에는 우치무라도 퇴사를 결정했다. 12일 자 『요로즈초호』의 제1면 톱 기사는 우치무라의 「퇴사에 즈음하여 루이코 형에게 보내는 각서」와 사카이·고토쿠 연명의 「퇴사의 말씀」, 구로이와 슈로쿠(黑岩周六, 구로이와 루이코의 본명)의 「우치무라, 고토쿠, 사카이 세 사람의 퇴사에 대하여」가 2단에 걸쳐 게재되었다. 우치무라는 '제가 러일 개전에 동의하는 것은 일본국의 멸망에 동의하는 것이라 확신'한다고 하였다. 사카이와 고토쿠는 '우리들이 평소 사회주의의 견지에서 국제 전쟁을 보건대 귀족, 군인의 사투에서 비롯된 것으로, 국민의 다수는 희생당하는 셈'이기 때문에 퇴사하는 것이라면서, 헤어지는 이유를 명확히 설명하였다.

평민사의 결성과 사람들

사카이와 고토쿠는 공동으로 주간 신문을 발행하기 위해 대규모 계획에 착수하였다. 두 사람이 저널리스트로서 활동하며 살아온 경험이 신문 발행으로 결실을 맺었다. 경시청에 제출한 보증금은 중의원 서기관을 역임한 바 있는, 나카에 조민의 친구 고지마 료타로(小島龍太郎)가 내주었고, 창업비는 민중을 상대로 실업 진료소 운동을 전개하던 의사 가토 도키지로(加藤時次郎)가 제공하였다. 10월 23일 유라쿠초(有楽町)에 평민사의 사무소 겸 고토쿠 슈스이의 주거가 탄생했다. 사람들에게서 헌애 국화 화분, 삼목 화분, 마르크스(Karl Heinrich Marx)와 엥겔스(Friedrich Engels)의 초상을 담은 큰 액자, 독일 사회민주당의 지도자 베벨(August Bebel)의 작은 액자, 영국의 디자이너로 사회주의자였던 윌리엄 모리스(William Morris)의 초상화와 액자, 졸라(Émile Zola)와 톨스토이(Leo Nikolayevitch Tolstoy)의 액자, 램프 2개, 차제구 한 세트, 전화 등을 기증받거나 구입하였다. 이렇게 해서 떠들썩한 사무소가 순식간에 만들어졌다. 결성된 '평민사'의 취지는 창간호 권두에 '평민사 동인'의 '선언'으로서 게재되었다. '자유, 평등, 박애는 사람이 세상에 존재하기 위한 3대 요의(要義)이다'라며, 평민주의·사회주의·반전·비폭력을 격조 높게 호소하였다.

11월 5일 창간된 주간 『평민신문(平民新聞)』은 일요일에 발행되었으며 가격은 1부에 3전 5리였다. 제1호는 품절이 될 정도로 평판이 좋아서 8,000부를 재판하기도 했다. 제2호 이후는 평균 3,500~4,500부 정도를 발행하였다. 집필자는 처음에는 『요로즈초호』의 기자나 기고가 등이 눈에 띄었으나 「발행 사정」(창간호)에 소개된 관계자 일람은

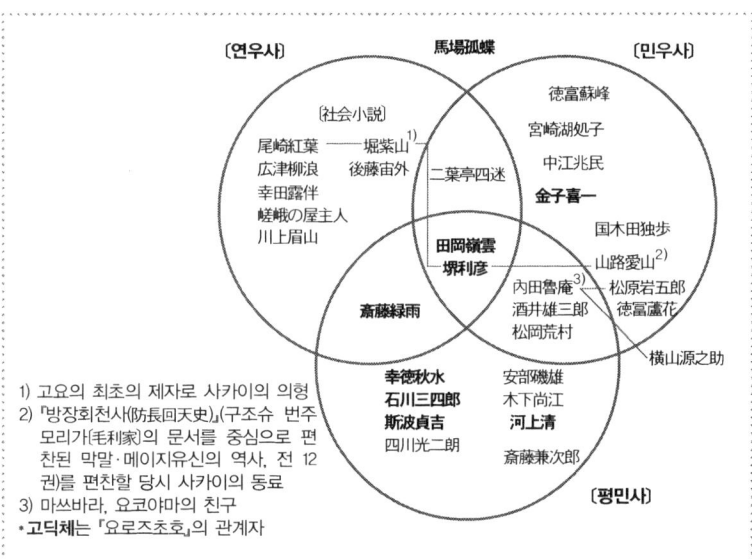

▶그림 6-4. 평민사 동인을 둘러싼 사람의 고리(西田毅·和田守·山田博光·北野昭彦 編『民友社とその時代』, 山泉進『平民社の時代』, 林尚男『平民社の人びと』, 絲屋寿雄『日本社会主義運動思想史』, 太田雅夫『初期社会主義史の研究』, 宮武外骨·西田長寿『明治新聞雑誌関係者略伝』을 참조함).

그보다는 조금 더 다채로운 인사들로 채워져 있었다. 호소노 이타로(細野猪太郎), 노가미 게이노스케(野上啓之助), 고이즈미 산신(小泉三申), 시바 데이키치(斯波貞吉), 이토 긴게쓰(伊藤銀月) 등이 그들이다.

일본 최초의 본격적인 반전 운동은 사회주의 의식 속에서 전개되었지만, 평민사와 주간『평민신문』의 기반은 그보다는 훨씬 넓고 풍부한 지평이었다(그림 6-4). 평민사의 편집국에는 나카에 조민의 글 '문장경국대업불후성사(文章経国大業不朽盛事)'(문장은 경국의 대업이며 불후의 성사이다)가 걸렸다. 고토쿠의 문장은 리듬감 있는 한문조여서, 그는 명문가로도 이름을 알렸다. 러일전쟁에 출정하는 병사에게 말을 건네는 내용의 논설「병사를 보낸다」(1904년 2월 14일)에서 다음과 같이 말하였다.

오호라 종군하는 병사여, 제군의 논밭은 황폐해질 것이다, 제군의 업무는 없어질 것이다. 제군의 노친은 홀로 문에 기대고, 제군의 처자는 헛되이 굶주림에 울 것이다. 그러나 제군의 생환은 본디 기대할 수 없으리라. 게다가 제군은 가야만 한다. 가거라. 가서 제군의 직분을 다하라. 하나의 기계가 되어 움직여라. 그렇지만 러시아의 병사도 사람의 자식이요, 사람의 남편이요, 사람의 아버지이다. 제군의 동포인 인류이다. 이 점을 생각하여 삼가 그들에 대해 잔혹한 행동을 하지 않도록 하라.

인도주의에 호소하는 이와 같은 문어조의 문장은 독자에게 다가서는 강력한 힘을 발휘했다. 이 신문은 전체적으로 설득에 필요한 논리적 명확성이 요구되어 문어조·구문 직역조(欧文直訳調)가 위주였으나 이토 긴게쓰와 니시카와 고지로(西川光二郎), 가네코 기이치(金子喜一) 등은 언문일치체로 발표하였다. 지방에서 보내온 투서와 '기자'(아마도 고토쿠나 사카이)가 쓰는 신변 기록은 언문일치체였으며, 이해하기 쉬운 문장으로 엮어졌다. 이 지면은 『도쿄아사히신문』이나 『국민신문』 등이 아직 문어조로만 편성되던 시절이었던 만큼 신선한 느낌을 주었다.

중등교육과 미디어의 변화

'전쟁'이라는 소재에 대한 흥미는 신문이 관심을 모을 수 있는 계기였다. 또 '활자 문화'를 일상생활 속으로 끌어들였다. 이를 지탱해 준 것은 소학교 졸업생의 증가이다. 1900년에 초등과는 4년제가 됨과 동시에 의무교육이 되었다. 이후 소학교 취학률은 높아져서 1902년에는 9할을 넘어선 것으로 공식 발표되었다. 실제는 그렇게까지 높지는 않았지만 '읽기·쓰기·산술'의 기초 능력을 익힌 민중이 소학교 제도를 통해 착실하게 늘어났다.

다음으로 중등학교의 보급과 정착을 들 수 있다. '중등학교'란 남자 중학교와 여자 고등여학교 그리고 상업이나 실업을 가르치는 실업학교를 가리키는데, 1880년대에는 소학교와 고등교육기관 사이에서 그 위치가 불명확하였다. 1894년 9월「심상중학교(尋常中學校) 입학규정의 개정」을 통해 처음으로 입학 자격이 고등소학교 제2학년 수료가 되면서, 소학교와 심상중학의 교육과정이 직결되었다. 1899년에는 중학교령·고등여학교령·실업학교령이 제정됨으로써, '중등학교'로의 진학은 이후 고등교육기관(제국대학, 전문학교, 육군사관학교, 해군병학교 등)에 진학하거나 직업의 길을 선택하는 등, '진로 전환의 포인트'(土方苑子,「中等学校の設置と地方都市」)로서의 역할을 하게 되었다. 이는 점차 사람들에게도 가시화되어 간다.

중학교는 1891년에는 현청 소재지 등에 55개교밖에 없었지만, 1892년 이후 10년간 일거에 증설되어 전국 200개교를 넘어서면서 중학교 설립이 피크를 맞이하였다. 증설된 187개교 중 4분의 1은 시에, 4분의 3은 군에 설치되었다. 고등여학교는 1899년 고등여학교령이 부현립(府県立) 고등여학교의 설치를 의무화했기 때문에, 1896년의 전국 19개교에서 1902년에는 80개교로 4배나 증가했다. 실업학교도 같은 연간에 77개교에서 218개교로 3배 가까이 증가하였다.

세 종류 중등학교의 총 재학자 수도 비례해서 증가하였다. 1894년의 2만 9,573명이 1903년에는 15만 4,879명으로 5배나 증가하였다 (표 6-1). 재학 연수를 5년으로 하면 매년 3만 명의 중등교육 수료자

▶표 6-1. 중등학교 설치 수와 재학자 수(1894~1903년).

연도	중학교		고등여학교		실업학교	
	교 수	재학자 수	교 수	재학자 수	교 수	재학자 수
1894	82	22,515	14	2,314	32	4,744
1895	96	30,871	15	2,897	55	6,132
1896	121	40,778	19	4,152	77	9,479
1897	157	52,671	26	6,799	95	11,889
1898	169	61,632	34	8,589	109	12,917
1899	191	69,179	37	8,857	121	15,882
1900	218	78,315	52	11,984	139	16,981
1901	242	88,391	70	17,540	172	21,808
1902	258	95,027	80	21,523	218	26,842
1903	269	98,000	91	25,719	240	31,160

주: 실업학교에는 도제학교도 포함.
総務庁統計局 監修, 「日本長期統計総覧」 제5권을 참고로 작성. 원사료는 文部省, 「学校基本調査」.

가 사회로 배출되는 셈이다. 1948년에 발족한 신제 대학은 1951년도에 재학생이 40만 명에 이른다. 1903년의 15만 명은 그에 필적하는 사회적 지식 집단이었다.

    현청 소재지에 편재하는 중학교에 진학하는 사람은 하숙생활을 하면서 공부할 수 있는 사람뿐이었다. 나쓰메 소세키(夏目漱石)가 「도련님(坊っちゃん)」에서 묘사한 중학교 학생과 사범학교 학생의 충돌은, 집에 재력이 있어 다음 고등교육기관에 진학할 예정인 자제와 재력이 없어서 학비도 관청에서 보조받는 학생과의 대립이었다. 청일전쟁 후 중등학교의 증설이 군 지역(郡部의 町)에서 이루어지면서, 집에서 통학하는 학생이 증가했다.

    청일전쟁 후 현저해진 '중등학교' 졸업생의 증가는 '활자 문화'를 정착시킨 요인이었다. 구미의 서적이나 지난 호의 정보를 번역하는 근대 초기의 정보 환경에 대해 불만을 갖게 된 '신지식인' 중등학교 졸업생. 이들을 만족시키는 리얼 타임의 정보 전달을 위한 외국 통신기관과의 직결. 그것이 청일전쟁 후의 각 신문사들을 휩쓸리게 한 '루타'사와의 계약 배경이었다.

제7장 러일전쟁과 한국병합

「군신(軍神)」 히로세 다케오(広瀬武夫)・스기노 마고시치(杉野孫七) 상 (1910년 건립. 도쿄 시 만세교(万世橋) 광장). 제2차 여순항 공략 작전에서 전사한 히로세는 해군과 신문의 손에 의해 '군신'으로 추대되었다(『東京原風景』).

1. 열려진 문

삼국간섭

청일전쟁은 1880년대에 아프리카 분할을 끝낸 구미 열강의 눈을 아시아 쪽으로 다시 돌리게 하였다. 최초의 현상이 이른바 삼국간섭이다. 시모노세키 강화조약이 조인되기 직전부터 구미 제국은 심상치 않은 움직임을 보였고, 이 정보는 무쓰 외상에게도 전달되었다. 1895(메이지28)년 3월 28일부터 열강의 주일 공사는 강화조약에 대해 문의하기 시작하지만, 무쓰 외상(히로시마)은 휴전조약이 성립되었기 때문에 회답할 필요가 없다고 외무성에 지시해 둔 상태였다. 그러나 청국 쪽에서 강화 조건이 흘러나가기 시작하자, 이것은 '은밀히 각국의 동정(sympathy)을 받고 또 각국의 힘을 빌려 일본의 요구를 삭감시키려는 음모'라고 무쓰는 판단하였다. 그리하여 영·미·프·러에 주재하는 일본 공사에게 강화 조건을 각국에 전달하라고 명령하는 한편, 4개국 공사에게도 조건을 사전에 밝혔다(독일과 이탈리아에는 하루 늦게 전달).

열강 정부의 반응은 좋지 않았다. 4월 3일 러시아 공사는 하야시 다다스(林董) 외무차관으로부터 봉천성(奉天省) 남부의 분할에 관해 듣고 '불쾌한 얼굴색을' 드러냈다. 그리고 '이 조항은 구주 각국의 감정을 상하게 하여 간섭의 구실을 주게' 될 것이라고 자신의 솔직한 의견을 말했다. 13일에는 프랑스가 팽호제도의 할양에 대해 러시아와 공동으로 항의하는 문제를 협의 중이라며, 니시 도쿠지로(西德二郎) 러시아 주재 공사가 전해 온다. 독일은 일본이 '특별한 경제적 이익을 차지하려' 한다면 '대거 이에 반항할 것'이라는 관측을, 아오키 슈조 주독 공사가 전하였다. 프랑스의 움직임은 메이지 천황도 불안해 하여, 러시아와 프랑스가 '연대해서 방해하려는' 의미가 아닌지 무쓰에게 문의하는 전보를 보냈다. 17일 아오키 주독 공사는 '독일은 갑철함 한 척을 동양으로 회항시킬 것을 결정'했다는 놀랄 만한 정보를 발송해 왔다. 같은 날 시모노세키조약이 조인되자 무쓰는 구미 각국과 조선에 주재하는 공사 등에게, 천황에 상주도 되지 않은 상황에서, 조인 사실과 요지를 각국 정부에 전달하고 그들의 동향을 알리라고 타전하였다. 무쓰 자신도 열강의 공동 간섭에 대한 위기를 느꼈기 때문이었을 것이다. 그러나 무쓰는 위기에 대처해야 한다는 말은 하지 않았다. 시모노세키 강화조약의 조인을 다음 날인 18일 천황에게 상주하고 가상하다는 말을 들은 것은 무쓰의 낙관론이 가져온 결과였다.

일본에는 아직 전달되지 않았지만 유럽에서는 다음과 같은 정보가 흘러나오고 있었다. 4월 22일 자 러시아 신문 『주르날 드 상트 페테르부르크(Journal de St.Petersbourg)』는 베를린 발의 「지급(至急) 전보」라는 기사에서, 독일은 러시아 및 프랑스와 연합하여 청일 강화의 조건 특히 '일본이 노리는 영토 변경'에 대해 손을 쓸 것을 3월 23일부터 사전 공작하여 합의했다고 보도했다. 23일 자 독일 신문 『푸랑크푸르터 차이퉁(Frankfurter Allgemeine Zeitung)』도 독일이 주도해서 연합이 구성되고 있다고 보도하였다.

상주 2일 후인 20일 아침, 일본 주재 독일 공사가 다른 공사와 공동으로 외상에게 '직접 말씀드리고 싶은 긴급 사건이 있다'고 외무성에 전하였지만, 무쓰는 몸이 아파 공사들과 만날 수 없다고 하야시에게 대답하였다. 무쓰가 하야시에게 내린 지시는, 독일 공사의 신청은 '그다지 중대한 일로 보이지 않으며 또한 각국이 연합할 것으로 보이지도 않는다'는 낙관적인 것이었다.

21일 밤중에 아오키에게서 장문의 전보(전반부)가 도착하여 무쓰를 놀라게 했다. 아오키는 독일 외상의 의향이 갑자기 변해서 여순 영유에 반대한다는 뜻을 전해 왔다고 보고하였던 것이다. 22일 오후에는 아오키의 전보 후반부가 도착하여, '독일국은 일본에 반대해서 다른 나라들과 함께 운동할 것을 언명했다'는, 공동 제의에 관한 내용을 전해 왔다. 그날 오후에는 니시 주러 공사로부터도 '만일 우리가 요구하는 토지의 경계가 압록강까지 도달하는 것이라면' '구주 제국으로부터 처리하기 벅찬 간섭'을 받을 각오가 필요할 것이라는 의견이 도착했다.

그러나 무쓰의 방침은 아직 강경하였다. 23일 아침 무쓰는 하야시 차관에게, 시간을 벌어 가면서 3주간 이내로 예정된 비준서의 교환을 우선하라고 지시하였다. 이토 수상도 '구주 각 대국의 강한 간섭을 받는 것은 피할 수 없다'고 전하고, '우리 정부는 이미 기호지세의 상황이기 때문에 어떠한 위험이 있더라도' 강경한 자세로 임하는 것 외에는 다른 방도가 없다고 타전했다. 이토도 이 시점에서는 무쓰에게 찬성하고 있었다.

무조건 환부

23일 러·독·프의 삼국 공사는 하야시 외무차관에게 각서를 전달했다. 그 즉시 하야시는 이토와 무쓰에게, 삼국의 요구는 '금주반도(金州半島)를 일본이 영구히 소유하는 일은 지나(支那)의 수도를 위태롭게 하고 조선의 독립을 유명무실하게 만들기 때문에' 반도 영유를 철회하라는 것이라고 보고하였다. 이때 무쓰는 ① 삼국의 권고를 거절하고, ② 그 진의를 파악하며, ③ '우리의 군민(軍民)이 어떠한 경향을 보이는지를 살핀다'는 생각(『蹇蹇錄』)에서, 영국·미국·이탈리아의 힘을 빌려 대항할 구상을 가지고, 이들 나라에 주재 중인 일본 공사들에게 지시하였다.

이토 수상의 반응은 달랐다. 다음 날 이른 아침부터 어전회의를 열기로 결정하였다. 그러나 강화조약의 조인으로 큰일이 끝났다고 판단한 이토 등은 대사건이 일어나리라고는 생각하지도 못한 채, 각료가 흩어지는 것을 허용한 상태였다. 이때 히로시마에 체재 중이던 사람은 천황과 각료 3명밖에 없었다. 이토는 마이코(舞子)에서 요양 중이던 무쓰 외상에게, 어전회의를 예정하고 있으니 의견을 내라고 타전하였다. 다음 날 아침 무쓰는 우선 거부하는 방침으로 나갈 것을 요청하고, 외무성 고문 데니슨(미국인)을 고베에서 불러들여 '상담한 다음' 회답안을 작성하도록 지시하였으니, 어전회의에서의 즉결은 피해 달라고 요청하였다. 무쓰는 같은 날 보낸 두 번째 전보에서도 ① 데니슨과 영문 회답서를 작성 중, ② 프랑스 정부는 '그다지 열심은 아닌' 모양, ③ 삼국 정부도 '아직은 일치된 행동을 할 만한 충분한 준비가 되어 있지 않은 것 같다'고 이토에게 진언하였다. 무쓰는 이 단계에서조차도 낙관적이었다. ②의 정보는 소네 아라스케(曾禰荒助) 주프 공사의 전보, 즉 프랑스 외상은 러독과 공동으로 간섭하는 문제에 대해 솔직하게 말하지 않았다는 전보에 근거한 것이지만, 특별히 열심인 것 같지는 않다고 판단할 수 있는 근거가 되기에는 박약하였다.

24일 오전 10시부터 개최된 어전회의는 1시간 정도의 논의를 거쳤다(『明治天皇紀』 8). 이토가 제안한 것은 다음의 세 가지이다. ① 권고를 거부, ② '열국 회의'를 개최하여 요동반도 문제를 처리, ③ 삼국 간섭을 수용하여 요동반도를 '은혜적으로 환부'한다는 것이 그것이다. ①은 '우리 육해군은 주력이 모두 출정하여 내지의 군비는 거의 비어 있을 뿐만 아니라 병사는 피로하고 군수는 결핍되어' 한 나라를 상대할 만한 군사력도 되지 못한다는 판단에서 아무도 찬성하지 않았다. ③은 '겁쟁이의 경향'이 있다는 이유로 채택되지 않아서 결국은 ②안으로 결정되었다.

어전회의의 결과를 가지고 이토는 그날 밤 마이코로 향했다. 무쓰는 교토에 체재 중이던 마쓰카타 장상과 노무라 야스시(野村靖) 내상에게 내방을 요청하였다. 25일 이른 아침부터 이토·마쓰카타·무쓰·노무라가 참석한 이른바 '마이코 회의'가 열렸다. 무쓰의 거절론은 이토에게 무모하다고 반박당해 철회되었다. 무쓰는 ②안에는 동의할 수 없다, 또 다른 간섭을 야기할 것이라고 설명하였고, 이에 대해서는 이토 등도 수긍하였다. 채택된 것은 삼국간섭과 청국과의 강화를 분리하여, 전자는 양보하지만 후자는 '일직선으로 그 방침을 쫓는다'는

▶그림 7-1. 철도 놀이—흥미로운 일행(비고(Georges Ferdinand Bigot) 그림, 1898년 3월). 삼국간섭 후, 영프러독(왼쪽부터)의 조차지 설정 및 확대 그리고 철도 이권의 획득이 전개된다. 그러나 그 계기가 청일전쟁이었기 때문에 불만스러운 표정의 일본(오른쪽 끝).

방안이었다. 청국에게는 강경하게 나가고 삼국에게는 상황을 보아 가면서 대처하자는 것이었다.

무쓰는 영국의 협력을 얻고자 가토 다카아키(加藤高明) 주영 공사에게 의향을 살피도록 하였으나 영국 정부는 협력하지 않을 것이라는 정보가 전달된다. 게다가 요동반도 중 금주청(金州庁) 이외의 지역을 포기하겠다는 러시아에 대한 양보안도 거부당했다.

5월 4일 이토·마쓰카타·사이고·노무라·무쓰와 가바야마 해군 군령부장의 6명이 참석한 이른바 '교토 회의'가 열렸다. 여기에서 무조건으로 환부하고, 후일의 외교 교섭에 맡긴다는 무쓰의 제안이 결의되었고, 도쿄에 머물던 천황의 승인도 받았다. 이렇게 해서 삼국간섭은 일본이 압력에 굴복한 형태로 끝을 맺었다.

무쓰와 이토는 열강의 간섭을 극도로 경계하여, 강화 조건 등도 4월 3일까지 밝히지 않은 상태에서 일을 추진했으나, 최후의 단계에서 끝내 열국의 공동 간섭이 나타났다. 열강의 아시아에 대한 관심을 불러일으켰다는 점에서 일본은 외교적으로 실패하였으며, 아시아 제국은 닫혀 있던 문이 열리게 됨으로써 다음 번 위기를 맞이하게 된다. 4월 23일 자 『타임즈』는 청일전쟁과 시모노세키 강화조약을 다음과 같이 평가하였다. 즉 '중국이 앞으로도 잠든 상태로 남을 것이라는 점이 보증되었더라면, 또 일본이 갑자기 육해군의 군사력 문제에 눈을 떠 이를 사용하는 일이 없었더라면, 아마도 우리나라는 지난 2, 3세대 동안 해왔던 일을 그대로 계속할 수 있어서 행복했을 것이다. 그러나 이제는 원래대로 돌이킬 수가 없다. 극동에는 새로운 세계가 탄생한 것이다. 우리들은 그것과 공존하면서 최대한 이용하지 않으면 안 된다'고 평가하였다. 일본이 비집어 연 문을 더욱 활짝 열어젖히고 이권을 획득해 갈 것을 선언한 것이다.

열려진 문

독일의 한 신문은 청국의 세입 3억 마르크 중 23%가 배상금과 외국에서 빌린 차금을 갚는 데 충당될 것이라는 예측을 소개하였다(『푸랑크푸르터 차이퉁』, 1895년 4월 30일). 청일전쟁 배상금 지불에 어려움을 느낀 청국은 1895년 7월 프랑스와 러시아의 공동 차관을 받아들였다(36년간 변제). 이어서 다음 해에는 영국과 독일도 1,600만 파운드의 공동 차관을 제공했다(36년간 변제). 재정적으로 파탄에 이르게 된 청국은 일본에 갚아야 할 2억량의 배상금 때문에 여러 열강의 금융에 의존하는 구조로 변해 갔다.

같은 해 5월 니콜라이 2세의 대관식에 출석한 이홍장(李鴻章)은 러청조약을 체결하였다. 비밀조약에서는 동청철도(東淸鉄道)의 부설권을 인정하고 이와 함께 일본에 대한 공동 방위를 약속함으로써, 일본의 향후 공세를 막으려 하였다. 그 후 청국에서는 97년의 회하 수해(淮河水害), 98년의 황하 제방의 붕괴와 수해, 99년부터 다음 해에 걸친 화북지방의 한발 등의 재해가 연이어 일어났다. 여기에 구미 제국의 금은복본위제 이탈에 따른 은화 가치의 하락이 더해져, 물가가 상승하

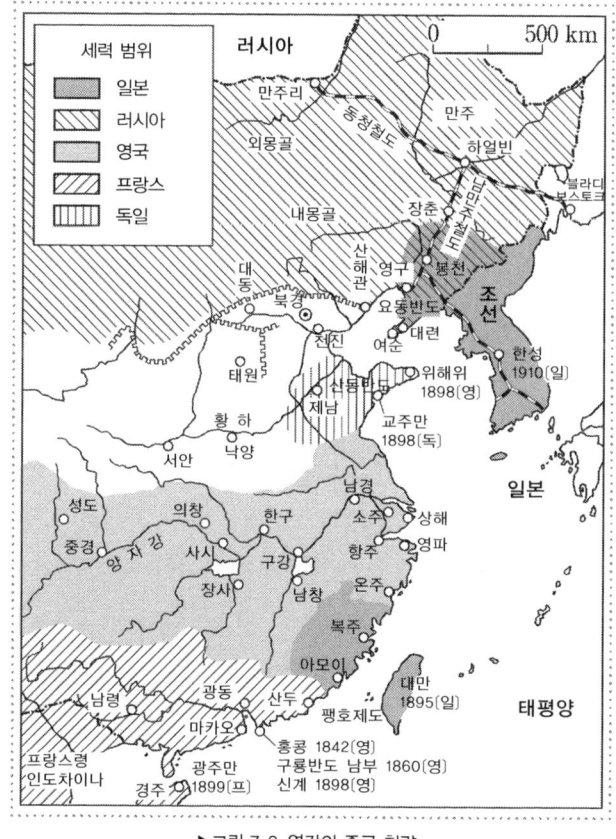

▶그림 7-2. 열강의 중국 침략.

제7장 러일전쟁과 한국병합 | 245

는 등 생활의 곤궁화가 심각해졌으며 유민도 점점 증가하여 국내 불안은 커져만 갔다.

군사적으로도 재정적·사회적으로도 청국이 약체화된 것이 명백해진 이 시기에, 아프리카 분할 경쟁에 뒤처졌던 독일이 먼저 움직이기 시작했다. 1896년 12월, 50년간의 교주만(膠州灣) 조차를 요구하고 다음 해에는 실력으로 교주만을 점령하였다. 또 98년 3월에는 영국과 독일의 제2차 공동 차관 1,600만 파운드가 성립하였다. 당근과 채찍 앞에 청국은 차관 성립 5일 후, 교주만을 99년간 조차하는 내용의 조약에 조인하고 철도부설권과 광산채굴권을 포함한 경제적 수탈도 인정하였다. 그 3일 전에는 러시아도 여순과 대련 항을 25년간 조차하였고 동청철도의 남만선(南滿線) 부설권도 얻었다. 4월에 들어가자 프랑스가 광주만(広州湾) 조차와 운남철도(雲南鉄道) 부설권을 요구하였고 2주 후에는 광주만을 점령하였다. 영국은 6월 홍콩(香港)의 대안에 있는 구룡반도(九龍半島)를 99년간 조차하고, 7월 위해위(威海衛)를 25년간 조차하였다. 1898년 봄부터 여름에 걸쳐 청국은 여러 열강의 군사적 압력에 위협당하면서 굴복해 갔다.

동아시아의 정세에 자극을 받은 미국도 98년 스페인에 전쟁을 걸어 쿠바와 필리핀을 스페인으로부터 분리한 다음, 자신의 세력권에 포함시키는 데 성공하였다. 당시 직접 '러프 라이더스(Rough Riders, 거친 말을 탄 연대)'를 이끌고 쿠바에서 화려한 전투로 민중의 갈채를 받은 모험주의의 '영웅'이 시어도어 루스벨트(Theodore Roosevelt) 해군 소좌였다. 미국과 스페인의 미서전쟁은 미국에게, 대외적으로는 카리브 해에서 태평양 서안에 이르는 세력권을 확보하고, 대내적으로는 남북전쟁의 상처를 치유하여 협력에서 화해로의 길을 걷게 해 주었다는 점에서 큰 의미가 있다. 미국은 여기에서 그치지 않고 다음 해인 99년, 청국의 '문호 개방 선언'을 각국에 통지함으로써 동아시아의 분할 경쟁에 참가할 것을 선언하였다.

명성황후 시해사건

청일전쟁이 끝나고 반년이 지난 1895년 10월 8일 한성에서 대사건이 일어났다. 14일 『뉴욕·헤럴드』는 「왕비 암살의 전모」라는 기사를 실어 '일본인은 왕비의 거처에 들이닥쳐 왕비 민비와 내대신, 여성 3명을 살해했다'는 제1보를 10일에 한성에서 발신했으나 도쿄에서 전송하는 것을 금지당했다고 보도했다. 또한 '왕비 살해를 기도한 것은 대원군을 지지하는 조선인 일파와 무책임한 일본의 장사'라고 단정하였다.

국제적 비난을 받은 일본 정부는 미우라 고로(三浦梧楼) 주한 공사를 소환한 후, 관계자들과 함께 재판(히로시마 지방재판소)에 부쳤다. 그러나 세계사에 유례를 찾아볼 수 없는 만행이었음에도 불구하고, '증거 불충분'으로 48명 전원이 무죄·면소 판결을 받는 최악의 결과로 끝났다.

면소 처분을 받은 한 사람, 스기무라 후카시(杉村濬) 공사관 1등 서기관은 사건의 '수단은 작년 7월의 거사보다 훨씬 온화'했다면서, '정부가 이미 작년의 거사를 시인한 이상, 후임 공사가 그 예를 따라 행한 금년의 거사도 이를 비난할 수 없는 일'(『秘書類纂』, 朝鮮交涉資料)이라고 예심 판사에게 진술하였다. '작년의 거사'란 '7월 23일의 전쟁'을 가리키는데, 이것이 모략이었다는 점을 당사자인 스기무라 서기관이 확인한 셈이다.

조선에서는 반일 감정이 한층 높아졌다. 이와 함께 국왕 고종과 온건개화파 및 친러파의 연립인 김홍집 내각이 추진하는 급진적 개혁, 특히 같은 해 12월 말의 단발령 공포와 다음 해 1월의 양력 채택 등의 개화 정책에 대한 반발이 강해졌다. 각지의 유생들과 농민은 결합하여 반일 반개화를 기치로 의병을 일으켰다. 이들은 후에 한국군의 해체를 계기로 등장하는 의병과 구별하여 '초기 의병'이라 불린다.

아관파천에서 대한제국으로

민중의 강한 반발을 목격한 친러파는 1896년 2월 국왕 고종과 세자를 러시아 공사관에 피난시켰다(아관파천). 일본의 영향력은 후퇴하였고 김홍집 내각은 붕괴되어 친러파 정권이 등장했다. 개혁책은 좌절되고 수구책이 부활하였다.

1897년 4월 경운궁으로 돌아온 국왕 고종은 8월에 연호를 광무라 하고 10월에는 국호를 대한제국(대한)으로 고쳤다. 그리고 대관식을 거행하고 황제에 취임했다. 대한 황제는 청국의 황제나 일본의 천황과 동격임을 과시하고, 아울러 세계 각국과 동등한 국가가 되는 것을 목표로 전진하겠다는 선언이었다. 99년에 제정된 「대한국 국제」는 '대한국은 세계 만국이 공인한 자주 독립 제국이다'(제1조)라 하여, 자립한 제국임을 선언하였다. 그리고 그 정치는 '전제 정치'(제2조)이며, '황제는 무한한 군권을 누린다'(제3조)고 하여, 황제가 전제 정치를 행할 것임을 명확히 하였다. 황제 고종의 '광무개혁'은 옛 제도를 근본으로 삼고 새로운 것을 참작한다는 '구본신참(舊本新參)'을 시정의 원칙으로 하는 복고주의적인 면도 있었다. 그러나 군비 증강·양전 사업(토지를 측량하고 소유권을 인정하는 지계[地契]를 발급)·화폐 금융 제도의 개혁을 비롯하여 섬유·광업·운수 등의 산업 진흥책이 실시되었고, 실업 교육이나 외국으로의 유학생 파견도 적극적으로 추진되었다. 다만 방대한 지출을 지탱할 세수가 부족하여, 중앙은행 설립과 철도 건설 등에 필요한 자금은 외국의 차관에 의존하지 않을 수 없었다. 고종의 생각은 열국 협동 차관을 성립시켜 세력 균형 상태를 만듦으로써 대한에 대한 침투를 막으려는 것이었으나, 협동 차관은 실현되지 않은 채 도리어 열국의 경쟁만 격화되었다.

독립협회운동과 '국민'의 형성

1896년 4월 서재필은 전문 한글로 구성된 『독립신문』을 창간하였다. 한자를 읽지 못하는 사람도 읽을 수 있는 신문을 만들려 했던 서재필은 갑신정변의 실패로 좌절을 맛본 망명 지식인이었다. 그는 96년에 미국에서 귀국하여, 독립 의식을 갖춘 '국민'의 형성을 도모하려고 했다. 7월 개화파 관료와 지식인들이 독립협회라는 운동 단체를 만들자 『독립신문』은 그 기관지적 존재가 되었다.

한성부의 서쪽 근교에는 종주국의 사신을 맞이하는 영은문과 모화관이 있었다. 고종과 정부는 제국의 자립을 과시하기 위해, 영은문을 부수어 '독립문'을 건설하고 또 모화관을 개수하여 독립관으로 만들어서, 그 일대를 집회가 가능한 공원으로 만들 계획을 세웠다. 독립협회의 운동은 이에 대해 아래로부터 호응하는 것이었다. 독립관에서는 교육과 산업, 의회 개설 등을 활발하게 논의하는 집회가 열려, 국민의식을 형성시키는 계몽의 역할을 완수해 갔다.

1898년이 되자 독립협회는 계몽에서 정치 운동 쪽으로 기울어졌다. 3월에는 1만 명을 모아 놓고 만민공동회를 개최하여 정부에 대해 러시아 고문의 채용을 취소하라고 요구했다. 이 집회는 조선 최초의 근대적 민중 대회였다. 이후 자주 만민공동회를 열어 국권과 국익을 지키려는 운동을 계속하였다. 독립협회는 회원이 4천여 명에 달하는 대규모 단체로 성장했으나 정부 내의 수구파 대신들로부터 탄압을 받았다. 12월 말에는 군대를 동원해 만민공동회를 해산하였고, 다음 해인 99년에는 독립협회에 대해 해산 명령을 내리고 『독립신문』도 폐간시켰다. 한성 시민은 만민공동회를 독자적으로 개최하고 50일 남짓 시위 농성하며 저항했으나 군대에 의해 봉쇄되었다.

의화단사건(북청사변)

열강의 중국 분할이 전개되는 가운데 청국의 개혁파 강유위(康有爲) 등은 청일전쟁 때에 이어, 1897년 12월 열강의 간섭에 대항하여 재빨리 개혁해야 한다는 내용의 상서를 황제에게 제출하였다. 다음 해 6월 광서제(光緒帝)는 '변법자강'을 선포하고 개혁을 선언했다. 강유위 등을 등용한 '무술변법'이라 불리는 개혁책이 실시되었지만, 9월에 이르러 서태후파(西太后派)의 반격을 받으면서 실패로 끝났다(『백일유신』).

강유위 등은 개혁을 추진하지 못하면 민중 봉기의 위험성이 있다고 지적하였는데, 이 말처럼 98년 5월 의민회(義民会)가 하북성(河北省)과 산동성(山東省)의 경계에서 구미인에 대한 배외 운동을 시작하였다. 이 운동은 11월에는 호북(湖北)에서 '멸양(滅洋)'의 슬로건 아래 기독교 교회 등을 파괴하였고, 이후 호남(湖南)까지 번졌으며 다음 해 1월까지 계속되었다. 열강의 침략과 경제적 위기의 심화가 민중을 폭동으로 몰아가고 있었다.

이러한 것들이 큰 흐름을 이룬 곳이 1899년의 산동성이다. 산동성은 청일전쟁 배상금의 보장을 명목으로 일본이 3년간 군사 점령하던 토지이며 또한 98년에 독일(교주만), 영국(위해위)에 의한 군사·정치·경제적 침략의 초점이 되었던 지역이다. 산동성 서부에서 1899년 3월 의화단이 봉기하여 독일군과 충돌했다. 그들은 '체천행도(替天行道), 호국멸양(護国滅洋)'(하늘을 대신하여 도를 행하며, 나라를 지키고 서양을 물리친다)의 기를 내걸고 점차 강력한 세력으로 성장했다. 그리하여 다음 해 5월에는 수도의 안전이 위협당할 지경에 이르렀다. 6월부터 8월까지 56일간 북경의 공사관 거리(동교민항(東交民巷))는 의화단에 의해 봉쇄되었다.

7월, 8개국 연합군 2만 명(반수는 일본군)이 천진을 공략하였고 8월 14일에는 북경에 입성하였다. 공사관 구역을 포위 중이던 의화단은 쫓겨났고, 서태후는 광서제와 함께 궁정을 탈출하여 서안(西安)으로 향했다. 연합국 군대는 3일간 병사들에게 약탈을 허용했다. 이 때문에 북경은 폭행과 약탈이 횡행하는 무법지대로 변했다. 군대는 북경의 서쪽 일대로 조금 더 진출하였고, 1년간 화북에 대한 군사 점령을 지속하였다.

의화단으로 인해 혼란해진 청국의 상황을 보면서, 일본에서는 남청(南淸)에 대한 침략 계획이 모습을 드러내기 시작했다. 8월 10일 야마가타 내각은 거류민 보호를 위한 아모이(廈門) 파병을 결정하였다. 다른 한편에서 아오키 외상은 '아모이 또는 복주에서 적당히 배외 운동을 일으킬 방도가 있는지'를 고다마 겐타로 대만 총독에게 타전하여 음모를 시사했다. 그 배경에는 야마가타 수상이 아오키 외상에게 제안한 의견서 「북청사변 선후책」이 있었다. 이것은 '북수남진(北守南進)의 국시'를 강조한 것으로, '먼저 남방의 토끼 한 마리를 쫓아 포획한 후 다시 북방의 토끼 한 마리를 쫓더라도 아직 늦지 않는다'는 입장에서, 대만 대안의 복건성(성도(省都)는 복주이며 남부에 아모이가 있다)과 그 북쪽에 위치한 절강성(浙江省, 성도는 항주(杭州))의 점령 및 세력 범위화를 제안한 것이었다. 24일 대만총독부의 음모로 히가시혼간지(東本願寺)의 아모이 포교소가 불에 타는 소실 사건이 일어나자 곧바로 군함에서 육전대가 상륙했다. 구미 열강은 강하게 항의했고 그중에서도 영국이 육전대를 파견했기 때문에, 일본군의 증파는 불가능해졌다. 결국 영일 동시 철병이 실행됨으로써 아모이사건은 끝났다. 일본은 남청에 대한 침략 정책을 버리고 경제적 세력을 육성하는 쪽으로 정책을 전환하였다. 이렇게 해서 다시 '북진남수' 노선으로 복귀하게 된다.

러시아의 만주 점령

1900년 6월 이후 의화단의 기세는 만주에까지 이르러, 동청철도의 파괴와 수비병과의 충돌 등, 러시아의 권익을 배제하려는 움직임이 강해졌다. 러시아 정부는 7월 만주 파병을 개시하였고 10월에는 전 만주를 점령하였다.

러시아의 만주 침공이 이권 획득으로 진행될 것으로 판단한 고무라 주타로 주러 공사와 하야시 곤스케(林權助) 주한 공사 등은 한국 문제만을 러시아와 교섭해 온 방침을 버리고, 만주 문제와 한국 문제를 한 세트로 만들어(滿韓不可分) 서로가 만주와 한국을 완전히 확보한다는(滿韓交換) 새로운 방침을 생각해 낸다. 한국 문제를 일본에 유리하게 해결하기 위해서는 만주 문제를 끌어들여 대등한 문제로 삼아 교섭해야 하며, 그렇지 않으면 러시아의 양보를 얻을 수 없을 것이라는 분석이었다. 러시아의 이권을 묵인하는 대가로 한국을 확보하겠다는 생각 속에는, 나중에 일본이 대의명분으로 활용하게 되는 '러시아의 만주 점령은 일본의 위기'라는 판단은 아직 그 모습을 드러내지 않았다. 또 정부의 수뇌와 원훈은 러시아의 만주 침투에 위기감을 느끼면서도 그에 대한 대항을 생각하지는 않는 단계였다. 이즈볼스키(Aleksandr Petrovich Izvolskii) 주일 러시아 공사는 한국을 둘로 나눌 것과 러일 양국이 파병해서 의화단에 대처하자는 안을 제안해 왔지만 아오키 외상이 반대했다. 향후의 대처 방법을 놓고 내각은 의견의 일치를 보지 못하였고 9월 제2차 야마가타 내각은 총사직하였다.

동맹·협상의 모색

정우회를 기반으로 10월에 제4차 이토 히로부미 내각이 발족하였다. 외상에는 외무 관료 가토 다카아키가 취임했다. 가토 외상은 막 성립한 영독협상(양자강〔揚子江〕 협정)에 참가하겠다고 발표하였다. 이 협상은 청국의 문호 개방과 영토 보전을 규정하고 있어서, 그 압력으로 러시아의 군사 침공을 저지할 생각이었지만, 만주에 적용하지 않기로 했기 때문에 의도는 실패한다.

1901년 3월 이토는 야마가타·사이고·마쓰카타를 모아 원훈회의를 열었다. 회의는 러시아가 영독의 반대를 뿌리치고 실력 행사에 나설 가능성은 없다는 만주 정세에 대한 낙관적인 전망에서 러일협상을 교섭하는 한편, 청국 남부로의 침투·확보를 노린다는 '북수남진론'을 다시 채택하였다. 당시 독일은 극동에서의 세력 균형을 도모하여 영독일 삼국동맹을 제안한 상태였으며, 야마가타는 이토에게 보낸 의견서「동양 동맹론」에서 삼국동맹에 찬성하고 있었다. 성립된다면 동아시아에서의 일본의 입장은 강화되겠지만, 이를 강력하게 추진할 수 있을 만큼 국내 정세는 안정되지 않았다.

외국군의 북경 주둔

1901년 9월 청국과 11개국 사이에 북경의정서(北京議定書, 辛丑条約)가 조인되었다. 그 내용은 ① 열국에의 사죄사 파견, ② 병기 및 탄약과 제조 자재의 수입 금지, ③ 배상금 4억 5천만 량의 지불, ④ 공사관 방위를 위한 각국 군대 총 2천 명의 배치, ⑤ 대고(大沽) 포대 등의 철수, ⑥ 천진, 산해관, 북경 등 요지에 대한 각국의 주병권, ⑦ 통상항해조약의 개정 등, 12개조에 이르는 가혹한 것이었다. 청국은 경제적으로도 군사적으로도 더욱 궁지에 몰리는 결과가 되었다. 그러나 청국의 실정을 알아차린 열강은 청국에 대한 압력을 도리어 점점 줄이고, 청국 정부를 지지하는 방향으로 정책을 수정하였다. 청국의 총세무사였던 영국인 로버트 하트(Robert Hart)는 의화단을 '애국자'로 인정하고, 이 사건은 '한 세기에 걸친 변동의 서곡이며, 극동의 장래의 역사 기조를 이루는 것이다. 기원 2000년의 중국은 1900년의 중국과는 완전히 달라져 있을 것이다'(『포트나이틀리 리뷰〔Fortnightly Review〕』지)라는 감상을 말하였다. 내셔널리스트였던 야마지 아이잔(山路愛山)도 '권비(拳匪)'의 운동에서 아름다운 지나혼(支那魂)을 발견했다'(『지나론〔支那論〕』)고 높이 평가하였다.

거액의 배상금(이른바 '단비배상금〔団匪賠償金〕')도 그 후 성격이 바뀌게 되었다. 1908년 미국이 배상금을 중국인 유학생의 자금에 충당하는 등 문화적 정책의 담보로 삼았고, 1911년에는 유학생을 육성하는 청화학당(淸華学堂)을 건설했다(1928년 국립 청화대학). 영국 등 각국도 미국의 뒤를 따랐다. 일본은 제1차 세계대전 때에 와서야 문화적 정책의 필요를 인정하여, 1923년 대지(対支) 문화사업 특별회계법을 제정하고 배상금을 '대지 문화사업'에 충당하였으며, 외무성에 대지문화사업국을 설치하였다. 이 자금으로 1929년 동방문화학원(東方文化学院)이 설립되어 도쿄와 교토에 연구소를 설치하였으며, 중국 연구의 중심으로 성장해 갔다(1945년 패전 후, 도쿄대 동양문화연구소와 교토대 인문과학연구소 동방부로 재편됨).

▶그림 7-3. 열강 클럽에 새롭게 참가(비고 그림).
의화단사건 당시의 공동 파병을 거쳐 일본은 구미 열강과 어깨를 나란히 하는 제국으로 성장한다.
의자에 앉아 있는 7명은 공동 파병국(영국, 미국, 러시아, 프랑스, 독일, 이탈리아, 오스트리아).

 1901년 열국 사령관 회의에 따라 일본군은 하북성의 난주(灤州)와 창려(昌黎)를 할당받아, 같은 해 청국주둔군(1912년 지나주둔군으로 개칭)을 편성하고 사령부(천진)와 약 1,500명의 부대(천진·북경·대고〔大沽〕·진황도〔秦皇島〕·산해관 등)를 두었다. 한편 1898년 천진에 설정된 일본 전관의 조계는 1901년 이후 군대가 상주하게 되면서 군사 전략적으로 중요한 위치를 차지하게 된다.
 1900년 4월 창간된 낭만주의 잡지『명성(明星)』10월호에 주재자 요사노 뎃칸(与謝野鉄幹)은,

> 동쪽에 어리석은 나라가 하나 있다. 전쟁에 이기고 세상에게 업신여김을 당한다.
> 천황의 백성을 죽음으로 내모는 세상이다. 다른 사람이 이끄는 전쟁 속으로.

부상을 당해 들것에 실린 자는 웃었다. 오호라 불행하구나, 사람을 죽이는 일이란.
서리를 털어 내면 지금도 붉은 피가 손에 묻어 있다. 산포 야포.

를 '소생의 시' 난에 썼다. 의화단사건에서 병사들이 피를 흘린 일을 애도한 것이다. 낭만주의는 병사의 죽음이라는 현실을 보고 진심으로 외치지 않을 수 없었던 것이며, 이 정념을 7년 후에 요사노 아키코(与謝野晶子)가 공유한다.

영러와의 병행 교섭

1901년 6월 이토 내각이 총사직한 뒤를 이어서 제1차 내각을 조직한 가쓰라 다로 육군대장의 「정강」은 ① 재정의 강화, ② 8만톤 한도의 해군 확장, ③ 구주 1국과의 협약 체결, ④ '한국은 우리의 보호국으로 만든다는 목적을 달성하는 일'이라 하였다(『公爵桂太郎伝』乾). 1901년 중에는 외무 관료의 '만한불가분=만한교환론'을 원훈도 승인하기에 이른다. 이 방침에 근거해서, 이토를 러시아에 파견하여 러일협상의 교섭을 시키고 아울러 하야시 주영 공사에게는 영일동맹의 교섭을 개시시키되, 양국에는 다른 쪽의 교섭을 비밀로 한 상태에서 진행시킨다는 양다리 걸치기 식의 교섭 방안이, 9월 11일의 가쓰라·이토·이노우에·야마가타 회담에서 결정된다. 가쓰라 내각과 원훈은 영일동맹이냐 러일협상이냐를 놓고 대립했던 것이 아니라, 영러와 협조해서 양쪽 모두를 성립시킴으로써 한국을 확보하겠다는 생각이었다.

영일동맹의 성립

영국과의 교섭은 11월에 급속하게 진전되어 가쓰라와 야마가타는 우선 영일동맹의 타결을 도모하는 쪽으로 기울어져 간다. 이토의 러시아행을 알아차린 영국이 양다리 교섭이 아닌지 의심하고 있었기 때문이다. 가쓰라는 이토에게, 러시아와는 협의에 머물러 줄 것을 타전하였다. 이토는 람스도르프(Lamzdorf, V. N.) 러시아 외상과 교섭을 시작하지만 잘 되지 않았다. 한편 영일동맹은 순조롭게 진척되어, 12월 원훈과 가쓰라·고무라의 회담에서 영일동맹 수정안을 승인하고 천황의 재가도 얻는 단계에까지 이르렀다.

다음 해인 1902년 1월 30일에 영일동맹이 조인되었다. 그 내용은 ① 청국 및 한국의 독립과 영토 보전, ② 제3국이 참전한 경우에만 동맹국과 협동하여 전투할 의무를 진다는 사실상의 군사 동맹이었으며,

▶그림 7-4. 러시아에 맞서는 일본(비고가 그린 그림엽서). 뒤에서 미는 것은 영국, 배후에서 지켜보는 것은 미국. 전쟁과 강화의 국제 관계를 완벽하게 표현.

동시에 일본이 한국에 특수 권익을 갖는다는 점을 영국에게 승인시키는 것이었다.

추밀원에서 비준된 후 『관보』로 고시된 것은 2월 12일의 일이다. 그날 가쓰라 수상은 귀족원에서 조인 내용을 보고하고 갈채를 받았다. 가쓰라는 보고를 통해 '본 조약의 목적은 전적으로 평화'에 있다면서*** 평화를 가져오는 영일협약이라는 평가를 내렸지만, 실제는 '평화'리에 한국을 확보하는 일이 가능하다는 선언이었다. 영일동맹이 조인되기 직전인 1월 20일, 고무라 외상은 구리노 주러 공사에게 한국문제의 해결을 위한 정식 교섭에 앞서 준비 교섭에 들어가라고 지시하였다. 3월에도 마찬가지로 러시아와의 협조를 희망하며 영일동맹과 러일협상은 양립할 수 있다고 훈령하였다. 영일동맹의 체결은 외교당국의 입장에서 볼 때도 미래의 러일전쟁에 대한 대책이기만 한 것은 아니었다.

대영제국의 전략

당시 대영제국의 해외 파견 군단은 하나로, 인도병과 네팔의 구르카병(Gurkha兵)에 의거하여 국외의 군사 발동을 행하고 있었다. 일

*** 저자의 원문에는 '…있다면서'와 '평화를…' 사이에 「양국에 있어서의 청국의 권리 및 한국을 옹호하는 데 있다」라 하여'라는 내용이 쓰여 있다. 그러나 가쓰라의 귀족원 보고를 기록한 사료에는 「본 협약의 목적은 전적으로 평화적인 것이며, 또한 청한 양국에 있어서의 제국(=일본)의 권리 및 이익을 옹호하는 데 있다. 그리고 청국의 영토 보전과 문호 개방은 종래 열국이 시인하는 바이며, 또한 스스로 성명하는 바의 주의와 다르지 않기 때문에, 본 협약은 열국의 이의를 초래하는 일이 없을 것으로 믿는다」고 되어 있다. 저자의 원문은 사료의 내용과 일치하지 않아 역자가 임의로 생략하였음을 밝혀 둔다. 이상 역자.

본군이 국외 군사력의 하나로 인정받은 것은 의화단사건이었으며, 영일동맹은 그 연장선상에서 체결된 것이었다. 일본은 '팍스브리태니카'를 지탱하는 아시아의 군대가 되었다. 영국이 그 이상의 역할을 기대하지 않았다는 것은 이후의 개정 문제에서, 적용 범위의 확대에 대해 소극적이었다는 점에서 명백하다.

설중 행군(1902년 1월의 핫코다 산〔八甲田山〕 사건. 일본 육군이 핫코다 산에서 동계 훈련 중 조난당한 사건으로, 러일전쟁을 상정한 연습이었다)을 통해 대비하던 대륙에서의 전쟁이 시작될 것인지, 대영제국과의 동맹 때문에 러시아가 누그러져 평화를 유지할 수 있을 것인지, 논의가 활발해진다.

2. 러일전쟁

러일협상의 모색

북경의정서가 조인된 후에도 러시아는 만주에서 철수하려고 하지 않았다. 러시아 정부는 열강의 비난을 받았고, 1902년 4월 8일에 들어와서야 만주 철병에 관한 협약이 러시아와 청국 사이에 조인되었다. 6개월마다 세 개 지역에서 철병한다는 내용이었다. 10월 8일까지 제1차 철병은 이루어졌다. 그러나 다음 해 4월 8일 기한의 제2차 철병은 실행되지 않았다. 러시아 정부의 세력 교체와 극동 정책의 전환이 원인이었다. 4월 21일 야마가타의 별장인 무린암(無鄰庵, 교토 남선사〔南禪寺〕)에서 야마가타·이토·가쓰라·고무라가 참석한 가운데 회의가 열려 '우리는 한국에 대한 충분한 권리를 요구하고, 이에 대한 교환 조건으로 만주에 대해서는 러시아가 현재 경영에 착수한 범위에 한해서 우세하다는 점을 인정하는 양보를' 단행하기로 결의하였다(『桂太郎伝』 乾). '공평한 이론적 근거'에 따른 만한교환론을 가쓰라 등은 생각하였던 것이다.

6월 23일 원훈과 주요 각료를 참석시킨 가운데 어전회의가 열려 고무라 외상이 제안한 「대러 교섭에 관한 건」을 승인하였다. 고무라의 제안은 4월의 무린암 회합의 취지를 이어받은 것이었다. 즉 러시아와 교섭하여 '한국의 안전을 도모하고 또 만주에서의 러시아의 행동을 가능한 한 조약의 범위 내로 제한'한다는 러일협상안의 요령이었다. 따라서 어전회의의 승인은 교섭 노선을 계속 추진하겠다는 결정이었다. 영일동맹과 러일협상이라는 다각 동맹·협상망에의 모색은 아직 지속되고 있었던 것이다. 육군에서는 그해에 들어와서도 대륙으로의 공세 작전은 연구안 정도여서, 다나카 기이치(田中義一) 참모본부원의 대러 공세 작전은 소수파였다. 오야마 참모본부장이나 마쓰카와 도시타네(松川敏胤) 참모부 제1부장 등은 한반도에서 맞서 싸우는 작전을 구상하고 있었다. 해군에서도 야마모토 곤베(山本權兵衛) 해상처럼 '한국 같은 것은 이를 잃어도 괜찮다. 제국은 고유의 영토를 방어하는 것으로 족하다'(谷壽夫, 『機密日露戰史』)라며, 만한 문제를 도외시하는 군사 관료도 있었다.

제2차 철병 기한이 다가올 즈음부터 일본에서는 대러 강경론이 확산된다. 『도쿄아사히신문』 『요미우리신문』 등 대부분의 신문이 강경 외교로 전환하였고, 1903년 6월 도쿄제대 교수 등의 「7박사 의견서」가 만주 문제를 해결하기 위해서는 대러 강경 외교가 필요하다고 정부를 독려했다. 귀족원 의장 고노에 아쓰마로, 중의원 의장 고무치 도모쓰네(神鞭知常), 삿사 도모후사(佐々友房), 도야마 미쓰루 등은 8월 대외경동지회(対外硬同志会)를 대러동지회(対露同志会)로 개칭하고 명확히 대러 개전을 요구했다. 개전론에 비판적이었던 『시사신보』

와 『중앙신문』도 8월에는 개전론으로 전환하였다.

제3차 철병 기한인 10월 8일이 지나도 러시아가 철병을 실현하지 않는 것이 명확해지자 『마이니치신문』과 『요로즈초호』도 개전이 불가피하다는 쪽으로 돌아섰다. 10월 하순에는 도쿠토미 소호의 『국민신문』도 동조했다. 각 신문지는 외교 정보를 정확하게 발표하지 않는 정부 주변에서 정보를 탐색하면서, 일반론으로서의 대외경에서 벗어나 주전론으로 빠져들었다.

만한교환론의 추구

러시아 정부는 청국과 교섭 중인 만주 문제에 일본이 개입하여 만한교환 문제로 삼은 것에 불만이 있었지만, 1903년 6월 황제 니콜라이 2세는 일본의 한국 통할권을 인정하기로 결의하였다. 쿠로파트킨(Kuropatkin) 육상과 베조브라조프(Bezobrazov) 궁정고문관, 알렉세예프(Alekseev) 극동총독 등이 참석한 여순 회의에서도 군사 점령을 계속해 장래의 만주병합을 도모하고, 한국 문제와는 별개로 취급한다는 방침이 정해졌다. 만한불가분=만한교환론에 선 일본과는 거리가 있었지만 전쟁으로의 길은 아직 보이지 않는다. 10월 알렉세예프 극동총독이 군대의 동원 허가를 요청했을 때, 니콜라이는 '일본과 러시아의 전쟁을 바라지 않으며, 이 전쟁을 허락하지 않는다. 전쟁이 없도록 모든 방책을 취해 주길 바란다'고 엄명하고, 알렉세예프에게서 군대 동원권을 박탈하였다.

10월부터 12월에 걸쳐서 러일 교섭은 계속되었으나, 만주 문제를 교섭 테이블에 올리지 않는 러시아와 만한불가분=만한교환론에 선 일본 사이에서는 타협의 길이 발견되지 않았다. 12월 원훈과 주요 각료가 참석한 합동 회의는 고무라 외상이 제안한 세 가지 안, 즉 ①만주 문제를 분리한 상태에서 한국 문제만 교섭, ②대등한 만한교환론, ③일본에 유리한 만한교환론(만주에서의 러시아의 권리를 제약)에 대해 검토하였다. 야마가타는 전쟁을 회피할 수 있는 ②를 지지했지만, 가쓰라와 고무라는 ③을 주장하였고 이것이 회의의 결론이 되었다. 가쓰라는 ②도 포함한 교섭을 고려했지만, 다른 한편에서 한국 문제의 해결을 위해서는 '최후의 수단(즉 전쟁을 통해서라도)'(야마가타에게 보낸 서간)이 필요하다고 언급했듯이 개전을 각오하고 있었다.

    일본이 제출한 ③책에 근거한 수정 제안은 러시아의 어전회의에서, 만주 문제를 포함시켜 교섭을 계속한다는 타협적 자세를 이끌어 냈다. 일본에서는 ③책을 실현하기 위한 방안으로서 전쟁이 크게 부각되어, 12월 28일 긴급칙령 「군자 보충을 위한 임시 지출 실행의 건」 「경부철도 속성의 건」 등 4건이 공포되었다. 전쟁 준비가 일거에 진전된 것이다. 일본이 전쟁을 준비 중이라는 정보를 입수하자 러시아 황제도 극동 지역에 대해 동원령을 내렸다. 만주 등에 계엄령 시행 등과 같은 전쟁 준비가 허가된 것은 1904년 1월 8일의 일이다.

    1월 6일 러시아는 수정안을 제출했다. 만한교환론에 근거한 것이기는 했으나 러시아에 유리한 내용으로 한국의 군사적 사용의 금지, 중립 지대의 설정 등이 포함되어 있었다. 8일 가쓰라·고무라·야마모토·데라우치가 참석한 각료 회의에서는 대러 교섭의 타결은 곤란·교섭 중단·독립 행동의 통고를 요구한 고무라의 의견서가 승인되어, 12일의 어전회의에 제출되었다. 어전회의에서는 개전이 결정되지 않은 채, 다시 러시아와 교섭할 것과 육군의 한국 파병은 해군의 준비가 완료된 후에 할 것 등이 결정되는 데 그쳤다.

야마가타와 이토는 한국정부와 황제를 확보하기 위한 한정적 파병을 요구하는 한편, 즉시 개전을 의미하는 파병에는 반대하면서 교섭의 계속을 주장하였다. 야마모토 해상, 고무라 외상도 이 시점에서는 육군의 동원 하령에 반대하였다. 이 때문에 데라우치 육상의 3개 사단 동원 요구는 받아들여지지 않았다.

개전의 결정

러시아군의 극동 증강이 계속되고 대안의 제출이 늦어지는 상황이 벌어지자, 1월 30일 가쓰라·고무라·야마모토와 이토·야마가타의 회담이 열려, 개전을 피할 수 없다는 쪽으로 성큼 다가선다. 이 결론을 바탕으로 2월 4일의 어전회의는 원훈과 내각이 일치해서 개전을 결정했다. 6일 구리노 주러 공사는 러시아 정부에 교섭의 중지와 국교의 단절에 관한 공문을 제출하였다. 사실상의 선전포고였다.

2월 2일에 러시아 황제의 재가를 얻어 3일 여순에 도착한 러시아의 타협안은 일본이 주장해 온 ③일본에 유리한 만한교환론에 근거한 것이었다. 그러나 이것은 도쿄의 로젠(Rosen) 주일 공사에게 전달되지 않았는데, 그 이유는 개전을 앞두고 만주 지역에서 일본군이 수행 중이던 전신선 파괴 때문이었던 것으로 추측된다. 러일전쟁은 양국에게는 싸우지 않아도 좋을 전쟁이었다.

내셔널리즘과 반전

1903년 12월 아네자키 마사하루(姉崎正治)가 잡지 『태양』에 집필한 논문 「싸워라, 매우 싸워라」는 '사투(私鬪)가 아니라, 정정당당하게 자신과 인격에서 우러나오는 대사자후(大獅子吼)의 정전(征戰)'을 러일 개전에 요구하였다. 17세의 문학청년 이시카와 하지메(石川一=石川啄木)는 이 논문에 심취되어 '용감한 마음을 참을 수 없다. 남몰래 직접 교훈을 받는다는 생각이 들어서 몇 번이나 반복했을 것이다'라며 격찬하였다. 그리고 '선생이 말씀하는 것은 명심해서 내 일생을 관철하는 정신이 되어야 한다고 느꼈다'면서, 대국 러시아에 대항하는 내셔널리즘에 감동하는 서간을 보냈다(1904년 1월 27일 자, 『啄木全集』).

대부분의 국민이 개전을 피할 수 없다는 쪽으로 기울어져 적극적으로 전쟁을 지지하는 가운데서도, 비전론·반전론을 계속 주장한 것은 평민사의 주간 『평민신문』이었다. 개전 직전의 1904년 1월 17일호는 '비전 특집호'로, 고토쿠 슈스이는 사설 「우리는 어디까지나 전쟁을 인정하지 않는다」를 써서 반전을 호소했다. 개전 후에도 전쟁 반대를 계속 주장해서 「비전론을 멈추지 않는다」(1904년 12월 18일) 등의 논설을 게재하였다. 제20호의 사설 「오호라 증세여!」(3월 27일)로 인해 발행·편집인 사카이 도시히코가 경금고 2개월의 처분을 받았지만, 4월 16일 도쿄공소원은 제1심의 발행 정지 처분을 각하하였다. 이로써 『평민신문』이 사라지는 일은 벌어지지 않았다. 그러나 제52호(11월 6일)의 발행을 계기로 당국의 방침이 바뀌었다. 발행·편집인과 인쇄인은 경금고 처분을 받았고 동시에 신문 자체의 발행도 금지 처분을 받았다. 다음 해인 1905년 1월 정간 중이던 『평민신문』은 자발적으로 폐간하였고 2월

5일부터 『직언(直言)』을 후계지로 속간하였다.

『평민신문』이 9개월간에 걸쳐서 맹렬한 반전·비전의 주장을 계속하며, 개전에 들어간 2월부터 11월까지 발행을 계속할 수 있었던 배경에는 두 가지 이유가 있었다. 첫째는 러일전쟁을 문명과 야만의 전쟁으로 선전하고 있었기 때문에, 정부는 언론의 자유를 뺏을 수가 없었다. 둘째는 탄압으로 인해 특히 영미의 동정을 잃을 수 없다는 보다 적극적인 문제가 있었다. 러일전쟁의 군사비는 전시 중에 다섯 차례 모집된 외채 10억 4,200만 엔(영화 1억 700만 파운드)이 과반을 차지하였다. 그중 11월의 탄압이 있기까지 5월 10일(6% 이율의 1천만 파운드)과 11월 10일(6% 이율의 1,200만 파운드)의 모집에도 성공하는 등, 외채 모집은 예상밖의 성공을 거두었다. 그 후 『직언』도 강화 문제 등을 거론하며 9월 10일까지 발행을 계속하였다. 이 모두가 구미의 비난을 회피하는 문제와 관련이 있었다.

육전

참모본부의 작전 계획은 한국을 제압하고 아울러 만주 남부로의 상륙을 거쳐 만주 중부의 요양(遼陽)을 주전장으로 하는 대회전을 통해 단기에 결말을 짓는다는 것이었다. 그러나 머지않아 이러한 예상은 지나치게 낙관적이었다는 점이 판명되면서, 작전 계획의 근본적인 재정비를 서두르지 않을 수 없게 된다.

육군은 제1군(3개 사단. 한국에서 압록강을 건너 주전장 예정지인 만주의 요양으로 향하는 계획), 제2군(3개 사단. 3월, 2개 사단과 기병 제1여단을 증설. 만주 지역에서 요양으로 향하는 계획), 제3군(5월 31일 편성. 2개 사단, 7월과 11월에 각 1개 사단을 증설. 여순을 공략한 후 요양으로 향하는 계획), 제4군(6월 30일 편성. 2개 사단과 1개 여단. 요양으로 향하는 계획)을 편성하여 공략 작전을 펼쳐 갔다.

전투는 치열하여 병사의 전사와 부상이 예상보다 훨씬 많았다. 다수의 보충이 필요해지자 육군에서는 1904년 9월 야마가타 참모총장과 데라우치 육상의 협의를 통해 급히 4개 사단을 증설(제13~제16)하는 한편, 같은 달에 징병령을 개정하여 5년간의 후비역을 두 배인 10년간으로 연장하고, 37세까지의 입영(현역) 경험자를 소집하기로 하였다. 이로써 후비 보병 48개 대대(4개 사단에 해당)의 편제가 가능해졌으나 이미 능력을 넘어선 병력 편제였다.

각각의 공략 작전을 거쳐 예정된 주전장으로의 결집이 이루어질 즈음인 6월 20일, 오야마 이와오 육군대장을 총사령관, 고다마 겐타로(兒玉源太郎) 육군대장을 총참모장으로 하는 만주군 총사령부가 편성되어 전장에 도착하였다. 개전한 지 반년이 지난 후, 요양의 전장에는 제3군 이외의 군이 도착하여 요양회전(8월 28일~9월 4일)을 치르게 된 것이다. 일본군 13만여, 러시아군 22만여의 군대가 전장에서 격돌하여 일본군 사상자 2만 3,500명, 러시아군 사상자 약 2만 명이라는 엄청난 피해를 냈다. 9월 3일 러시아군은 모두 퇴각하였고, 다음 날 일본군은 요양을 점령하였다.

그 사이에 제3군(사령관은 노기 마레스케[乃木希典])은 여순 공략에 고전하느라 요양회전에는 참가하지 못하였다. 세 차례의 여순 총공격은 큰 손해만 입은 채 실패로 끝났지만, 결국 1905년 1월 13일 여순을 점령하는 데 성공했다. 연인원 13만 명의 제3군은 전사자 1만 5,390

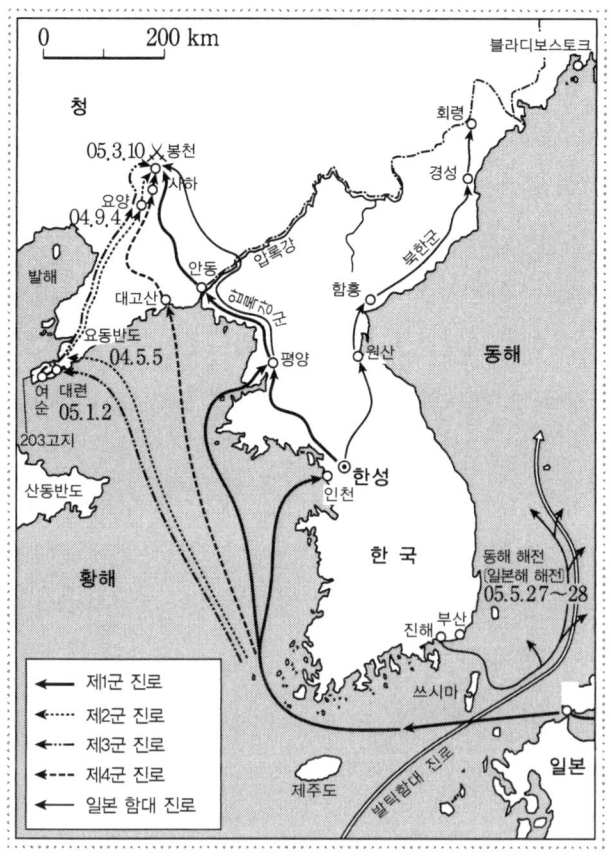

▶그림 7-5. 러일전쟁 경과도.

명, 부상자 4만 3,914명, 전병자 약 3만 명으로, 70%에 가까운 큰 손해를 입은 끝에 여순 공략전을 끝냈다.

요양회전 후 병력과 탄약 등을 보급하기 위해 일본군도 러시아군도 각각 요양과 사하(沙河) 부근에서 대치하였다. 2월 오야마 이와오 총사령관은 봉천(奉天) 부근에서 전군을 동원한 작전을 펼칠 것을 지시하고, 이 회전은 '가장 중요하고도 중요한 회전'이라고 훈시하면서 대타격을 가해줄 것을 요망하였다. 3월 1일부터 전면적인 공세를 펼쳐 격전이 계속되었다. 러시아군은 포위와 궤멸의 위험성을 피하기 위해 철령(鉄嶺)으로 퇴각하였다. 일본군은 러시아군을 추격할 전력이 더 이상 없는 상태였지만 10일과 16일에는 봉천과 철령을 각각 점령함으로써 회전은 끝났다(봉천회전). 참가 병력은 일본군 25만, 러시아군 31만 명이었으며 사상자는 일본군 7만 명, 러시아군 6만 명이었다. 그밖에 러시아군의 포로는 2만 명에 달하였다.

이렇게 해서 러일전쟁의 육상전은 거의 끝난다. 프랑스 신문『르탕(Le Temps)』은 3월 15일 자 기사에서, '전쟁의 운명은 이제 결정되었다. 일본은 제해권을 차지했으며 또한 만주를 장악했다. 러시아는 도저히 현재의 전쟁에서 승리를 거둘 가망이 없다'(외무성 편,『小村外交史』에서 재인용)고 전쟁의 귀추를 단정하였다. 그리고 일본에 대해 강화 조건의 제시를 요구했다. 일본군은 그 후 5월 상순, 철령 북방의 개원(開原)까지 전진했지만 그 이상의 공략 작전은 불가능하였다. 이미 전력도 국력도 고갈된 상태였다.

3. 강화의 모색

전장과 유골

1904년 5월 오쿠 야스카타(奧保鞏)가 이끄는 제3군은 여순 공격의 일환으로 남산(南山)을 공략하여, 25일에만 사상자 4,387명이라는 엄청난 손실을 낸 끝에 다음 날 겨우 점령하였다. 한편 25일에 육군성은 참모총장에게 「전장의 소제 및 전사자의 매장 규칙안」을 제출하였고, 이는 30일에 들어와 제정되었다. 청일전쟁 이상으로 전사가 확대되고 있음을 실감하면서 나오게 된 새로운 규칙의 제정이었다.

이 규칙에는 '적국 군대의 소속자'에 대한 취급이 정해져 있는데, 이는 '국제법 준수국' 일본이라는 이미지를 의식한 것이었다. 일본군은 화장을 하고 적국 군대는 매장을 함으로써, 종교의 차이에도 주의를 기울였다. 이 규칙에 따르면 전몰자의 유골은 루수사단(留守師団, 전지에 파견된 사단의 뒤를 이어 그 자리에 주둔하도록 편성된 사단)이나 관공서로 보내도록 되어 있었다. 그러나 부대 중에는 유골이나 유발을 신문

지나 손수건, 빈 담뱃갑 등에 넣어서 유족에게 직송하는 예가 속출하였다. 이에 대해 이시모토 신로쿠(石本新六) 육군차관은 '국민의 감정을 크게 해치고 나아가서 군대에 미치는 영향이 적지 않다'는 점을 들어 각 군에 개선을 명령하였다(1904년 6월). '국민의 감정'을 배려하는 일이 필요하다는 사실을 군대로 하여금 명확히 인식하도록 해준 대전쟁이었던 것이다.

▶그림 7-6. 러시아군의 휴머니티. 부상당한 일본 장교를 구출하는 러시아군 병사로 설명되었다. 서양에서는 두 나라 군인의 전투 모습이 공평하게 전달되었다(『일러스트레이티드 런던 뉴스(The Illustrated London News)』).

야마가타 의견서

봉천이 점령된 사실을 알게 된 대본영 육군참모부는 1905년 3월 11일에 「3월 11일 이후의 작전 방침」을 책정하고, 같은 날 가쓰라 수상과 데라우치 육상의 동의를 얻어 야마가타 참모총장에게 제출했다. 내용은 '첫째, 가능한 한 빨리 철령을 점령한다. 둘째, 신속하게 블라디보스토크 방면을 점령한다. 셋째, 적절한 때에 사할린(가라후토〔樺太島〕)을 점령한다'는 세 가지 항목이었다.

이 방침은 곧바로 오야마 이와오 만주군 총사령관에게 전달되었다. 14일에 오야마는 야마가타에게 한 통의 전보를 보냈다. 여기에서 오야마는, 봉천회전은 '일대 전승'으로 끝나게 되어 적군은 14, 5만의 손상을 보충하기까지 상당한 시간이 걸리겠지만 일본군도 마찬가지이다. 다음 방침인 봉천에서 철령에 이르는 작전은 '병참 시설을 고려할 때 지대한 준비를 요'한다. 그러므로 '더욱 전진하여 적을 서둘러 추격해야 할지 또는 지구전의 작전 방침을 취해야 할지는 전적으로 정책과 일치할' 필요가 있다고 단언하였다. 오야마는 정책과 전략의 일치를 요구함으로써 사실상 11일의 '작전 방침'에 대한 재검토를 요구한 것이다. 오야마의 전보는 야마가타에게 상당한 충격을 주었던 것일까? 야마가타는 그날 바로 상주하였다.

　야마가타는 데라우치 육상과 협의를 마친 후, 23일에 가쓰라 수상에게 「정전 양략 개론(政戦両略概論)」이라는 의견서를 제출하고, '대체로 이 방침에 입각하여 장래의 계획을 세울 각오이다'라는 강한 의지를 알렸다. 오야마의 전보가 도착한 지 10일이 지나서야 야마가타의 방침은 겨우 확고해졌던 것이다. 2,600자 분량의 의견서는 ① 전쟁의 현상, ② 제3기 작전 계획과 전쟁 계속에 대한 전망, ③ 전쟁을 계속하는데 불가결한 과제와 해결을 요하는 과제로 구성되어 있다. 내용적으로는 대본영 육군참모부가 책정한 11일의 '작전 방침'을 부정하는 것이었다.

　①에서는, 러시아 정부가 '새로이 수십만의 군대를 파견하여 전쟁을 계속하기로 결정한 것 같다'고 판단한다. 그 때문에 ② 제3기 작전이 필요해진다. 제3기 작전은 하얼빈 방면에서 대기 중인 러시아군이 공격해 오는 것을 격퇴하든가 또는 적극적인 공격으로 나서 블라디보스토크도 점령하든가의 두 가지이다. 이 두 가지는 모두 곤란한 것일 뿐만 아니라 수행 가능하다 하더라도 러시아의 치명상이 될 수는 없다. 러시아는 '모스크바, 페테르부르크까지 침입당하지 않는다면 결

코 화평을 구걸하는 일은 없을 것'이라는 비관적인 예상을 한다. 그러므로 '이번 전쟁은 수년간 계속될 것으로 단정하지 않을 수 없다'. 수세든 공세든 '앞길이 멀고 아득하여' 평화는 쉽사리 회복될 수 없다고 단언한다. 러시아군은 병력도 장교도 여유가 있지만, 일본군은 '모든 병력을 다 동원한 상태이다' '우리는 개전 이후 이미 다수의 장교를 잃었고, 앞으로도 쉽사리 이를 보충할 수가 없다'는 냉철한 현상 인식에서, 수세의 경우라도 장교와 탄약을 서둘러 보충하는 정책을 실시할 필요가 있다고 요구한다. 공세를 취하는 경우에는 봉천에서 하얼빈에 이르는 400킬로 사이에 복선 철도를 부설하고 병참선 수비병도 증파해야 한다. 그러기 위해서는 '막대한 비용'이 필요하며 '이 때문에 국민의 부담은 상당히 무거워질 것이다'. 의견서의 마지막 부분에서는, 장기전이 될 것이므로 정부가 대책을 충분히 세워야 한다고 요구함으로써 참모총장으로서의 전쟁 계속에 대한 의도를 보여 주었다. 일본은 더 이상 전쟁을 계속할 전력이 없다고 단언하고 있는 것이 분명하다.

    병참선이 길게 늘어져 보충이 원활하지 않다, 이제는 한계라고 앞서 오야마의 전보는 솔직하게 말한 바 있다. 야마가타가 지적한 장교의 손실도 비정상적으로 많은 상태였다. 전지에 근무 중인 장교(준사관을 포함) 2만 1,900명 가운데 2,341명이 전사하여, 소모율은 10.7%로 높은 편이었다. 분대를 지휘하는 하사관도 7만 5,700명 가운데 9,300명이 전사하여, 12.3%로 더 높은 소모율을 기록했다. 지휘관이 결정적으로 부족해서는 전쟁은 불가능하다. 3월 말에 대본영은 고다마 겐타로 만주군 총참모장을 도쿄로 불러들여, 앞으로의 계획에 대해 협의를 시작한다. 고다마가 신바시 역(新橋駅)에 내려섰을 때 한 말에 대해서는 몇 가지 설이 전해 오는데, 그 가운데 '나가오카(長岡外史 참모차장), 무얼 그렇게 맥없이 서 있나. 점화되었으면 그 다음엔 끄는 게 중요하다는 걸 모르는가. 그걸 잊어버리는 건 바보라니까'(宿利重一, 『兒玉源太郎』)라는 한 마디가, 당시 오야마 등의 만주군과 야마가타 등의 대본영 사이에 존재하던 불일치를 가장 잘 설명해 준다고 하겠다.

강화와 작전

대본영과 정부는 야마가타의 의견서와 고다마 총참모장의 의견을 모아, 강화로 넘어가기 위한 장기적인 전쟁 계획을 다시 짰다. 4월 7일 원훈과 주요 각료가 참석한 회의에서는 논의를 통해 「화전 양략의 기본 방침(和戰兩略の基本方針)」을 굳혔다. 이 방침은 다음 날인 4월 8일에 개최된 각의에서 승인되었다. 그 내용은 Ⅰ「러일전쟁 중의 작전 및 외교의 일치에 관한 방침」, Ⅱ 영일동맹 협약의 계속 교섭, Ⅲ「한국 보호권 확립의 건」의 세 가지였다.

각의 결정 Ⅰ은 정치가 군사를 리드한 예로서 높이 평가되어 왔지만, 실은 세 건의 결정은 전체적으로 장기전을 각오하는 가운데 재검토된 군사 방침으로 보아야 한다. Ⅰ은 ① 전쟁의 현상, ② 러시아 정부의 동향, ③ 러시아의 국민과 금융 시장, ④ 열강의 동향, ⑤ 종합 판단, ⑥ 향후의 방침 2개조, ⑦ 연구해야 할 문제 4개조로 논리적이었다. 우선 ② 러시아 정부는 강경하여서 전쟁을 계속할 의사도 굳건하였다. ③ 러시아의 국민은 평화를 바라는 상태였고, 국제 금융 시장도 러시아의 자금 조달에 어려움을 주고 있었다. ④ 그러나 열강에게는 강화 교섭을 중개할 의욕이 없었다. 이와 같은 냉엄한 현실 인식을 바탕으로, '제국으로서는 전쟁이 장기화될 것을 각오하고, 이에 대응하는 지구책을 강구하는 수밖에 없다'는 비장한 결론을 도출하였던 것이다. 일본은 봉천회전에서 퇴각하는 러시아군을 추격할 전투 능력을 더 이상 보유하고 있지 못하였다. 5월 27일의 동해 해전(일본해 해전)이 아직 미래의 일이었던 당시로서는 '전쟁이 장기화될 것을 각오'하는 것이야 말로 정부의 지도자가 생각할 수 있는 현실적인 정세 판단이었다.

 II는 무기와 탄약의 보급, 외채의 모집 등의 측면에서 볼 때, 가장 중요한 동맹국을 계속해서 구슬려 둘 필요가 있다는 점에서 나온 것이다. III도 전쟁을 계속할 경우, 확보하여 병참기지로 삼아야 한다는 절대 조건으로서 입안된 것이다. 이 문제는 지금까지의 연구에서는 러일전쟁과의 관련에서가 아니라 한국병합으로 향하는 단계로서밖에 해석되지 않았다. III의 첫머리에는 '한국에 대한 시설(施設, 정책의 전개)은 이미 정해진 방침과 계획에 근거하여 보호의 실권을 장악한다는 관점에서 점차 진행되어, 한국의 국방 및 재정의 실권을 우리 손에 넣고 동시에 한국의 외교를 우리의 감독하에 두며 또한 조약 체결권을 제한하기에 이르렀다'고 되어 있다. 현실의 도달점으로서 ①한국의 국방 및 재정의 실권을 장악한 점, ②한국의 외교를 일본의 감독하에 두고 조약 체결권을 제한한 점을 볼 때, 이미 일본은 보호의 실권을 장악하고 있었던 셈이다. 남은 과제는 '보호 조약을 체결'해서, '장래 한국의 대외 관계로 인해 다시 국제 분규가 일어나고, 나아가서 동양의 평화를 교란하게 되리라는 근심을 근절할 수 있어야 한다고 믿는다'고 했듯이, 한국의 외교권을 완전히 빼앗음으로써 '분규'의 발생을 피하는 일이었다. 보호조약을 체결함으로써 국제법상 완전한 보호국으로 만드는 일이, 국방상 필요하다고 III은 말하고 있는 것이다. 아울러 '제국 자위의 목적을 관철하는 데 있어서 실로 적절하고 또한 긴요한 조치임을 믿는다'고 한 것은, '전후'를 상정해서가 아니라 '전중'이기에 요구되는 보호국화 조치를 의미했다. Ⅰ의 내용과 종합해 보면, 정부는 지구전이 된 러일전쟁을 앞으로도 수행하기 위한 근거지·병참지로서 한국을 이용하기 위하여, 내정까지도 장악하는 보호국화가 필요하다고 생각했던 것이다. 그렇기 때문에 세 가지 조건을 같은 날 심의하고 결정한 것이다.

이 시점에서는 '열국의 태도'는 분명하지 않았다. 특히 Ⅲ에서는, 한국을 보호국화하여 일본이 외교권을 장악하게 되면 일본과 마찬가지로 치외법권의 철폐와 관세의 협정화가 시행된다. 그렇게 되면 유리한 관세율을 적용받던 열강이 묵인하지 않을 것이라는 예측이다. 이러한 어려움 때문에 우선 영미에 대한 사전 승인 공작을 추진하게 되었다.

이러한 진행 방식도 Ⅰ의 인식을 포함시켜 생각할 필요가 있다. 러일전쟁의 중개를 무리하게 떠맡는 나라를 상정할 수 없었듯이, 한국의 보호국화에 대해서도 마찬가지였다. 지구전으로 전환된 러일전쟁을 계속하려면, 전쟁 수행의 관점에서 한국의 보호국화가 필요하며, 열강을 동의시키지 않으면 안 된다. 일본의 전쟁 승리를 기대하는 영국이나 미국도 동의할 가능성은 높다. 전쟁 승리의 가능성을 추구한다는 전제하에서, 두 나라가 사전 승인 공작의 대상이 된 것이다.

전쟁과 강화를 동시에 관찰하고 경계하면서 지구전을 수행하되, 상황에 따라 어느 한 쪽으로 혼들이를 밀어붙인다는 위험한 각의 결정이었다. 전쟁 전의 단기적 전략 구상은 일찍이 없었던 전쟁 전개에 따라 산산이 부서지고, 강화로도 넘어갈 수 없는 상황으로 내몰리고 있었던 것이, 1905년 4월의 일본 정부의 정확한 위치였다. 사태를 움직인 것은 5월의 동해 해전(일본해 해전)이었다. 동해의 어디에선가 러일 양국 함대가 조우하여 해상 결전을 벌이고, 일본 해군이 일방적으로 승리한다는 세 가지가 동시에 맞아떨어져야만 가능한 예상외의 사건이 현실이 됨으로써, 우려되던 전쟁의 지구화는 거의 사라졌다. 강화가 서둘러진다.

포츠머스(Portsmouth) 강화조약

고무라 외상은 6월 1일 강화 알선을 미국에 요청하였고 루스벨트는 9일 양국에 강화를 권고하였다. 예상외의 사건이 일어나 전쟁을 지속할 의욕을 잃어버린 러시아도 육전 수행 능력이 결핍된 일본도 곧 승낙했다.

러시아 정부는 이후에도 전쟁의 계속과 평화의 회복 사이에서 동요하면서, 정식의 직접 교섭을 좀처럼 시작하지 못했다. 그 사이에 일본이 의도한 사할린 점령은 끝나고(8월 1일), 가까스로 휴전 협정이 체결된 것은 1905년 9월 1일이었다. 강화 회의는 미국 동해안의 군항 포츠머스에서 8월 10일부터 9월 5일까지 거의 1개월간 진행되었다. 일본 측 전권위원은 고무라 주타로 외상과 다카히라 고고로(高平小五郎) 주미 공사, 러시아측 전권위원은 비테(Sergei Y. Vitte) 전 장상과 로젠 주미 대사(전 주일 공사)였다.

일본 정부의 강화 조건은 6월 30일의 각의에서 결정되었다. 조건은 다음과 같다.

(1) 절대적 필요조건 ① 한국의 자유 처분, ② 만주에서의 양군의 철수, ③ 요동반도 조차권과 하얼빈-여순 간 철도의 양도
(2) 비교적 필요조건 ① 전비 배상, ② 중립항으로 피한 러시아 군함의 인도, ③ 사할린과 부속 도서의 할양, ④ 연해주 연안 어업권의 양여

만한교환론에서 고려되던 단계를 넘어서, 일본이 만주로 진출해서 이권을 확보하는 내용으로 확대되었음을 알 수 있다. 1개월간 17차례의 본회의가 열렸고 양국 모두 끈질긴 교섭을 계속했다. 최대의 대립점은 (2) ① 전비 배상과 ③ 사할린 할양이었다. 8월 28일 일본의 어전회의와 각의는 '설령 상금·할지의 두 문제를 어쩔 수 없이 포기하게 된다 하더라도 이번에 강화를 성립시킬 것'을 확인하고, 이를 고무라에게 지시하였다. 29일 고무라는 비테에게 상금의 요구를 포기하는 대신에 사할린을 할양(북위 50도 이남)하라는 타협안을 제시하고 수락을 받았다. 회견에 나타난 비테는 '이겼다'고 소리쳤다. 9월 5일 러일강화조약이 조인됨으로써 러일전쟁은 끝났다.

전쟁을 시작하는 것도 계속하는 것도 큰 무리가 있었지만 끝내는

▶그림 7-7. 포츠머스 강화 회의. 러일의 대표단이 좌우로 나뉘어 있다. 왼쪽 중앙이 고무라 주타로.

것도 곤란한 여정이었다. 일본에게는 포츠머스조약 이후에도 아시아에서의 외교 과제가 사라지는 일 없이 계속된다. 이토 히로부미가 개전 전의 회의에서, 현 상태에서의 러시아와의 타협은 '수년간의 소강'을 얻을 수 있게 해줄 것이라고 말한 일이 있다. 그러나 일본은 그러한 소강조차도 없이 아시아에 대한 침투를 계속하여, 군사대국·대륙국가로서의 모순으로 빠져든다.

4. 전쟁의 기억

전사자와 추도

러일전쟁은 일본군 8만 4천 명, 러시아군 5만 명이라는 막대한 전사와 전병사자를 내고 끝났다. 양군의 전사자 이외에 각각 14만 3천 명과 22만 명에 달하는 부상자도 발생하여, 이들의 사회 복귀는 전후의 과제가 되었다. 일본에서는 1년 후인 1906년 폐병원(廢兵院)을 설치하고 중증 장애의 퇴역자를 수용했다. 18세기 프랑스에서 시작된 폐병원의 아시아판이었지만 수용되어 국가의 혜택을 받은 것은 극소수였다.

전사자는 1897년의 육군 매장 규칙에 따라 전장에 가매장한 후 반드시 육군 매장지에 개장하도록 정해졌고, 유골 등을 유족에게 인도한 경우에도 개인 묘표를 육군 매장지에 세우도록 정해져 있었다. 개선한 각 사단은 관할하는 수개소의 육군 매장지에 개인 묘표를 건설할 계획을 세우고 육군성에 허가를 요청하였다. 1906년 2월 오사카 제

4사단장의 신청서는 개인 묘표가 아니라 합장의 묘표를 세울 것을 제안하였다. 아울러 여기에 규정과 같이 '관위 훈공 씨명 및 사망 연월일 등'을 '일일이 조각'하면 수가 많아져서 석비도 '자못 괴상한 모습'이 되는데다 조각 비용도 매우 커진다는(제4사단에서는 약 2만 8,000엔으로 계상) 이유를 들어서, 조각을 생략하고 '따로 합장용 원부(原簿)'를 비치함으로써 대용으로 하고 싶다고 제안하였다. 3월 육군성은 이를 인가하는 동시에 사단에도 지시하였다. 이렇게 해서 전국의 육군 매장지에는 장교·준사관(특무조장[特務曹長])·하사·병졸을 대상으로 한 4기의 러일전쟁 합장묘가 건립되는 것이 일반화되었다. 육군 매장지에는 평시와 전시에 사망한 군인의 성명 등이 새겨진 개인 묘표 외에 청일전쟁 합장묘(계급·성명 등을 기입)가 건설되어 있었는데, 러일전쟁에서는 '이를 생략'하게 되었다. '유명'에서 '무명'으로의 길은 막대한 전사자를 낸 전쟁의 결과, 지출을 꺼리는 '합당하지 않은'(육군성 군사과의 의견) 이유로부터 결정되었다.

시즈오카의 보병 제34연대는 이러한 육군성의 통달(通達)을 받고 구쓰타니(沓谷)의 육군 매장지에 계급별 4기의 합장묘를 건립했으나, 이것으로는 모든 것이 해결되지 않았다. 연대장과 대대장을 비롯하여 장교·준사관 46명의 전사자를 낸 점을 특히 추도하고 싶다는 연대 장교단의 강한 의지가 있었다. 장교단은 추렴하여 같은 장소에 46기의 개인 묘표를 건립하였다. 장교단의 동료 장교에 대한 통한의 마음은 표명되었으나 1,100명 이상의 하사관·병사가 전몰한 것에 대한 특별한 추도는 표현되지 않았다.

러일전쟁을 상기하는 국가로서의 기억 장치는 야스쿠니신사이다. 당시 가을의 대제(大祭)는 아이즈(会津)의 항복 기념일인 11월 6일이었고, 춘계 대제는 그 반년 전에 거행되고 있었다. 그러나 러일전쟁 12년 후인 1917년 12월에 이르면, 춘계 예대제(例大祭, 예년 또는 격년과 같이 정해진 날에 행하는 제사)는 4월 30일(1906년의 육군 개선 관병식), 추계 예대제는 10월 23일(1905년의 해군 개선 관함식)에 거행하도록 정해진다. 러일전쟁의 승리를 축하하는 행사 날짜를 제사의 가장 중요한 날짜로 삼은 것이다. 야스쿠니신사의 의의는 천황이 승리를 축하하고, 천황과 국가를 위해 전몰한 사람들에게 감사하는 것이며, 이를 위한 제사라는 점을 명확히 보여주는 쪽으로 변경되었던 것이다.

육군 기념일·해군 기념일

　　육군과 해군의 생각은 더욱 명확하다. 우선 1906년 1월에 육군성이 봉천회전의 '전황이 가장 양호했던 날'인 3월 10일을 육군 기념일로 삼아 행사를 벌이기로 했다고 부내에 통보하였다. 해군성에서도 2개월 후에 '우리 함대의 전부가 참여하고 적 또한 최후의 전투에 들어가, 우리가 끝내 저들을 섬멸하고 제해권을 장악함으로써 이번 전국의 대세를 결정한' 5월 27일을 해군 기념일로 한다고 전 해군에 통지했다. 휴전조약 조인은 9월 1일, 강화조약 체결은 9월 5일, 메이지 천황의 평화 극복에 관한 조칙은 10월 16일이었으나 육군과 해군은 이들 중 아무것도 고르지 않았다. 봉천회전에서 전투의 정점은 3월 10일로 가장 많은 피를 흘렸던 시점이다. 5월 27일의 동해 해전도 가장 많은 희생자가 나온 날이다. 육해군 모두 평화 회복의 날이 아니라 피로 각인된 날을 군대와 국가가 영원히 기억해야 할 기념일로 채택하였다.

처음에는 각각 부내의 축하 행사였으나, 러일전쟁 25주년(1930년)과 30주년(1935년)을 계기로 학교와 매스미디어를 포함한 대규모 행사로 바뀌게 된다. 주년 행사의 의미뿐만이 아니라 해당 시기의 사회 정세와 깊은 관련을 맺으면서 대규모화된 것이다.

청일전쟁 이후 전리품을 국내 각지에 배부하여 전쟁을 기억하고 국가와 군대에 대한 경의를 양성하는 장치로 사용하기 시작했는데, 이는 러일전쟁에서도 계속되었다. 궁중에서도 진천부(振天府)·경안부(慶安府)라는 전리품 기념관이 건설되어 천황을 배알한 군인들의 견학이 이어졌다. 민간에 대한 전리품 배포는 학교(특히 소학교와 사범학교)와 신사, 사원, 관공서에 적극적으로 이루어졌다. 1907년 7월 효고 현 다카 군(多可郡) 노마타니 촌(野間谷村)의 노마타니 심상고등소학교에는 '연발 보병 총 한 자루'/'연발 보병 총검 한 자루'/'3인치 속사 야포용 약협통 하나'/'삽 한 자루'가 '하사'되어 학교의 여러 행사에서 전람되었다.

외지 사회의 성립

전쟁은 사람들의 이동을 촉진시키는 큰 기회였다. 일본군이 작전을 끝내고 군정부(軍政部)를 설치해서 점령지 행정에 착수하게 되면 눈 깜짝할 사이에 일본인이 집단으로 모여든다. 1904년 7월 제2군이 영구(營口)를 점령하자 병참부에 관련된 업자를 비롯한 일본인이 청국의 천진이나 산동성 방면에서 약 8천 명이나 유입되어 '영구의 황금시대'를 열었다. 그들은 그 후 대련으로 이동하여 새로운 도시 대련의

▶사진 7-8. 1920년대 후반의 목포(한국 전라남도 서남부의 항구). 메리야스·그림엽서를 파는 미쓰이형제상회(三井兄弟商会)와 '에돗코(江戸っ子, 에도 토박이)' 등 일본어가 범람하는 '외지 사회'의 하나.

실업을 담당했다. 대련에 재류하는 일본인은 러일전쟁 직전인 1904년 1월에 307명이었지만 전후인 1906년 말에는 1,993호 8,284명, 1911년 말에는 8,798호 2만 9,775명으로 급증했다.

전시 중의 도항 집단은 군대 영내에서 일용품이나 음식물을 취급하는 매점을 운영했다. 러일전쟁이 끝나면서 종군한 병사들도 전쟁 당시의 견문을 바탕으로 새로운 사업에 참여할 기회를 얻는 장소로서 국토의 확대를 실감하였고, 제대 후 그들 중 일부는 만주나 한국으로 돌아왔다.

군대 중심의 경제 활동을 주축으로 하여 물품 매매업이나 토목건축 청부업, 벽돌·콩깻묵·간장 등의 제조업자가 속속 만주로 건너왔다. 일본인 사회가 형성되자 의사와 변호사, 교원, 종교가 등과 같은 이른바 자유업도 뒤따르듯이 쫓아왔다. 이렇게 해서 성립한 '외지' 일본인 사회는 그 외부에 중국인이나 조선인 사회를 동반하면서, 그들을 최하급의 노동자로 고용함으로써 유지되고 있었다. 이를 통해 민중의 제국 의식이 양성되어 갔다.

5. 한국병합

한국의 보호국화

　1905년 5월의 동해 해전이 완승으로 끝남으로써 같은 해 4월 8일의 각의에서 결정된, 장기전의 수행을 돕기 위한 「한국 보호권 확립의 건」은 그 자체로서 검토하는 일이 가능해졌다. 이미 전년도인 1904년 5월 31일에 「제국의 대한 방침」과 「대한 시설 강령」을 각의에서 결정하고 '경제상에서 더욱더 우리 이권의 발전을 도모해야 한다'는 내용을 명기한 상태였다. 또 한국은 '도저히 오랫동안 독립을 지지할 수 없음이 명백하다'고 말함으로써, 청일전쟁 이래 내걸었던 조선국의 독립 유지라는 대의명분도 버렸다.

　1904년 7월 하순부터 수도 한성부의 치안을 일본군이 장악한 가운데 8월에 새로운 협정이 성립하였다. 그것은 일본 정부가 추천하는 ① 일본인 재정 고문 1명, ② 외국인 외교 고문 1명의 채용과, ③ 외교 안건의 사전 협의라는 세 개조로 이루어진 짧은 내용으로, 이른바 제1

차 한일협약이었다. 협약 체결 이후 일본 정부는 한국 정부의 고용 외국인 30명 이상을 정리하고 그 자리에 일본인을 앉혔다. 러일전쟁 후인 1905년 11월에는 그 인원이 재정, 학부, 군부, 궁내부, 경무 등을 합쳐 모두 188명에 이르게 된다. 이러한 주권 침해에 대해서, 정이품 최익현이 황제에게 상소를 올리며 반대했지만 일본 군대에 체포되어 유형에 처해졌다.

1905년 9월 포츠머스 강화조약이 조인되자 일본 정부는 '이의 실행은 지금이 최적의 시기이다'라면서, 한국에 보호권을 확립할 것을 결의하였다. 11월 한성에 도착한 이토 히로부미는 보호조약의 체결을 고종 황제에게 직접 담판하였다. 예정 조인일인 17일, 하세가와 요시미치(長谷川好道) 한국 주차군 사령관은 '특히 기병 연대 및 포병 대대를 성내로 불러들여 만일에 대비하고 밤이 되자 큰 도로를 거쳐서 성 밖의 숙영지로 돌아가게 했다'(『韓国併合始末関係資料』). 그 때문에 '성 전체가 부들부들 떨어서 어느 누구도 감히 큰 소리를 내는 자가 없었다'고 한다. 오후 4시경부터 시작된 어전회의에서 황제와 대신의 의견은 일치되지 않았다. 심야인 18일 오전 1시에 이르러서야 겨우 조인이 성립하였다. 이렇게 해서 통감부를 한성부에 설치하고 외교권을 일본 정부가 접수한다는 내용의 제2차 한일협약(이른바 한국보호조약)이 성립하였다.

성립 직후부터 한국정부의 요인(조병세, 민영환 등)은 물론, 황제 자신도 협약의 파기를 목표로 한 행동에 들어갔다. 특히 황제는 친서와 문서를 동원하여, 1905년 10월부터 다음 해 5월까지 다섯 차례에 걸쳐 협약을 거부하는 의사를 구미에 보여주는 행동을 계속했다. 그 정점에 해당하는 것이 1907년 6월 네덜란드의 헤이그(Hague)에서 열린 제

2차 만국평화회의에 칙사 세 명을 파견한 일이었다. 고종 황제의 기대는 완전히 어긋났다. 고종 황제의 전략은 잘 짜여진 것이었다. 즉 제2차 만국평화회의에 정식으로 참가하여「국제분쟁의 평화적 처리조약」(제1차 만국평화회의에서 채택)에 우선 가맹하고, 일본의 부당 행위와 제2차 한일협약의 무효를 상설중재재판소에 호소한다는 전략이었다. 그러나 회장에서는 러시아와 네덜란드 대표와의 면회도 거부당하였고, 회의에 정식으로 참가하는 것도 인정되지 않았다. 고종 황제의 전략은 실패로 끝난 것이다.

　이러한 사태에 대해 이토 한국 통감은 이완용 수상에게 '책임은 전적으로 황제가 져야 한다. 일본과 전쟁을 하겠다는 것인가'라며 압력을 가했다. 7월 10일 원훈과 각료가 참석한 회의에서는 '현재의 기회를 놓치지 말고' 한국의 내정권을 장악한다는 방침을 세우고, 이를 이토 통감에게 일임하기로 결의하였다. 7월 19일 고종 황제는 양위하였고 다음 날 황태자 이척이 황제의 자리에 올랐다. 그가 바로 순종 황

▶사진 7-9. 일본이 설치한 한국통감부. 통감은 한국의 외교권을 접수했을 뿐만 아니라 철도와 각종 산업도 관리하에 두었다(「大日本帝国朝鮮写真帖」).

제이다. 24일에는 제3차 한일협약(전 7개조)이 체결되었다. 협약과 부속서의 내용은 외교권의 박탈, 군대의 해산, 내정권의 박탈과 일본인을 중앙과 지방의 요직에 앉힌다는(각 부의 차관, 경찰 부문의 장 이하) 것이었다. 제3차 한일협약은 일본이 한국의 전권을 장악한다는 것을 보여주는 것으로, 사실상의 한국 폐지를 의미하는 것이었으나 병합은 아니었다. 아직은 일본이 한국이라는 나라를 소멸시킬 수 있는 상황은 아니었다.

러일협약과 한국 문제

이 시점에서 일본이 한국을 병합시키지 못한 이유는 러시아의 동의를 얻지 못했기 때문이다. 1907년 1월 모토노 이치로(本野一郎) 주러 공사는 러시아가 러일전쟁 후의 긴장을 러일 간의 협상 체결로 해소하려 한다는 정보를 입수하고, 2월부터 현지 교섭에 들어갔다. 3월의 원훈회의는 4개조로 구성된 러일협약안을 승인했다. 제3조는 러일 양국의 세력 범위를 만주의 북과 남으로 각각 설정하였고, 제4조에는 한일 '관계의 앞으로의 발전에 대하여, 이를 방해하거나 또는 이에 간섭하지 않을 것을 약속한다'고 되어 있다. 주안점은 후반의 2개조에 있었다. 일본은 제3·4조에 중점을 두었고, 러시아는 제3조의 타결을 목표로 삼았지만 한국 문제의 진전에 대해서는 이를 쉽사리 인정하지 않으려는 자세를 취했다.

제3차 한일협약이 조인된 지 6일 후인 7월 30일에 들어와 드디어 러일협약이 체결되었고, 이는 러일전쟁 이후의 양국 관계를 규정하는 협약이 되었다. 중요한 것은 부속된 '비밀 협약'이었다. 이에 따라 결과적으로는 직전에 체결된 제3차 한일협약도 러시아에 의해 승인되었다. 즉 '해당 관계가 더욱 발전해 가는 과정에서, 이를 방해하거나 또는 이에 간섭하지 않을 것을 약속'(비밀 협약 제2조) 함으로써, 이후 한국병합으로 한 걸음 더 다가서는 계기가 되었다. 그러나 최대의 수혜자는 오히려 러시아였다. 러시아는 국내의 혁명 상황을 제압하기 위해, 아시아에서의 안정과 제2차 러일전쟁의 발발을 방지하는 일에 주안을 두었는데, 이를 확보했을 뿐만 아니라 북부 만주(동 제1조)와 외몽고(동 제3조)를 세력 범위로 삼는 것에 대한 일본의 동의를 받아낸 것이다. 고무라 주영 공사는 러시아가 국내의 소요를 수습하기 위해, 머지않아 인심 수습책으로서 터키에 대한 개입을 단행하게 될 것으로 보이며, 이에 대비하여 '극동에서의 후일의 걱정거리를 미리 제거하기 위해서' 러일협약을 원하고 있다는 정확한 분석을 2월 15일에 외무성 앞으로 보내왔다. 그러나 그것을 활용한 교섭은 아니었다.

한국병합으로

이토 통감이 우려한 점은 제3차 한일협약을 공표했을 때의 한국 민중의 동향이었으며, 해산한 군대와 민중이 결합한 대규모 폭동도 충분히 예상되었다. 1907년 7월 한국 군대의 해산을 명령하는 순종의 조칙이 내려오자 예상대로 일부는 봉기하였다. 의병운동이라 불리는 봉기는 순식간에 한성에서 전국으로 퍼졌다. 이를 탄압하기 위해 치러진 전투는 12월까지 658차례나 되었다. 일본군의 보고서(조선 주차군 사령부 편, 『조선폭도토벌지〔朝鮮暴徒討伐誌〕』)에 따르면 1910년의 한국병합까지 일본군과 의병 사이의 '충돌 회수'는 2,819차례, '충돌 의병 수'는 14만 1,603명, 의병 사망자 수는 1만 7,688명에 달하였다. 민중의 강한 저항은 이토 히로부미의 자신과 낙관주의를 동요시켰다. 1909년 2월 귀국한 이토는 통감을 사임하고 6월 추밀원 의장으로 복귀하였다.

1909년 봄 일본 정부는 한국병합 계획을 시작한다. 4월 가쓰라 수상과 고무라 외상은 재경 중인 이토 한국 통감을 찾아가, 한국병합에 관한 「방침서」·「시설대강서(施設大綱書)」를 보이고 이에 대한 의견을 요청하였다. 가쓰라와 고무라의 예상과는 달리 이토는 '의외로'(春畝公追頌会編, 『伊藤博文伝』下) 병합 방침에 동의했다. 이토의 동의를 얻은 가쓰라와 고무라의 제안은 7월의 각의에서 승인되었고 같은 날 천황의 재가를 얻었다. 각의에서 결정된 「한국병합에 관한 건」의 전문(前文)은, 이 시점에 이르러서도 일본은 아직 세력 침투가 충분하지 않아서 한국의 정부도 국민도 일본을 전면적으로 신뢰하는 단계에는 이르지 못한 상태라고 솔직하게 인정하고 있었다. 이를 전제로 제안된 것이 본문이었다. 제1항에서 한국병합의 단행이 일본의 '실력을 확립하는' 가장 확실한 방법이며, 이는 일본 '제국 백 년의 장계'라고 단언한다. 한가로이 열매가 익기를 기다리는 것은 너무 느리고 헛된 일이기 때문에, 일거에 한국병합으로 나아가는 것이 최선이라는 생각이다. 1909년 7월의 시점에서 한국병합이라는 대방침이 결정됨으로써 남은 것은 실시할 시기를 결정하는 일뿐이었다. 10월 이토 추밀원 의장이 청국의 하얼빈 역에서 조선의 독립운동가 안중근에게 피살된다. 이 사건은 병합을 앞당기게 된다.

최대의 문제는 러시아였다. 과연 근대국가 한국의 '폐멸'(구라치

▶사진 7-10. 총을 든 의병. 의병운동에 관한 보도는 구미인 선교사나 저널리스트를 통해 세계로 퍼졌다(The Tragedy of Korea).

데쓰키치 각서(倉知鉄吉覚書))을 구미 열강이 승인할 것인가? 1910년 3월의 각의는 만주에 대한 협상을 러시아에게 제안하기로 결정했다. 4월 모토노와의 회담에서 이즈볼스키 러시아 외상은 사실상 한국병합에 반대하지 않는다는 뜻을 전했다. 영국과 은밀히 교섭해 온 고무라는 가토 다카아키 주영 대사에게 러일 교섭에 관해 알리라고 지시하고, 다음 날에는 따로 '제국정부가 영일동맹을 제국 외교의 주안으로 삼는다는 방침'에는 전혀 변함이 없다는 것을 '특사 편'으로 전달시켰다. 신협약안은 러일 양국으로부터 영프 양국 정부에 비밀리에 전달되었고, 그 후 7월에 들어와 러일 제2차 협약으로서 조인되었다.

　신협약을 맺으려는 러일 양국의 움직임은 매우 빨라서 3개월이라는 단기간의 교섭으로 성립하였다. 양국이 서두른 데는 이유가 있었다. 그것은 미국의 움직임 때문이었다. 미국은 1909년 12월 18일 고무라 외상에게 '만주의 모든 철도를 청국에게 책임지도록 하고 (중략) 필요한 자금은 적당한 방법과 비율을 정해서 가입을 희망하는 여러 나라가 조달하는 것'에 대한 찬성을 요구해 왔다. 이른바 만철 중립화안이다. 일본 정부는 '포츠머스조약의 조건에서 볼 때 가장 중대한 일탈' 이라며 거절하였다. 그런데 이 과정에서 러일 양국은 공통된 권익에 대해 공동으로 방위하는 것이 이익이라고 생각하게 되어, 양국은 일거에 러일 신협약을 향해 전진하기 시작했던 것이다. 만주의 권익을 지키기 위해 러시아도 일본에게 강하게 나오지 못했다. 이것이 한국병합을 사실상 승인하는 언질을 교섭 초기에 전달하게 된 숨은 이유였다. 영국에 대해서는 현행 관세율을 10년간 유지하기로 하는 등, 기득권을 인정해 주는 방법을 통해 해결하였다.

대권 통치와 '이법역(異法域)'

1910년 5월 30일 데라우치 마사타케 육상은 제3대 한국 통감의 겸임을 명령받는다. 병합 촉진론자이자 활활 타오르는 의병 투쟁 등의 저항을 억압하는 군사력을 장악한 데라우치의 임명은 한국병합이 가까이 다가왔음을 알리는 것으로 생각되었다.

6월 3일에 열린 각의는 병합 방침을 심의하고, '조선에는 당분간 헌법을 시행하지 않고 대권에 의해 이를 통치할 것' 등의 전 13개조를 결정했다. 조선에는 헌법을 시행하지 않는다는 방침은 대권에 의해 통치한다는 앞서의 대만 통치의 경우와 마찬가지로, 군정의 연장이라는 사고방식을 기본으로 한 것이었다. 이 방침은 고무라 외상도 같은 의견으로(外務省編,『小村外交史』), 헌법을 시행하지 않는 상태에서 천황의 대권을 통한 통치가 이루어지면, 각료와 군부는 관여하는 일이 가능하지만 (보필의 의무) 제국의회가 관여하는 일은 불가능하다. 각료의 누군가로부터 이론이 나와 「헌법의 석의(釈義, 뜻 풀이)」가 재결정된다. 7월 8일 수상 명의로 발포된 「통감에 대한 통첩안」에 첨부된 각의 결정서의 하나에 「헌법의 석의」가 붙어 있었다.

> 헌법의 석의 : 한국병합 후에는 제국 헌법은 당연히 이 신영토에 시행되는 것으로 해석한다. / 그러나 사실에 있어서는 신영토에 대하여 제국 헌법의 각 조장(条章)을 시행하지 않는 것이 적당하다고 판단되기 때문에, 헌법의 범위 내에서 제외 법규(除外法規)를 제정해야 한다.

이념적으로는 헌법시행지이지만 각 조장을 구체적으로 시행하지 않는 이른바 '이법역'이 되기 때문에, 헌법에 인정된 권리와 의무가 실제로는 발생하지 않게 된다. 20세기 초까지 홋카이도와 오키나와 현이 놓여 있던 위치와 동일한 내용이 조선에도 적용되게 되었다. 예를 들면 권리에서는 참정권, 의무에서는 징병이 조선 거주자에게는 없었다. 그러나 다른 한편에서는 헌법시행지로 인정함에 따라 의회의 발언권이 미치게 되었는데, 이는 조선을 성역으로 삼아 권력을 휘두를 생각이었던 데라우치의 구상과는 다른 결과였다. 5월 27일 자 데라우치의 제안에서부터 7월 2일의 「헌법의 석의」에 이르는 해석 투쟁은, 군부의 정치력을 식민지에서 어디까지 인정할 것인지에 대한 항쟁의 최초의 표현이었다.

한국병합조약

데라우치 통감은 한국 주차군을 한성에 집중시킨 다음(『韓国併合始末関係資料』), 1910년 8월 22일 한국병합조약 조인식을 거행하였다.

병합조약은 29일 양국의 『관보』를 통해 동시에 공포되었고, 전국의 소학교에서는 9월 1일의 시업식을 이용하여 '한일합병에 관한 강화(講話)'(兵庫県美方郡照来尋常高等小学校「沿革誌」) 등을 함으로써 제국 판도가 확대된 것을 축하했다. 한국에서는 조약이 조인될 때부터 공포되기까지 보도가 제한되다가 29일 각 신문이 보도하게 되었다. 한국 사람들은 표면적으로는 반대하는 움직임을 보이지 않았지만, 실은 통감부가 군대와 경찰을 동원하여 언론과 행동에 대한 엄중한 규제를 실시하고 있었기 때문에 어쩔 수가 없었다. 청국의 일간 신문『신보(申報)』(上海)는 9월 1일 자에「아아, 한국이 멸망했다」는 기사를 게재하고, '통감부가 이미 어제부터 당분간 옥외에서의 대집회와 정치 관련 회의를 금지'했다든가 '통감부가 일본 신문의 한국 수입을 금지하고, 전문관을 시모노세키에 파견하여 신문을 검열시켰다'는 등의 엄중한 통제 상황을 알렸다.

아네자키 마사하루의 러일개전론에 감격하여 러일전쟁을 미화한「전운여록(戦雲余録)」을 쓴 이시카와 다쿠보쿠는 '호전적인 순진한 국민 중의 한 명이었다'(「明治四一年日誌」)며 자기비판을 하였다. 다쿠보쿠는 9월 9일 '지도 위 조선국에 검게 먹을 칠하며 추풍을 듣는다'는, 한국병합을 가을바람과 함께 애처로운 마음으로 한탄하는 노래를 읊었다. 그리고 와카야마 보쿠스이(若山牧水)가 주재하는 잡지『창작(創作)』의 같은 해 10월호에, '시대 폐색의 현상을 어쩌겠는가, 가을이 돼

서 특히 그렇게 생각하는 것인가, 메이지 43년 가을에 내 마음 특히 진지해졌고 슬퍼했노라'는 문장을 붙여서 발표하였다. 위의 노래를 포함한 34수의 단가(短歌)는 「9월 밤의 불평」이라는 제목이 붙어 있다. 다쿠보쿠가 평론 「시대 폐색의 현상」을 집필한 것은 한국병합과 같은 8월이었으나, 12월에 가집(歌集) 『한 줌의 모래(一握の砂)』를 간행할 때는 한국병합에 대한 위의 노래는 수록되지 않았다.

시마지리군(島尻郡) 하에바루(南風原) 심상소학교의 교사였던 히가 슌초(比嘉春潮)는 1910년 9월의 일기에 다음과 같이 썼다.

> 지난달 29일 한국병합. 만감이 교차하여 글이 써지지 않는다. 알고 싶은 것은 나의 류구사(琉球史)의 진상이다. 사람들이 말하길 류구는 장남, 대만은 차남, 조선은 삼남이라고. 오호라, 다른 부현 사람들로부터 류구인이라 경멸받는 데는, 그 나름대로 이유가 없지 않다. (히가의 자전 「年月とともに」에서)

'류구인'으로서 차별을 받고 있던 히가는 이웃나라 한국이 일본에 병합되었다는 소식을 듣고 그 서글픔에 마음을 맡겼다. 한편 '내지인(內地人)'으로부터 열등시되고 있는 자신의 환경에 분노를 한층 더 강하게 드러냈지만, 히가는 '그곳에 가로놓인 차이를 해명할 수는 없었다'고 자전에서 자기비판하였다. 사람들이 말하는 '오키나와―장남, 대만―차남, 조선―삼남'이라는 관계는, 어머니인 일본의 입장에서 보면 아이들의 돈벌이에 의지하고 있는 지역을 각각 비유한 것으로도 이해할 수 있겠지만, 그것은 수탈의 또 다른 이름이었다.

맺음말 – '빛나는 메이지'론과 내셔널리즘

전후가 전전이었던 사회

1945년까지의 일본 사회는 전쟁의 연속인 시대였다고 회고되는 경우가 많다. 이를 다른 말로 바꾸면 하나의 전쟁이 끝나면 전후가 오지만, 실은 그 전후는 머지않아 전쟁을 맞이하는 전전이었다는 말이 된다. 다음 전쟁이 돌연 찾아오는 것이라면 중간 시기는 전후라고 할 수 있겠지만, 다음 전쟁을 위한 준비가 진행되고 있는 상황이라는 점에서 전전이라 말하지 않으면 안 된다. 어떤 이유에서 그와 같은 긴장의 연속을 사람들은 계속하고 있었던 것일까?

청일전쟁을 통해 대만을 청으로부터 빼앗아 식민지로 만든 것은 이 전쟁의 본래 목적이 아니었다. 일본 단독이냐 또는 구미 열강과의 공동 관리냐 하는 문제는 차지하고라도 조선을 지배하에 두는 것이 전쟁의 목적이었다. 청일전쟁을 거치면서 일본의 압력은 강화되었지만 조선 왕조와 정부는 흔들리지 않고 일본의 지배 강화에 저항을 계속하면서 굴복하지 않았다. 일본은 조선(한국)에서의 권익을 완전히 회수하기 위해서 다각적인 외교 운동을 모색해 가면서 마지막에는 러일전쟁을 결단한다. 그 승리에 의해 1910년 독립국인 한국은 일본제국에게 병합되어 식민지가 되었다. 여기까지가 이 책이 다루고 있는 범위이다.

저널리스트 미우라 데쓰타로(三浦銕太郞, 1874~1972년)는 한국병합 1년 후, 잡지『동양시보(東洋時報)』1911년 9월호에 현대 일본이 처한 위험의 '첫 번째는 군비비의 과중에 따른 국민의 피폐이다'라며, 군사비의 과대를 비판하였다. '우리나라는 러일전쟁 후 육군을 두 배로 확장했다. 만일 지나 분할의 야심을 포장하든가, 시베리아 정복의 큰 뜻을 상상하지 않는다면, 그 의의를 해석하는 것이 불가능하다고 생각한다'고, 그 후의 육군과 일본의 진로를 예견하였다(松尾尊兊編,『大日本主義か小日本主義か』).

일본의 조선 지배는 가혹하여 조선 민중은 압록강을 넘어서 중국 동북부(이른바 '만주' 지역)로 도망쳐 들어간다. 자립한 조선 민중이 '만주'에서 조선으로 영향을 미치지 못하도록 저지하는 일이 일본의 과제가 되었다. 만주에 영향을 확대하여 조선 지배를 안정화시키는 일을 추구하게 되면서 군사적 해결도 선택 방안의 하나로 등장하는데, 그것이 1920~30년대의 일본의 모습이 되는 것이다.

그와 같은 전환점이 청일전쟁이었다. 군사력이 국가와 사회에서 커다란 의미를 갖게 되는 것도, 따라서 작은 나라 일본이라는 사회가 극적으로 변화하는 것도 이 시기였다.

지배층의 형성과 식민지

도쿄대학은 1886년의 제국대학령에 따라 유일한 '제국대학'이 된다. '제국대학'이라는 명칭의 연유는 '국가의 필요에 응하는 학술과 기예(技藝)를 교수'하는 것, 즉 국가 관료의 육성을 교육의 목표로 한다는 점에 있다. 도쿄에 오직 하나뿐인 제국대학을 목표로, 전국의 고등학교(제1에서 제8까지의 번호가 붙어 있는 관립 고교)에서 입학생이 모여들어 국가 관료가 되는 길을 걸어갔다. 이러한 양상도 청일전쟁 후에 변용을 이룬다.

제2의 제국대학으로 교토제국대학이 설립된 것은 1897년의 일이다. 이후 도호쿠(1907년), 규슈(1911년), 홋카이도(1918년), 경성(1924년)이 뒤를 이었고 대북(1928년), 오사카(1931년), 나고야(1939년)로 이어진 후 일단락된다. 교토제국대학도 우선 이공과대학을 설립(같은 해 9월)했듯이 공학 엔지니어의 양성이 두 번째 이후에 설립된 제국대학의 책무였다. 2년 후인 1899년에 개설된 교토제국대학 법과대학은 도쿄제국대학 법과대학에 대항하는 국가 관료 양성 코스로서 기대되었음에도 불구하고, 합격자 수에서는 훨씬 미치지 못했다(潮木守一, 『京都帝国大学の挑戦』). 제국대학은 모두가 이과대학·의과대학·공과대학을 설치함으로써(홋카이도·규슈는 농과대학, 경성은 의과대학과 이공대학, 대만은 이농대학도 설치), 공학계 의료계 기술자를 국가의 손으로 양성하여 배치하는 일을 중점으로 하였다.

제국대학에서 단독의 법학부를 설치한 것은 결국 도쿄와 교토뿐이었고(도호쿠·규슈·경성은 법문학부, 대북은 문정학부), 다른 곳은 이공계대학으로서 전전 교육 사회에서 군림하였다.

전전의 국가 관료가 집결한 관청 사회는 문관이 정점에 서서 기술자를 얕보는 구조였다. 도쿄대학이나 교토대학을 졸업하고 고등 문관 시험에 합격한 문관이 반드시 우위에 서는 구조 속에서 자라나, 이윽고 관료를 졸업하고 정치가가 되는 과정을 거치면서, 근대 일본의 정치적 지배층이 되어 갔다. 그 길을 식민지에서 태어나고 자란 '신국민'이 걸어가는 것은 어려운 일이었다.

식민지 대만과 조선의 제국대학은 대만인이나 조선인 그리고 일본인이 나란히 학습·연구하는 곳이었지만, 그것은 뿌리 깊은 차별 구조를 가지고 있었다(田村志津枝, 『台湾人と日本人』). 그 이전의 중학교에 들어갈 때나 재학 중에 대만인이나 조선인에 대한 차별이 있었고, 외국어인 일본어를 획득하는 점에서도 차이가 있었다. 홋카이도, 대북, 경성의 세 대학에는 '예과' 과정이 설치되어 있었는데, 예과 졸업생은 그 제국대학으로 진학하는 것이 의무였다. 이 때문에 자유롭게 도쿄대학이나 교토대학으로 진학하기 위해서는 내지의 고교에 진학하든가, 혹은 대만의 경우 대북고교로 진학해야만 하는 불리한 조건도 있었다. 외지의 제국대학은, 고등상업학교와 고등공업학교 등 교육의 최고 단계이어야 할 고등교육기관을 졸업한 일본인도 받아들였기 때문에, 내지의 제국대학에 입학할 수 없는 청년들의 우회도로가 되었다. 이 때문에 '신국민'에게는 좁은 문이 되었다.

대학을 포함해 외지의 학교는 대만·조선 총독이 문부대신의 대행으로서 관리 관할하였다. 조선과 대만의 고등교육기관의 역할은 국가 관료의 양성이 아니라 식민지 경영을 위한 인재였다는 점은 말할 필요도 없을 것이다. 경성제대에 이공학부가 설치된 것은 1941년, 대북제대에 공학부가 설치된 것은 1943년이었다. 이것은 아시아태평양

전쟁 당시 군수 공업의 증산과 엔지니어의 자체 양성이 필요하던 단계에서 일어난 일이었다.

두 종류의 '국민' 형성

식민지 대만과 조선에 대한 일본의 정책은 '발달한 일본'의 기술과 자본을 '뒤처진 지역'에 옮겨 놓는 것이었다는 사실만으로도, 구미와 같은 '극악한 식민지 지배'와는 다르다는 변명이, 20세기 말 이래 일본에서 확산되고 있다. 지금까지의 상세한 연구에 따르면 그러한 '변명'은 일소에 부쳐질 낮은 수준의 이야기일 수밖에 없다. 경제사의 연구에서 보면 대만은 제당과 남진의 거점으로서 개발되어, 일본 내지의 생활을 충실히 하고 국토를 팽창시키는 데 도움이 되는 역할을 담당했다. 단순한 개발책의 실시가 아니었다.

또 '발달한' '뒤처진'이라는 표현의 근저에는 차별 의식이 드러난다. 한국병합은 부패한 조선 왕조에 그 책임이 있다면서, 일본이 적극적으로 식민지화를 목표로 움직인 사실을 은폐하고 식민지 지배를 정당화하는 의견도 보인다. 한국병합조약이 조인되던 날 밤, 데라우치 통감이 야마가타 아리토모에게 보낸 서간에는 다음과 같은 내용이 나온다.

이번 일이 일단락된 후에는 관아의 폐합, 일본 관리의 처리가 필요합니다. 지금까지 조사한 바에 따르면 관리는 의외로 부패한 것으로 보입니다. 이를 도태시키고 혁신시키는 일은 일대 골절(骨折)과 같은 일이라고 생각됩니다. 전체적으로 볼 때 한인을 처분하는 일보다는 일본인의 처분이 곤란하다고 생각합니다.

즉 병합 후의 '일대 골절과 같은 일'은 부패한 일본인 관리의 처분이라며 한탄하고 있는 것이다. 이미 만연해 있는 일본인 관리의 부패는 일본제국의 총독부 시대에 들어가면 더욱 큰 곤란을 낳을 것으로 예상되었을 것이다. 지배자인 일본인이 교만해 있어 자성은 곤란했다는 사실을 보여주는 한 가지 예라 하겠다.

1910년 이후의 일본은 대규모 식민지를 보유한 '대일본제국'이었다. 그곳에는 대일본제국헌법에 의해 수호된 '국민'과 그 보호 아래에 들어갈 수조차 없는 '국민'이 존재하였다. 이들 사이의 차이는 크다. 납세의 의무는 있으나 국정 참가의 권리는 없다. 교육의 의무는 없으나, 그곳에 설립된 대학의 구조는 통치와 관련한 법학부나 산업 경영의 열쇠를 쥔 경영학부가 아니라, 실리와 기술 위주의 학부로 한정되어 있었다. 조선이나 대만의 민중에게 병역의 의무는 없지만, 자신의 향토를 무기를 들고 지킬 수 있는 군사적 훈련을 받는 일도 불가능하다. 이것이 대만과 조선의 '국민'이었다.

'식민지 지배'란 아무리 본국이 자본을 쏟아 붓더라도 본래 그것은 본국의 번영을 위한 것이지 그 반대는 아니다. '헌법'이라는 법은 국민 국가의 지혜의 하나이다. 국민의 권리와 의무를 규정하고, 인종이나 민족, 사상이나 신조 등이 사람에 따라 다르다 하더라도 인간으로서의 대우에 차이를 인정하지 않는다. 식민지의 존재는 그러한 헌법의 본래의 모습과 모순된다.

오랜 세월 그러한 모순에 고민하던 프랑스공화국은 결국 1962년 3월, 알제리의 독립을 인정함으로써 모순을 해소하는 쪽으로 향했다.

그 과정에서 프랑스의 현대사상가들과 사르트르(Jean Paul Sartre) 등이 문제 제기를 계속하였고, 이는 세계에 충격을 주었다. 반면 근대 일본은 제국이라는 역사가 초래한 결과로서의 식민지를 왜 방기해야 하는지라는 중대한 사상적 과제를 돌파하지 않은 채, 1945년의 패망이라는 이른바 '외압'에 의해 대만이나 조선을 손에서 놓게 됨으로써 안이하게 '식민지 문제'를 '해결'하였다. 그렇게 된 역사적 경위를 곱씹어 숙고해 보아야만 한다. 그 출발점은 '청일전쟁에서 러일전쟁으로' 향하던 시기였다. 역사를 확실하게 찾아가는 일은 생각할 재료를 발굴하고, 사고를 넓혀 비약시키는 모험 여행이기도 하다.

저자 후기

　일본 근대사 연구의 길로 들어설 즈음, 언젠가는 '통사'를 쓰게 되리라는 생각은 했지만, 막상 일을 시작해 보니 이렇게까지 힘겨운 일이 될 줄은 상상도 하지 못했다. 문득문득 자꾸만 자세하게 쓰게 되는 데다가 사료도 일일이 확인하는 작업에 빠져들었다. 새로운 발견은 있었지만, 제한된 매수 속에서 어디까지 충분히 설명이 되었을 것인지 지금도 불안하기는 하다.
　다만 이러한 시리즈물에 막상 참가해 보니 편집 회의는 즐거웠다. 이번에도 몇 번인가 회의가 열려 각자의 구상과 기탄없는 검토가 이루어졌다. 거리낌이 없는 점이 이번 멤버의 특색이다. 전권에 걸친 편집 방침도 논의되었지만 그것이 햇빛을 보게 되는 것은 최종권일 것이다. 독자 여러분은 그때까지 즐거운 마음으로 기다려 주길 바란다.
　쓰는 것은 힘들었지만 그 사이에 최근 20년간의 일본 근대사 연구가 상당히 진전되었다는 생각이 강하게 들었다. 또 어느 시대나 파괴의 기수로서 등장하는 젊은 연구자만이 아니라 성숙한 연구자도, 날카로운 문제의식과 확실한 실증을 통해 깊이 있고 새로운 인식을 제시하고 있다. 그와 같은 커다란 성과를 흡수하여 얻게 된 귀중한 도달점과 나 자신의 약간의 견해를 합작시킨 것이 이 책이다. 다만 지면 관계 때문에, 본문 속에 낫표를 붙인 인용을 하고 이름을 제시하는 방법을 거의 쓰지 못한 채, 권말의 참고문헌에 몰아넣을 수밖에 없었던 점에 대해서는 널리 양해를 구한다.

거의 모든 문헌을 근무지 도서관에서 발견할 수 있었고, 한국어 고유명사의 발음은 동료인 太田修 씨의 도움을 받았다. 직장의 여러 분께도 감사의 말씀을 드린다.

이 책도 편집부 小田野耕明 씨의 편집 노력에 도움을 받은 바가 크며, 언제나처럼 白石玲子 씨는 보이지 않는 잔일을 도맡아 주었다. 두 분께 감사드린다.

2007년 1월
라쿠호쿠(洛北) 무라사키노(紫野)
하라다 게이이치(原田敬一)

역자 후기

　이 책은 1890년의 의회 개설에서 1910년의 한국병합에 이르기까지의 근대 일본의 역사를 개관한 개설서이다. 근대 일본은 청일전쟁과 러일전쟁을 거치면서 사회 전반에 걸쳐 어떠한 변화를 겪었던 것인지, 또 전후는 어떠한 과정을 거쳐 또 하나의 전전이 되어 갔던 것인지를 자세히 확인할 수 있다.
　저자는 정치외교사 이외에도 군부(軍夫)와 군대, 육해군 묘지제도, 저널리즘 등 사회문화사적 관점에서 청일전쟁의 실상과 영향을 검토하는 연구를 진행해 왔다. 후기에서 밝혔듯이 최근에는 지난 20년간의 일본 역사학계의 연구 성과를 정리하여 개설서로 만드는 일에 몰두하고 있다. 이 책과 함께 2008년에도 청일전쟁 관련 개설서인 『일청전쟁(日淸戰爭)』(吉川弘文館, 2008년)을 출판하였다.
　이 책은 여러 가지 면에서 종래의 개설서와 다르지만 특히 다음의 두 가지 점에서 주목된다. 하나는 군부, 전병사자, 저널리즘, 국민생활, 내셔널리즘, 문학, 하층사회, 기념비 등 전쟁의 영향을 사회 전반의 문제와 관련시켜 서술한 점이다. 전후 일본 역사학계의 통설적 견해가 정착하던 1960, 70년대의 개설서(문고본), 예컨대 『일청전쟁(日淸

戦争)』(藤村道生, 岩波新書, 1973년), 『일러전쟁(日露戦争)』(古屋哲夫, 中公新書, 1966년), 『일한병합소사(日韓併合小史)』(山辺健太郎, 岩波新書, 1966년) 등이 주로 정치, 외교, 군사 문제에 초점을 맞추던 것과는 차이가 있다.

다음으로 더욱 주목할 것은 근대 일본의 대외 정책을 팽창주의 일변도로 해석하는 종래의 전통적인 시각에서 벗어난 점이다. 일본의 대외 팽창주의를 비판하면서도, 조선의 지배를 놓고 벌어진 준비된 전쟁, 청일전쟁과 러일전쟁이라는 시각은 찾아보기 어렵다. 천진조약은 조선 불가침과 영토 보전에 관한 청일의 양해가 성립했음을 의미하며 따라서 일본이 적극적으로 조선 침투를 도모하지 않는 한 청일전쟁의 가능성은 낮았다는 것이다. 또 러일전쟁과 관련해서도 일본은 마지막까지 영일동맹과 러일협상을 동시에 성립시키는 다각 동맹·협상망의 성립을 포기하지 않았다고 설명하였다. 같은 맥락에서 '외교정략론'을 극히 예외적인 군사모험주의로 평가하고, 러일전쟁 중의 조선보호권 획득 문제를 전쟁의 장기화에 대비한 포석으로 해석하였다.

지난 20년 동안 한일 양국은 역사 교과서 문제를 놓고 대립을 계속해 왔다. 우익의 목소리가 커지는 배경에는 보수주의 역사학의 연구가 있다. 이 책은 최근의 일본 역사학계의 보수화 경향이 개설의 단계에서도 급격히 흡수될 정도로 영향력을 증대시키고 있다는 사실을 확인케 해준다. 그런 의미에서 한번쯤 읽어볼 가치가 있다고 생각한다.

저자의 관심 영역이 다방면에 걸쳐 있는 까닭에 번역이 쉽지 않았다. 저자의 독특한 문체에 익숙해지기까지도 많은 시간이 걸렸다. 가독성을 높이는 과정에서 원서의 맛이 많이 사라져 버린 점이 아쉽다. 번역이 어려웠던 만큼 오독과 오해가 있을까 걱정스럽다. 독자의 많은 질정을 바라는 바이다.

2012년 8월 4일

최석완

연표

연도	일본	세계
1890(메이지23)	6. 제1차 귀족원 다액납세자 의원 선거 7. 제1차 총선거. 집회 및 정사법 공포 9. 입헌자유당 발족(다음해 자유당으로 개칭) 10. 「교육에 관한 칙어」 발포 11. 제1의회 소집(91.3.7 폐회)	
1891(메이지24)	5. 제1차 마쓰카타 마사요시 내각. 오쓰사건 11. 오쿠마 시게노부와 이타가키 다이스케 회견 12. 제2의회에서 가바야마 해상 「만용연설」	8. 러프동맹 조인
1892(메이지25)	2. 제2차 총선거(자유 94, 개진 38) 3. 시나가와 내상, 선거 간섭 문제로 인책 사임. 「평화」 창간 6. 철도부설법 공포. 국민협회 결성 8. 제2차 이토 히로부미 내각 11. 「요로즈초호」 창간	
1893(메이지26)	1. 중의원, 군함제조비 부결. 「문학계」 창간 2. 중의원, 내각탄핵 상주안 가결. 제함비에 관한 조서	4. 동학교도, 충청도 보은에 집결
1894(메이지27)	3. 제3차 총선거(자유 119, 개진 48, 국민협회 26) 6. 각의, 파병 결정. 대본영을 설치. 고등학교령 공포 7. 영일통상항해조약 조인. 조선왕궁점령사건(7월 23일 전쟁). 풍도 앞바다 해전. 성환·아산 전투 8. 청일, 선전포고 9. 제4차 총선거(자유 105, 개진 45, 혁신 40, 국민협회 30)	3. 상해에서 김옥균 암살 4. 동학교도, 4대 강령 발표 10. 전봉준, 농민군에 재기를 지령

연도	사건	
1895(메이지28)	1. 『태양』 창간 2. 위해위 함락 3. 시모노세키 강화회의 개최 4. 청일강화조약 조인, 삼국간섭 5. 각의, 요동반도 포기를 결정. 대만도민, 대만민주국 건국 선언 10. 한성부에서 명성황후시해사건 11. 요동반도환부조약 조인. 『동양경제신보』 창간. 자유당, 정부와 제휴 선언	7. 청국, 대일 배상금 지불을 위해 러프 4억 프랑 차관 이 해에 마르코니가 무선 전신을 발명
1896(메이지29)	2. 아관파천 3. 진보당 결성. 항해장려법·조선장려법 공포. 제철소 관제 공포 7. 청일통상항해조약 조인 9. 제2차 마쓰카타 마사요시 내각 11. 히구치 이치요 사망	4. 『독립신문』 창간 7. 독립협회 결성
1897(메이지30)	1. 오자키 고요 「금색야차(金色夜叉)」 신문 연재 개시 3. 아시오광독사건 피해민이 상경, 청원. 화폐법, 관세정율법 공포 4. 대만은행법, 전염병예방법 공포. 사회문제연구회 결성 6. 교토제국대학 설립 7. 노동조합기성회 발기인회 12. 철공조합 결성. 『노동세계』 창간	10. 대한제국 성립, 황제즉위식 거행
1898(메이지31)	1. 제3차 이토 히로부미 내각 2. 일본철도 파업 3. 제5차 총선거(자유 98, 개진 91, 국민협회 26) 6. 헌정당 결성. 제1차 오쿠마 시게노부 내각 8. 제6차 총선거(헌정당 260, 국민협회 20). 오자키 문상, 공화연설사건 11. 제2차 야마가타 아리토모 내각 12. 지조조례 개정, 논밭지가수정법 공포	3. 러시아, 대련·여순 조차 독일, 교주만 조차 4. 미국, 쿠바 독립전쟁에 개입 6. 무술변법 7. 영국, 위해위 조차
1899(메이지32)	2. 중학교령 개정·실업학교령·고등여학교령 공포 3. 홋카이도 구토착민보호법, 특허법·의장법·상표법 공포. 부현제·군제 개정, 국적법 공포. 문관임용령 개정·문관분한령·문관징계령 공포 4. 요코야마 겐노스케 『일본의 하층사회』 간행 10. 보통선거기성동맹회 결성	2. 필리핀·미국 전쟁 3. 산동성에서 의화단 봉기 5. 제1차 헤이그평화 회의 9. 미국, 문호개방 선언 10. 보어전쟁 발발

1900(메이지33)	1. 사회주의연구회를 사회주의협회로 변경 2. 가와마타사건 3. 산업조합법, 치안경찰법 공포 4. 『명성』 창간 5. 군부대신 현역무관제 확립 6. 각의, 의화단 진압을 위한 파병 결정 9. 입헌정우회 결성 10. 제4차 이토 히로부미 내각	3. 미국, 금본위제 채택 6. 의화단, 북경의 공사관 구역 공격
1901(메이지34)	2. 애국부인회 창립. 후쿠자와 유키치 사망 5. 사회민주당 결성(2일 후 금지) 6. 제1차 가쓰라 다로 내각 12. 다나카 쇼조, 아시오광독사건을 천황에 직소	9. 북경의정서 조인
1902(메이지35)	1. 보병 제5연대(아오모리), 설중 행군 중 조난. 영일동맹협약 조인 8. 제7차 총선거(정우 190, 헌정본당 95) 12. 중의원위원회, 지조증징안 부결	5. 쿠바 독립. 보어전쟁 종결
1903(메이지36)	3. 제8차 총선거(정우 175, 헌정본당 85) 6. 7박사 건백서 공표 8. 대러동지회 결성 11. 평민사 결성, 『평민신문』 창간	7. 동청(중동)철도 개통
1904(메이지37)	2. 선전포고, 러일전쟁 발발 3. 제9차 총선거(정우 133, 헌정본당 90) 4. 비상특별세법·담배전매법 공포 8. 제1차 한일협약 조인. 요양회전. 징병령 개정 (후비역을 5년에서 10년으로 연장) 11. 사회주의협회, 결사금지 처분	1. 한국 정부, 러일 양국에 중립 통고 2. 청국, 국외중립 선언 4. 영프협상 성립
1905(메이지38)	1. 러시아 여순 수비군 항복 3. 봉천회전 5. 평민사에서 메이데이 다과회. 동해 해전 6. 루스벨트 미국 대통령, 강화 알선 7. 일본 육군, 사할린 공략. 가쓰라·태프트 각서 8. 러일강화회의. 제2차 영일동맹협약 조인 도미즈(戸水)사건 9. 러일강화조약 조인. 히비야(日比谷)폭동사건 11. 제2차 한일협약 조인. 한국 각지에서 항일운동 12. 한국통감부 설치	1. '피의 일요일'(러시아 제1차 혁명) 3. 이란, 입헌혁명 8. 손문 등, 중국혁명동맹회 결성(도쿄)

1906(메이지39)	1. 제1차 사이온지 긴모치 내각. 사카이 도시히코 등 일본사회당 결성 3. 비상특별세법 개정(증세의 항구화). 철도국유법 공포 10. 야마가타 아리토모, 제국국방 방침안을 상주 11. 남만주철도회사 설립	
1907(메이지40)	2. 아시오동산 폭동에 군대 출동 7. 제3차 한일협약 조인. 제1차 러일협약 조인 8. 한국에서 군대 해산식, 의병운동 확산 9. 군령 제1호	6. 헤이그 밀사사건 7. 제1차 러일협약 8. 영러협상 성립
1908(메이지41)	4. 대만종관철도 전구간 개통 5. 제10차 총선거(정우 187, 헌정본당 70) 7. 제2차 가쓰라 다로 내각 8. 동양척식회사법 공포 10. 보신조서(戊申詔書)	11. 중국에 관한 루트-다카히라 협정
1909(메이지42)	1. 가쓰라 수상과 사이온지 정우회 총재, 타협 성립 7. 각의, 한국병합 방침 결정 10. 이토 히로부미, 하얼빈에서 피살	
1910(메이지43)	7. 제2차 러일협약 조인 8. 한국병합에 관한 한일조약 조인. 조선총독부 설치 11. 제국재향군인회 발회식	제2차 러일협약

참고문헌

본문에서 직접 언급한 문헌과 집필에 참고한 것을 게재했다. 기타 지면 관계상 여기에서 일일이 소개하지 못한 많은 문헌에서도 가르침을 받았음을 밝혀 둔다.
(각 항목은 연대순으로 배열)

전체

升味準之輔, 『日本政党史論』3, 東京大学出版会, 1967
坂野潤治, 『明治憲法体制の確立』東京大学出版会, 1971
林茂・辻清明編, 『日本内閣史録』1, 第一法規出版, 1981
内田健三・金原左門・古屋哲夫編 『日本議会史録』1, 第一法規出版, 1991
佐々木隆, 『藩閥政府と立憲政治』吉川弘文館, 1992
井上光貞・永原慶二・児玉幸多・大久保利謙編, 『明治憲法体制の展開』上(日本歴史大系14), 山川出版社, 1996
石井寛治, 『日本の産業革命』, 朝日選書, 1997
加藤陽子, 『戦争の日本近現代史』, 講談社現代新書, 2002
小林和幸, 『明治立憲政治と貴族院』, 吉川弘文館, 2002
五百旗頭薫, 『大隈重信と政党政治』, 東京大学出版会, 2003

참고문헌 | 315

머리말

前田愛,『成島柳北』, 朝日新聞社, 1976
加藤祐三,『黒船前後の世界』, 岩波書店, 1985
籠谷直人,『アジア国際通商秩序と近代日本』, 名古屋大学出版会, 2000
芳賀徹編,『翻訳と日本文化』, 山川出版社, 2000
若桑みどり,『皇后の肖像』, 筑摩書房, 2001
神奈川大学人文学研究所編,『日中文化論集』, 勁草書房, 2002

제1장

高橋雄豺,「明治二十五年の選挙干渉」, 高橋,『明治警察史研究』3, 令文社, 1963
田中時彦,「大津事件」, 我妻栄編,『日本政治裁判史録』明治・後, 第一法規出版, 1969
芝原拓自,「帝国憲法体制の発足と貴族院」, 遠山茂樹編,『近代天皇制の成立』, 岩波書店, 1987
楠精一郎,『児島惟謙』, 中公新書, 1997
安田浩,『天皇の政治史』, 青木書店, 1998
三谷太一郎,「大津事件における司法権と政治」, 三谷,『政治制度としての陪審制』, 東京大学出版会, 2001
原田敬一,「第一議会における「地租軽減」実現の可能性について」,『鷹陵史学』28, 2002
原田敬一,『帝国議会 誕生』, 文英堂, 2006
秋本達徳,「日清戦後期の民間産業助成政策」,『鷹陵史学』33, 2007

제2장

和田洋,「初期議会と鉄道問題」,『史学雑誌』84-10, 1975
米谷尚子,「現行条約励行をめぐる国民協会の実業派と国権派」,『史学雑誌』86-7,

1977
酒田正敏, 『近代日本における対外硬運動の研究』, 東京大学出版会, 1978
山中永之佑編, 『新 日本近代法論』, 法律文化社, 2002
松下孝昭, 『近代日本の鉄道政策』, 日本経済評論社, 2004
高久嶺之介, 「京都府知事最末期の北垣国道」, 同志社大学, 『社会科学研究』 74, 2005

제3장

田保橋潔, 『日清戦役外交史の研究』, 刀江書院, 1951
梅渓昇, 『明治前期政治史の研究』, 未来社, 1963
中塚明, 『日清戦争の研究』, 青木書店, 1968
高橋正幸, 「北村透谷と「平和」」, 『桐朋学報』 20, 1970
山田昭次, 「朝鮮問題と天皇制」, 『別冊 経済評論』, 1972 秋季号
藤村道生, 『日清戦争』, 岩波新書, 1973
坂野正高, 『近代中国政治外交史』, 東京大学出版会, 1973
今井庄次, 『お雇い外国人 外交』, 鹿島出版会, 1975
菊地邦作, 『徴兵忌避の研究』, 立風書房, 1977
野原四郎, 『中国革命と大日本帝国』, 研文出版, 1978
外山三郎, 『日本海運史』, 教育社新書, 1980
檜山幸夫, 「日清戦争宣戦詔勅草案の検討」, 『古文書研究』 15, 1980
村松定孝, 「鏡花小説 戯曲解題」, 同編 『泉鏡花事典』, 有精堂出版, 1982
朴宗根, 『日清戦争と朝鮮』, 青木書店, 1982
大江志乃夫, 『靖国神社』, 岩波書店, 1984
篠原宏, 『海軍創設史』, リブロポート, 1986
大谷正 原田敬一編, 『日清戦争の社会史』, フォーラム・A, 1994
籠谷次郎, 「死者たちの日清戦争」 (同上)
大谷正, 『近代日本の対外宣伝』, 研文出版, 1994
中川清編, 『明治東京下層生活誌』, 岩波文庫, 1994
原田敬一, 「軍隊と日清戦争の風景」, 『鷹陵史学』 19, 1994
藤村道生, 『日清戦争前後のアジア政策』, 岩波書店, 1995
高橋秀直, 『日清戦争への道』, 東京創元社, 1995

大谷正, 「旅順虐殺事件再考」, 『ヒストリア』 149, 1995
長島要一, 『明治の外国武器商人』, 中公新書, 1995
加藤陽子, 『徴兵制と近代日本』, 吉川弘文館, 1996
茂木敏夫, 『変容する近代東アジアの国際秩序』, 山川出版社, 1997
中塚明, 『歴史の偽造をただす』, 高文研, 1997
大澤博明, 「日清開戦論」, 東アジア近代史学会編, 『日清戦争と東アジア世界の変容』下, ゆまに書房, 1997
趙景達, 『異端の民衆反乱』, 岩波書店, 1998
羽賀祥二, 「日清戦争記念碑考」, 『名古屋大学文学部研究論集』 131, 史学 44, 1998
井上勝生, 「甲午農民戦争(東学農民戦争)と日本軍」, 田中彰編, 『近代日本の内と外』, 吉川弘文館, 1999
原田敬一, 「戦争を伝えた人びと」, 佛教大学, 『文学部論集』 84, 2000
原田敬一, 『国民軍の神話』, 吉川弘文館, 2001
姜孝叔, 「第2次東学農民戦争と日清戦争」, 『歴史学研究』 762, 2002
斎藤聖二, 『日清戦争の軍事戦略』, 芙蓉書房出版, 2003
坂口満宏, 「解題」, 『近代日本「平和運動」資料集成』, 不二出版, 2005
金明九, 「民族解放運動の発展と流れ」, 姜萬吉編著, 『朝鮮民族解放運動の歴史』, 法政大学出版局, 2005
大谷正, 『兵士と軍夫の日清戦争』, 有志社, 2006

제4장

山田孝雄, 『国語の本質』, 白水社, 1943
近藤喜博, 『海外神社の史的研究』, 明生堂, 1943(大空社, 1996, 復刻)
小笠原省三, 『海外神社史』, 海外神社史編纂会, 1953(ゆまに書房, 2004, 復刻)
中村哲, 「植民地法」, 鵜飼信成ほか編, 『講座 日本近代法発達史』 第5巻, 勁草書房, 1958
黄昭堂, 『台湾民主国の研究』, 東京大学出版会, 1970
許世楷, 『日本統治下の台湾』, 東京大学出版会, 1972
春山明哲 若林正丈, 『日本植民地主義の政治的展開』, アジア政経学会, 1980
横森久美, 「台湾における神社」, 『台湾近現代史研究』 4, 1982

小林道彦,「1897年における高野台湾高等法院長非職事件について」,『中央大学大学院論究』14, 1982

若林正丈,『台湾抗日運動史研究』,研文出版, 1983

大谷正,「台湾における植民地統治機構の成立」,『歴史科学』99·100, 1985

山本有造,『日本植民地経済史研究』,名古屋大学出版会, 1992

栗原純,「明治憲法体制と植民地」,『東京女子大学比較文化研究所紀要』54, 1993

斎藤容子,「桂園体制の形成と台湾統治問題」,『史学雑誌』103-1, 1994

高橋泰隆,『日本植民地鉄道史論』,日本経済評論社, 1995

イ・ヨンスク,『「国語」という思想』,岩波書店, 1996

呉密察,「台湾の植民地型近代化への再認識」,比較史 比較歴史教育研究会編,『黒船と日清戦争』,未来社, 1996

宮地正人,「日本的国民国家の確立と日清戦争」(同)

紅野謙介,「1900年前後 中等教育の再編と「国語」教科の成立」,『語文』95, 1996

佐藤弘毅,「戦前の海外神社一覧(1)」,『神社本庁教学研究所紀要』2, 1997

長志珠絵,『近代日本と国語ナショナリズム』,吉川弘文館, 1998

安田敏朗,「日本語論のなかのアジア論」,西川長夫 渡辺公三編,『世紀転換期の国際秩序と国民文化の形成』,柏書房, 1999

中島三千男,「「海外神社」研究序説」,『歴史評論』602, 2000

若林正丈,「解説」,同編『矢内原忠雄「帝国主義下の台湾」精読』,岩波現代文庫, 2001

高木博志,「官幣大社札幌神社と「領土開拓」の神学」,岡田精司編,『祭祀と国家の歴史学』,塙書房, 2001

戴震宇,『台湾的老火車站』,遠足文化事業有限公司, 2001

森まゆみ,『森の人 四千井綱英の九十年』,晶文社, 2001

本康宏史,「台湾神社の創建と統治政策」,台湾史研究部会編,『台湾の近代と日本』,中京大学社会科学研究所, 2003

橋谷弘,『帝国日本と植民地都市』,吉川弘文館, 2004

謝国興,「植民地期台湾における鉄道 道路運輸業」,堀和生 中村哲編著,『日本資本主義と朝鮮 台湾』,京都大学学術出版会, 2004

菅浩二,『日本統治下の海外神社』,弘文堂, 2004

北原恵,「皇室の出産 生殖をめぐる表象分析」,田中真砂子 白石令子 三成美保編,『国民国家と家族·個人』,早稲田大学出版部, 2005

제5장

山本四郎,「明治前期の鉱山労働および労働運動」,明治史料研究連絡会編,『明治前期の労働問題』,御茶の水書房, 1960
大河内一男 松尾洋,『日本労働組合物語 明治』,筑摩書房, 1965
利谷信義,「戦前の日本資本主義経済と法」,『岩波講座 現代法』7, 1966
吉井蒼生夫,「日本近代法史研究の方法論について」,『早稲田法学会誌』24, 1974
青木正久,「日鉄機関方争議の研究」,労働運動史研究会編,『黎明期日本労働運動の再検討』,労働旬報社, 1979
高村直助,『日本資本主義史論』,ミネルヴァ書房, 1980
堉叡,「明治三十二年の国籍法成立に至る過程」,『芳賀幸四郎先生古稀記念日本社会史研究』,笠間書院, 1980
室山義正,『近代日本の軍事と財政』,東京大学出版会, 1984
中村隆英,『明治大正期の経済』,東京大学出版会, 1985
石井寛治,「東アジアにおける帝国主義」,歴史学研究会 日本史研究会編,『講座日本歴史』8, 東京大学出版会, 1985
井口和起,「日清 日露戦争論」(同上)
杉原薫,「アジア間貿易の形成と構造」,『社会経済史学』51-1, 1985
今井清一,「大都市市会議員三級連記選挙の比較研究」,『横浜市立大学論叢』40-1, 1989
西川俊作 阿部武司編,『日本経済史』4・5, 岩波書店, 1990
山本義彦編著,『近代日本経済史』,ミネルヴァ書房, 1992
原田敬一,『日本近代都市史研究』,思文閣出版, 1997
二村一夫,「高野房太郎小伝」,高野房太郎,『明治労働通信』(大鳥清 二村一夫編訳),岩村文庫, 1997
尾崎耕司,「万国衛生会議と近代日本」,『日本史研究』439, 1999
清水唯一朗,「隈板内閣における猟官の実相」,『日本歴史』674, 2004
清水唯一朗,「政党内閣の成立と政官関係の変容」,『史学雑誌』114-2, 2005

제6장

島屋政一, 『日本版画変遷史』, 大阪出版社, 1939(五月書房, 1979, 復刻)
飛鳥井雅道, 「民友社左派と日清戦争」, 『文学』27-8, 1959
飛鳥井雅道, 「社会小説の発展」, 『文学』27-9, 1959
近盛晴嘉, 『人物日本新聞史』, 新人物往来社, 1970
木坂基, 『近代文章の成立に関する基礎的研究』, 風間書房, 1976
飛鳥井雅道, 「初期社会主義」, 『岩波講座 日本歴史』17, 1976
松尾尊兊, 「田中正造の直訴について」, 『田中正造全集 月報』6, 岩波書店, 1977
有山輝雄, 「理想団の研究」1・2, 『桃山学院大学社会学論集』13-1・2, 1979・1980
立花雄一, 『明治下層記録文学』, 創樹社, 1981(増訂版, ちくま学芸文庫, 2002)
成田龍一, 『加藤時次郎』, 不二出版, 1983
伊狩章, 『新訂後期硯友社文学の研究』, 文泉堂出版, 1983
東海林吉郎 菅井益郎, 『通史 足尾鉱毒事件』, 新曜社, 1984
立花雄一, 「横山源之助小伝」, 横山源之助, 『日本の下層社会』, 岩波文庫, 1985 改版
紅野謙介, 「年譜」, 『二葉亭四迷全集』別巻, 筑摩書房, 1985
原子朗, 『文体の軌跡』, 沖積舎, 1986
多田代三, 『岩手 新聞物語』, 岩手日報社, 1987
山本駿次朗, 『報道画家山本松谷の生涯』, 青蛙房, 1991
小林道彦, 「日清戦後の大陸政策と陸海軍」, 『史林』75-2, 1992
有山輝雄, 『近代日本ジャーナリズムの構造』, 東京出版, 1995
伊藤整, 『日本文壇史』3~9, 講談社文芸文庫, 1995
小田切秀雄, 『文学:近見と遠見と』, 集英社, 1996
大谷正, 「日清戦争と従軍記者」, 『日清戦争と東アジア世界の変容』(前掲)
原田敬一, 「国権派の日清戦争」, 佛教大学, 『文学部論集』81, 1997
佐藤能丸, 『明治ナショナリズムの研究』, 芙蓉書房出版, 1998
月脚達彦, 「独立協会の「国民」創出運動」, 『朝鮮学報』172, 1999
土方苑子, 「中等学校の設置と地方都市」, 大石嘉一郎 金澤史男編著, 『近代日本都市史研究』, 日本経済評論社, 2003
原田敬一, 「都市下層と「貧民窟」の形成」 中野隆生編 『都市空間の社会史 日本とフランス』, 山川出版社, 2004

제7장

宿利重一, 『児玉源太郎』, 国際日本協会, 1943(マツノ書店, 1993, 復刻)
山辺健太郎, 『日韓併合小史』, 岩波新書, 1966
古屋哲夫, 『日露戦争』, 中公新書, 1966
大江志乃夫, 『日露戦争の軍事史的研究』, 岩波書店, 1967
旗田巍, 『朝鮮と日本人』, 勁草書房, 1983
森山茂徳, 『日韓併合』, 吉川弘文館, 1992
千葉功, 「日露交渉」, 『年報近代日本研究』 18, 1996
千葉功, 「満韓不可分論=満韓交換論の形成と多角的同盟 協商網の模索」, 『史学雑誌』 105-7, 1996
江口圭一, 『日本帝国主義研究』, 青木書店, 1998
大江志乃夫, 『バルチック艦隊』, 中公新書, 1999
柳沢遊, 『日本人の植民地経験』, 青木書店, 1999
海野福寿, 『韓国併合史の研究』, 岩波書店, 2000
磯前順一 深澤英隆編, 『近代日本における知識人と宗教』, 東京堂出版, 2002
原田敬一, 「陸海軍墓地制度史」, 『国立歴史民俗博物館研究報告』 102, 2003
海野福寿, 『伊藤博文と韓国併合』, 青木書店, 2004
松尾尊兊, 「平民社の創立と存続についての若干の問題」, 『初期社会主義研究』 17, 2004
山室信一, 『日露戦争の世紀』, 岩波新書, 2005
横手慎二, 『日露戦争史』, 中公新書, 2005

맺음말

松尾尊兊編, 『大日本主義か小日本主義か』, 東洋経済新報社, 1995
田村志津枝, 『台湾人と日本人』, 晶文社, 1995
潮木守一, 『京都帝国大学の挑戦』, 講談社学術文庫, 1997
呉密察, 「植民地大学とその戦後」(食野充宏訳) 呉密察ほか編, 『記憶する台湾』, 東京大学出版会, 2005

색인

ㄱ

가네코 겐타로(金子堅太郎) 16, 17
가네코 기이치(金子喜一) 233
가네코 우마지(金子馬治) 213
가바야마 스케노리(樺山資紀) 19, 40, 43, 58, 59, 120, 134, 136, 138, 173, 174, 243
가쓰라 다로(桂太郎) 139, 180, 183, 257, 258, 259, 261, 264, 265, 272, 273, 292, 313, 314, 323
가쓰 야스요시(勝安芳) 23
가와마타 사건 227
가와시마 준(河島醇) 57
가와카미 비잔(川上眉山) 212
가와카미 소로쿠(川上操六) 86, 88, 132, 143
가와카미 하지메(河上肇) 228
가타야마 센(片山潜) 197, 198, 226
가토 가즈하루(加藤万治) 80
가토 다카아키(加藤高明) 243, 254, 293
가토 도키지로(加藤時次郎) 231
갑신정변 8, 79, 82, 249
갑오농민전쟁 82
강유위(康有為) 8, 250, 251
강화도조약 79
강희자전(康熙字典) 10
개진당 34, 74

건춘문 96
게오르기오스(Georgios) 36
경육파 68, 69, 70
경친왕(慶親王) 100
고노 도가마(河野敏鎌) 58, 61
고노에 아쓰마로(近衛篤麿) 183, 262
고노 히로나카(河野広中) 62, 63, 70
고다 로한(幸田露伴) 212, 213
고다마 겐타로(児玉源太郎) 134, 147, 252, 268, 274, 275
고무라 주타로(小村寿太郎) 88, 253, 259, 261, 262, 264, 265, 278, 279, 291, 292, 293, 294
고무치 도모쓰네(神鞭知常) 262
고세이노스케(郷誠之助) 196
고승호(高陞号) 94
고야마 쇼타로(小山正太郎) 209
고이즈미 산신(小泉三申) 232
고이즈미 세쓰(小泉セツ) 169
고이즈미 야쿠모(小泉八雲) 169
고종 248, 249, 288, 289
고지마 고레카타(児島惟謙) 37, 38
고지마 료타로(小島龍太郎) 231
고토 쇼지로(後藤象二郎) 41, 43, 61, 139, 140
고토 신페이(後藤新平) 134, 139, 145
고토 주가이(後藤宙外) 212

고토쿠 덴지로(幸徳伝次郎) 228
고토쿠 슈스이(幸徳秋水) 194, 228, 229, 231, 266
공친왕(恭親王) 102
광무개혁 249
광서제(光緒帝) 100, 250, 251
광일본문전(広日本文典) 154
구니키다 데쓰오(国木田哲夫) 206, 209
구니키다 돗포(国木田独歩) 122, 216
구라치 데쓰키치(倉知鉄吉) 292
구로다 기요타카(黒田清隆) 20, 42, 58, 175, 184
구로다 세이키(黒田清輝) 209
구로이와 루이코(黒岩涙香) 223, 230
구로이와 슈로쿠(黒岩周六) 230
구리노 신이치로(栗野慎一郎) 109, 259, 265
구메 구니타케(久米邦武) 6
구보타 베이센(久保田米僊) 125, 206, 208, 209
구봉갑(丘逢甲) 136
구쓰미 겟손(久津見蕨村) 224
구조 사다코(九条節子) 6
국민신문(国民新聞) 63, 96, 122, 124, 206, 207, 209, 215, 233, 263
국민지우(国民之友) 212, 220
국민협회 67, 69, 175, 178, 185
국제위생조약 170
국회(国会) 226
군비의견서 47
군비확충의견서 48
군사의견서 47
규슈일일신문(九州日日新聞) 96
규슈진보당 22

기도 다카요시(木戸孝允) 20
기시다 긴코(岸田吟香) 210
기요우라 게이고(清浦奎吾) 173, 182, 184
기타무라 도코쿠(北村透谷) 81
기타무라 몬타로(北村門太郎=透谷) 80
기타시라카와노미야 요시히사(北白川宮能久) 138, 146
김옥균(金玉均) 8, 124
김홍집(金弘集) 248

ㄴ

나루시마 류호쿠(成島柳北) 7
나쓰메 소세키(夏目漱石) 235
나와 나가토시(名和長年) 125
나카노 부에이(中野武営) 174
나카무라 야로쿠(中村弥六) 55
나카에 도쿠스케(中江篤介) 31
나카에 조민(中江兆民) 231, 232
네기시 다케카(根岸武香) 147
노가미 게이노스케(野上啓之助) 232
노기 마레스케(乃木希典) 140, 141, 268
노동조합 기성회 199
노무라 야스시(野村靖) 173, 242, 243
노쓰 차이나 헤럴드(The North China Herald) 134, 138
노즈 미치쓰라(野津道貫) 87
뉴욕·헤럴드(New York Herald) 50, 247
니로쿠신보 225, 226
니쇼학사(二松学舎) 153

니시 도쿠지로(西徳二郎) 239, 240
니시카와 고지로(西川光二郎) 233
니콜라이 46
니콜라이 2세 36, 263
니콜라이 알렉산드로비치 36

ㄷ

다구치 우키치(田口卯吉) 160
다나카 기이치(田中義一) 262
다나카 쇼조(田中正造) 227, 228
다니 다테키(谷干城) 53, 78, 160, 173, 174, 176, 185
다루히토 108
다오카 레이운(田岡嶺雲) 213, 224
다이쇼 천황 6, 153
다카노 다케노리(高野孟矩) 140, 141, 144, 198
다카노 후사타로(高野房太郎) 197
다카마쓰노미야(高松宮) 153
다카시마 도모노스케(高島鞆之助) 58, 59, 137, 173
다카야마 초규(高山樗牛) 155, 213, 222
다카하마 교시(高浜虚子) 224
다카히라 고고로(高平小五郎) 278
다케우치 쓰나(竹内綱) 62
다케토미 도키토시(武富時敏) 76
다쿠보쿠 297
단발령 248
당경숭(唐景崧) 136
대동클럽(河野広中派) 22
대러동지회(対露同志会) 262
대만민주국 135, 136, 138

대만비란소사(台湾匪乱小史) 139
대만 사정(春陽堂) 133
대만신사 146, 147, 148
대만침공 79, 210
대본영 75, 86, 87, 101, 102, 107, 114, 119, 120, 121, 136, 137, 138, 143, 204, 205, 206, 272, 273, 274, 275
대성회 28, 30, 31, 42
대외경동지회(対外硬同志会) 262
대외경육파(対外硬六派) 67
대외경파 74
대원군 94, 96, 97, 247
대일본제국헌법 54, 190, 304
대일본협회 67
대한제국 248
데니슨(Henry Willard Denison) 49, 143, 241
데라우치 마사타케(寺内正毅) 189, 264, 265, 268, 272, 273, 294, 295, 303
데루노미야 노부히토(光宮宣仁) 153
도리오 고야타(鳥尾小弥太) 18
도야마 미쓰루(頭山満) 180, 262
도요토미 히데요시(豊臣秀吉) 124
도코쿠(透谷) 81
도쿄경제잡지(東京経済雑誌) 119
도쿄니치니치신문(東京日日新聞) 182
도쿄마이니치신문(東京毎日新聞) 213
도쿄상업회의소 162
도쿄아사히신문(東京朝日新聞) 73, 207, 208, 223, 224, 233, 262
도쿠다이지 사네노리(徳大寺実則) 182
도쿠토미 소호(徳富蘇峰) 206, 220, 263

독립신문 249, 250
독립협회 249, 250
동경경제잡지(東京経済雜誌) 73
동맹클럽 67
동방문화학원(東方文化学院) 255
동아동문회(東亜同文会) 153
동양경제학협회 51
동양기선 162
동양당 125
동양동맹론 48
동양시보(東洋時報) 300
동양자유당 67
동지클럽 67
동학 82, 103
동학당 83
동해 해전 278, 283, 287
둘리틀(J. Doolittle) 10

ㄹ

라스 비하리 보스(Rash Behari Bose) 8
라프카디오 한 169
람스도르프(Patrick Lafcadio Hearn) 258
러시아·터키전쟁 17
러일강화조약 279
러일전쟁 11, 104, 105, 109, 123, 128, 129, 149, 151, 153, 167, 189, 196, 208, 211, 229, 230, 232, 259, 260, 261, 265, 267, 270, 276, 277, 279, 281, 282, 283, 284, 285, 288, 290, 291, 296, 300, 305
러일협상 254, 257, 259, 261, 262
러일협약 290, 291
러프군사협약 72
러프동맹 72
러프협약 46
로버트 하트(Robert Hart) 255
로젠(Rosen) 265, 278
롭샤이드(W. Lobscheid) 10
루스벨트 278
르본(Michel Revon) 143
르 탕(Le Temps) 270
리쿠고잡지(六合雜誌) 198

ㅁ

마루키 리키조(丸木力蔵) 112
마르크스(Karl Heinrich Marx) 231
마사오카 시키(正岡子規) 155, 210
마스다 다카시(益田孝) 174
마쓰다 마사히사(松田正久) 62, 183
마쓰다 히데오(松田秀雄) 195
마쓰바라 이와고로(松原岩五郎) 206, 215, 220, 222
마쓰시마 코(松島剛) 133
마쓰오카 고이치(松岡好一) 215
마쓰카와 도시타네(松川敏胤) 262
마쓰카타 디플레이션 123, 162, 214
마쓰카타 마사요시(松方正義) 20, 29, 30, 32, 33, 36, 37, 38, 39, 40, 41, 42, 43, 44, 54, 58, 59, 60, 61, 132, 133, 144, 145, 158, 159, 164, 172, 174, 175, 182, 184, 242, 243
마에지마 히소카(前島密) 152

마이니치신문(每日新聞)　195, 196,
　　225, 228, 263
만국공법　10
만국위생회의　170
만민공동회　250
만용연설　41
만한교환론　264, 265, 279
메이지 14년의 정변　20
메이지유신　5, 6, 20, 23, 32, 220
메이지 천황　16, 19, 20, 25, 41, 69, 85,
　　239, 283
멕켈(Jakob Meckel)　158
명성(明星)　256
명성황후 시해사건　247
모리타 시켄(森田思軒)　220, 224
모토노 이치로(本野一郎)　290, 293
몰트케(Helmuth von Moltke)　158
무라야마 료헤이(村山龍平)　226
무쓰 무네미쓰(陸奧宗光)　19, 39, 41,
　　43, 61, 66, 69, 71, 72, 85, 86,
　　88, 91, 92, 93, 97, 103, 109,
　　120, 133, 140, 172, 238, 239,
　　240, 241, 242, 243
문관분한령　186
문관임용령　186
문관징계령　186
미구회람실기(米欧回覧実記)　6
미나모토 요시쓰네(源義経)　124
미사키 가메노스케(三崎亀之助)　172
미쓰이 하치로우에몬(三井八郎右衛門)
　　99
미쓰쿠리 린쇼(箕作麟祥)　10
미야케 세쓰레이(三宅雪嶺)　180
미야코신문(都新聞)　223
미요시 다이조(三好退蔵)　37

미우라 고로(三浦梧楼)　185, 247
미우라 데쓰타로(三浦銕太郎)　300
미즈노 준(水野遵)　134
민비　247
민영환　288
민우사(民友社)　206, 209, 212, 215,
　　216, 221, 222, 224

ㅂ

발치　72
발타사·뮨타　116
베르탄(Bertin)　117
베벨(August Bebel)　231
베조브라조프(Bezobrazov)　263
베쿠만(Wilhelm Böckmann)　45
보국회　99
봉천회전　270, 272, 276, 283
북경의정서　254, 261
북청사변　48, 250
북청사변 선후책　48
비고(Georges Ferdinand Bigot)　243,
　　258
비커스(Vickers) 사 　7
비테(Sergei Y. Vitte)　278, 279
빅토르 위고(Victor-Marie Hugo)　213

ㅅ

사가노야 슈진(嵯峨の屋主人)　213
사가노야 오무로(嵯峨の屋お室)　220
사르트르(Jean Paul Sartre)　305
사사키 다카유키(佐佐木高行)　183

사와다 한노스케(沢田半之助) 197
사이고 다카모리(西郷隆盛) 20, 38, 42, 60, 173, 183, 243
사이고 쓰구미치(西郷従道) 19, 20, 33, 180
사이온지 긴모치(西園寺公望) 175
사이토 료쿠우(斎藤緑雨) 212, 217, 224
사카이 도시히코(堺利彦) 229, 266
사쿠라다 분고(桜田文吾) 215
사쿠마 사마타(佐久間左馬太) 145
사토 요시스케(佐藤儀助) 214
사토 히로시(佐藤宏) 133
산조 사네토미(三条実美) 20
삼국간섭 159, 238, 242, 243
삼국동맹 254
삿사 도모후사(佐々友房) 262
삿포로신사 147
서남전쟁 19, 210
서재필(徐載弼) 249
서태후(西太后) 100, 250, 251
섭지초(葉志超) 94
세계지일본(世界之日本) 213
소가 스케노리(曾我祐準) 160, 173, 176, 185
소네 아라스케(曾禰荒助) 242
소년원(少年園) 213
소마 아이조(相馬愛蔵) 8
소에지마 다네오미(副島種臣) 61
손문(孫文) 8
송경(宋慶) 102
쇼와이 내각 173, 174
순종 289, 291
슈체친(Szczecin) 117
슈타인(Stein, Lorenz von) 78

스기노 마고시치(杉野孫七) 237
스기 마고시치로(杉孫七郎) 43
스기무라 후카시(杉村濬) 84, 85, 86, 93, 97, 247
스기타 겐파쿠(杉田玄白) 10
스에마쓰 겐초(末松謙澄) 175
스즈키상점(鈴木商店) 150
시가 시게타카(志賀重昂) 226
시나가와 야지로(品川弥二郎) 39, 40, 42, 43
시데이 쓰나히데(四手井綱英) 150
시라네 센이치(白根専一) 43, 58
시라카미 겐지로(白神源次郎) 125
시마다 사부로(島田三郎) 195, 196
시마무라 호게쓰(島村抱月) 214
시메이 222
시모노세키(下関) 강화조약 118, 120, 238, 239, 244
시미즈 이치타로(清水市太郎) 57
시바 데이키치(斯波貞吉) 232
시베리아철도 46, 47, 48, 49, 50, 51, 52
시부사와 에이이치(渋沢栄一) 23, 99, 174, 178
시사신보(時事新報) 28, 89, 99, 208, 223, 262
시어도어 루스벨트(Theodore Roosevelt) 246
시키테이 산바(式亭三馬) 219, 220, 221
신보(申報) 296
신성(新声) 214
신소설(新小説) 211, 213
신저월간(新著月刊) 214
신조사(新潮社) 214

신조(新潮) 214
쓰다 산조(津田三蔵) 36
쓰보우치 쇼요(坪内逍遥) 155, 210, 218, 220

ㅇ

아관파천 248
아네자키 마사하루(姉崎正治) 266, 296
아라카와 미노지(荒川巳次) 88
아라하타 간손(荒畑寒村) 125
아리스가와노미야 다루히토(有栖川宮 熾仁) 87
아마노 자쿠엔(天野若円) 30, 32
아모이사건 252
아베 미쓰이에(阿部充家) 206
아베 오킨도(阿部興人) 75
아사이 주(浅井忠) 209
아시아태평양전쟁 104, 106, 187, 302
아시오광독사건(足尾鉱毒事件) 174
아시오동산(足尾銅山) 226
아쓰노미야 야스히토(淳宮雍仁) 153
아오키 슈조(青木周蔵) 38, 48, 49, 52, 71, 72, 74, 184, 239, 240, 252
아편전쟁 135
안중근(安重根) 292
알렉세예프(Alekseev) 263
암스트롱(Armstrong)사 7, 116, 117
압둘 하미드(Abdul Hamid) 2세 17
애국공당 22, 30
애제통신(愛弟通信) 206, 216
앵겔스(Friedrich Engels) 231

야나이하라 다다오(矢内原忠雄) 150
야마가타 아리토모(山県有朋) 16, 17, 18, 19, 20, 23, 24, 26, 27, 29, 30, 33, 39, 42, 47, 49, 51, 52, 58, 78, 79, 84, 85, 88, 113, 145, 159, 172, 178, 179, 181, 183, 184, 186, 191, 193, 201, 252, 253, 257, 258, 261, 264, 265, 268, 272, 273, 274, 275, 303
야마다 비묘(山田美妙) 37, 38, 60, 220
야마다 아키요시(山田顕義) 20
야마모토 곤베(山本権兵衛) 262, 264, 265
야마모토 쇼코쿠(山本松谷) 125
야마모토 호스이(山本芳翠) 209
야마지 아이잔(山路愛山) 255
야마토타케루노미코토(日本武尊) 147
야사키 신시로(矢崎鎮四郎) 220
야스바 야스카즈(安場保和) 60
야스쿠니신사 128, 146, 282, 283
야하타제철소 192
언해(言海) 154
에노모토 다케아키(榎本武揚) 19, 38, 42, 49, 174
에미 스이인(江見水蔭) 212
엔도 고케이(遠藤耕渓) 125
엔초(円朝) 218
여순(旅順) 학살 사건 107, 108
연우사(硯友社) 211, 212, 214, 215, 224
영독협상 254
영일동맹 165, 257, 258, 259, 260, 262, 275, 293
영일통상항해조약 72, 170
영화사전(英華辞典) 10

영화자전(英華字典) 10
영화췌림운부(英華萃林韻府) 10
예친왕(礼親王) 100
오가타 겟코(尾形月耕) 125
오데라 야스즈미(大寺安純) 114
오마치 게이게쓰(大町桂月) 222
오사카마이니치신문(大阪毎日新聞) 223
오사카상선 162
오사카아사히신문(大阪朝日新聞) 207
오사토당업소(大里糖業所) 150
오시마 요시마사(大島義昌) 86, 94
오시마 히사나오(大島久直) 137
오쓰사건 36, 38, 40, 46, 53
오쓰키 후미히코(大槻文彦) 154
오야마 이와오(大山巌) 20, 42, 85, 86, 108, 262, 268, 269, 272, 273, 274
오오카 이쿠조(大岡育造) 226
오이 겐타로(大井憲太郎) 34, 70
오자키 고요(尾崎紅葉) 182, 183, 211, 212, 213, 214
오자키 유키오(尾崎行雄) 174, 181, 182
오정방(伍廷芳) 120
오쿠마 시게노부(大隈重信) 34, 172, 174, 179, 185
오쿠보 도시미치(大久保利通) 20
오쿠 야스카타(奥保鞏) 271
오키 다카토(大木喬任) 59
오토리 게이스케(大鳥圭介) 84, 85, 87, 88, 91, 92, 93, 94, 95, 96, 97
옹동화(翁同龢) 102
와세다문학(早稲田文学) 213

와이한(隈板) 내각 174, 179, 180, 201
와카야마 보쿠스이(若山牧水) 296
와타나베 구니타케(渡辺国武) 29, 159, 172
왕봉조(王鳳藻) 92
외교정략론 47
요로즈초호(萬朝報) 194, 196, 207, 208, 223, 224, 225, 226, 228, 229, 230, 263
요미우리신문(読売新聞) 50, 106, 262
요사노 뎃칸(与謝野鉄幹) 256
요사노 아키코(与謝野晶子) 257
요시모토 노보루(吉本襄) 216
요시카와 아키마사(芳川顕正) 19, 38, 184
요시히사 친왕 146, 147, 148
요시히토 친왕 6
요양회전 268, 269
요코야마 겐노스케(横山源之助) 123, 126, 196, 216, 217, 220, 221, 222
요코이 도키요시(横井時敬) 227
우에다 가즈토시(上田万年) 152, 155, 222
우에다 빈(上田敏) 222
우치다 로안(内田魯庵) 220
우치다 미쓰구(内田貢) 220
우치무라 간조(内村鑑三) 224, 229
원세개(袁世凱) 84, 86, 100, 124
월드 108
윌리엄 모리스(William Morris) 231
윌리엄 새커리(William Makepeace Thackeray) 213
윌리엄 존스(William Jones) 80
유곤일(劉坤一) 102

유명전(劉銘伝) 135, 136
유영복(劉永福) 136
의극당아(依克唐阿) 102
의화단사건 48, 229, 250, 251, 252, 253, 255, 257, 260
이경방(李経方) 120, 134
이노우에 가오루(井上馨) 18, 20, 29, 30, 35, 41, 42, 63, 85, 103, 113, 184, 257
이노우에 가쿠고로(井上角五郎) 34
이노우에 고와시(井上毅) 29, 30, 35, 42, 57, 85, 191
이노우에 데쓰지로(井上哲次郎) 222
이누카이 쓰요시(犬養毅) 70, 160, 183, 210
이사와 슈지(伊沢修二) 154, 155
이상단(理想団) 225
이시모토 신로쿠(石本新六) 272
이시즈카 구스이(石塚空翠) 125
이시카와 다쿠보쿠(石川啄木) 228, 296
이시카와 야스지로(石川安次郎) 228
이시카와 하지메(石川一) 228, 266
이와무라 미치토시(岩村通俊) 19
이와사키 야노스케(岩崎弥之助) 23
이와사키 히사야(岩崎久弥) 99
이와쿠라 견외사절단(岩倉遣外使節団) 6
이와쿠라 도모미(岩倉具視) 20
이와쿠라 사절단 7
이와테공보(巌手公報) 207
이완용(李完用) 289
이익선 47, 78, 79
이즈미 교카(泉鏡花) 106, 211, 212
이즈볼스키(Aleksandr Petrovich Izvolskii) 253, 293
이척 289
이치지마 겐키치(市島謙吉) 226
이타가키 다이스케(板垣退助) 18, 23, 31, 34, 62, 66, 159, 172, 179, 181, 182
이토 긴게쓰(伊藤銀月) 232, 233
이토 미요지(伊東巳代治) 30, 120, 175, 182
이토 히로부미(伊藤博文) 16, 18, 19, 20, 23, 24, 25, 33, 35, 38, 39, 41, 42, 43, 44, 48, 57, 58, 60, 61, 62, 63, 66, 67, 68, 69, 70, 71, 73, 75, 76, 84, 85, 86, 88, 98, 118, 119, 120, 133, 137, 143, 147, 159, 160, 172, 178, 186, 193, 195, 240, 241, 242, 243, 254, 257, 258, 261, 265, 280, 288, 289, 291, 292
이홍장(李鴻章) 87, 88, 94, 100, 102, 119, 120, 126, 245
이홍조(李鴻藻) 102
일본서기(日本書紀) 153
일본우선(日本郵船) 86, 162
일본의 하층사회(日本の下層社会) 221
일본인(日本人) 215
일본(日本) 215
일본제국통계연감 189
일본철도교정회 200
일본평화회 80, 81
일본해 해전 276
일청교전록 125
일청전쟁실기 125
임본원(林本源) 134

임소묘(林少猫) 139
임오군란 79
입헌개진당 21, 34, 42, 43, 55, 66, 67, 69, 160
입헌자유당 22, 31, 34
입헌정우회 192, 193, 195

ㅈ

자딘 매티슨(Jardine Matheson) 94
자유당 21, 22, 30, 31, 34, 42, 43, 55, 57, 60, 62, 66, 67, 68, 69, 70, 74, 159, 160, 172, 174, 175, 177, 181, 194
자유민권운동 18, 80, 89
자유(自由) 226
자유클럽 30, 34
장지동(張之洞) 8, 135
재향군인회 187, 188, 189
전국상업회의소연합회 176
전봉준(全琫準) 82, 103
전주화약 83, 91
정교사(政教社) 215
정무조사회 67
정방기 83
정우회 183, 194, 195, 196, 254
제1차 절교서 92
제1차 한일협약 287
제2차 절교서 93, 94
제2차 한일협약 288, 289
제3차 한일협약 290, 291
제국당 195
제국문학(帝國文學) 213, 222
제국재정혁신회 160

제물포조약 85
조병세(趙秉世) 288
조선장려법 162
조 쓰네타로(城常太郎) 197
조약개정 49, 66, 67, 68, 69, 70, 71, 72, 73, 74, 109, 168, 169, 170
존 웨스트레이크(John Westlake) 98
존·잉글스(Ingles, John) 113
졸라(Émile Zola) 231
주권선 78
주르날 드 상트 페테르부르크(Journal de St.Petersbourg) 239
줄리오 알레니(Giulio Aleni) 9
중국진보당 160
중앙신문 228, 263
직공의우회 197, 198
직방외기(職方外紀) 9
직언(直言) 267
진보당 160, 172, 173, 174, 175, 177, 180, 181
진중화(陳中和) 134
징병령 188, 268

ㅊ

찰스 디킨스(Charles John Huffam Dickens) 213
창작(創作) 296
천진조약 79, 80, 92
천황 5, 17, 24, 25, 33, 41, 42, 43, 46, 55, 56, 58, 63, 64, 68, 69, 70, 75, 76, 85, 87, 88, 101, 120, 128, 129, 143, 144, 175, 179, 180, 182, 183, 241, 243, 258,

283, 284, 292, 294
청년문(青年文) 213
청일전쟁 48, 73, 74, 79, 81, 90, 99, 100, 103, 105, 106, 109, 110, 114, 116, 117, 120, 121, 122, 123, 124, 126, 127, 128, 130, 132, 147, 152, 154, 155, 159, 160, 165, 166, 167, 168, 169, 185, 187, 188, 192, 196, 197, 201, 204, 208, 209, 210, 211, 212, 214, 218, 222, 223, 224, 235, 236, 238, 244, 247, 250, 251, 271, 282, 284, 287, 299, 300, 301, 305
청프전쟁 121, 136
청화학당(清華学堂) 255
초야신문(朝野新聞) 224
초연주의 17, 18, 179, 184
초호사 230
최시형(崔時亨) 82
최익현(崔益鉉) 288
최제우(崔濟愚) 82
추밀원 40, 56, 186, 259, 292
춘범루(春帆楼) 120
춘생문 96
치안경찰법 201, 227

ㅋ

카스피철도 49
커크우드(W. M. Kirkwood) 143
쿠로파트킨(Kuropatkin) 263
퀘이커(Quaker) 80
크룹(Krupp)사 7, 117

킴벌리(J. W. Kimberley) 72

ㅌ

타임즈(The Times) 47, 50, 98, 108, 244
탈아입구(脱亜入欧) 164
태양(太陽) 211, 212, 213, 266
톨스토이(Leo Nikolayevitch Tolstoy) 231
톰 맨(Tom Mann) 198
통감부 288, 296
트라팔가 해전 49

ㅍ

파테르노스트로(Paternostro) 37
평민사 231, 232, 266
평민신문(平民新聞) 231, 232, 266, 267
평화(平和) 80
포츠머스(Portsmouth) 강화조약 278, 280, 288, 294
포트나이틀리 리뷰(Fortnightly Review) 255
푸랑크푸르터 차이퉁(Frankfurter Allgemeine Zeitung) 240, 244
풍속화보 125, 126

ㅎ

하나부사 요시모토(花房義質) 79
하라다 시게키치(原田重吉) 125
하루노미야 요시히토(明宮嘉仁) 153
하마사키 요시오(浜崎芳雄) 141
하세가와 요시미치(長谷川好道) 288
하야시 곤스케(林権助) 240, 241, 253, 257
하야시 다다스(林董) 239
하야시 유조(林有造) 183
한국병합 11, 276, 287, 291, 292, 293, 294, 295, 296, 297, 300, 303
한국병합조약 296
한국보호조약 288
한국통감부 289
한성전신국 95
항해장려법 162
해체신서(解体新書) 10
해항검역법 170
헌법의해(憲法義解) 28
헌정당 177, 178, 179, 181, 182, 183, 184, 185, 193, 195
헌정본당 184, 185, 195
현양사 215
호소노 이타로(細野猪太郎) 232
호시 도오루(星亨) 62, 66, 68, 183, 185, 193, 195, 196
호쿠리쿠정론(北陸政論) 96
홀랜드(Sir Thomas Erskine Holland) 98
홍계훈(洪啓薰) 83
황해 해전 112, 113, 116, 117, 118, 276
후루야 히사쓰나(古谷久綱) 206
후루카와 이치베(古河市兵衛) 226, 227
후쿠료신보(福陵新報) 215, 216
후쿠자와 유키치(福澤諭吉) 73, 89, 99
후쿠치 겐이치로(福地源一郎) 210
후쿠치 오우치(福地桜痴) 124
후타바테이 시메이(二葉亭四迷) 218, 222
히가 슌초(比嘉春潮) 297
히가시쿠제 미치토미(東久世通禧) 25, 99
히구치 이치요(樋口一葉) 216
히라오카 고타로(平岡浩太郎) 180
히로세 다케오(広瀬武夫) 237
히로쓰 류로(広津柳浪) 212
히비야 다이진구(日比谷大神宮) 6
히요시(日吉) 클럽 185

7박사 의견서 262
7월 23일의 전쟁 247

일본 근현대사 시리즈 ③
청일·러일전쟁

초판 2쇄 발행일 2013년 7월 8일

지은이 하라다 게이이치
옮긴이 최석완
펴낸이 박영희
편집 배정옥·유태선·김미령·박희경
인쇄·제본 태광인쇄
펴낸곳 도서출판 어문학사
　　　　서울특별시 도봉구 쌍문동 523-21 나너울 카운티 1층
　　　　대표전화: 02-998-0094/편집부1: 02-998-2267, 편집부2: 02-998-2269
　　　　홈페이지: www.amhbook.com
　　　　트위터: @with_amhbook
　　　　블로그: 네이버 http://blog.naver.com/amhbook
　　　　　　　다음 http://blog.daum.net/amhbook
　　　　e-mail: am@amhbook.com
　　　　등록: 2004년 4월 6일 제7-276호

ISBN 978-89-6184-140-5　94900
ISBN 978-89-6184-137-5(세트)
정가 18,000원

이 도서의 국립중앙도서관 출판시도서목록(CIP)은 e-CIP홈페이지(http://www.nl.go.kr/ecip)와 국가자료공동목록시스템(http://www.nl.go.kr/kolisnet)에서 이용하실 수 있습니다.
(CIP제어번호: CIP2012003817)

※잘못 만들어진 책은 교환해 드립니다.